위잉스
회고록

마르코폴로

위잉스
회고록

1930~2021

余英時

목차

서문:

인터뷰에서 회고록으로

내가 먼저 원해서 이 회고록을 쓴 것은 결코 아니다. 그 연원에는 좀 복잡한 과정이 있어서 먼저 설명하려 한다.

2007년 늦가을, 광저우의 리화이위[李懷宇] 씨[1]가 처음으로 미국을 방문하여 프린스턴에 있는 나를 곧바로 찾아왔다. 우리는 이미 사전에 전화로 약속해 놓았다. 전화 통화에서 그이는 일찍부터 내 글을 읽어 왔으며, 나와 꽤 긴 대화를 나눌 수 있기를 바라 왔다고 말했다. 당시 리씨는 아직 주간지 기자였는데 학술계와 문화계 원로를 인터뷰하는 일로 유명했

---

1 [역자 주] 1976년 광둥성[廣東省] 징하이[澄海] 출신으로 다년간 지식인 인터뷰와 연구에 종사했다. 저술로 『역사와의 인터뷰[訪問歷史]』, 『세계지식시민[世界知識公民]』, 『인간과 그 시대[知人論世]』, 『시대와의 인터뷰[訪問時代]』, 『천하와 함께 깨어나다[與天下共醒]』 등이 있다.

다. 이미 그이가 펴낸 인터뷰집 여러 권이 널리 읽히고 있었다. 우리가 처음 만난 다음, 리씨는 며칠 시간을 내서 좀 자세히 인터뷰하고 싶다면서 내게 부탁했다. 그이가 내세운 이유는 충분한 근거가 있었다. 곧, 그간 내가 중국 본토에서 교육이나 연구를 한 적이 없어서 나를 만날 기회가 없었고, 또한 그때 미국에 온 것은 매우 얻기 어려운 기회였으며 재차 방미하는 것도 기약하기 어려웠다. 리화이위의 프로 정신과 간절한 태도에 깊이 감동한 나머지 나는 곧바로 승낙해 버렸다.

리화이위의 방문은 한 차례로 그치지 않았다. 첫 번째 방문에서 우리는 사나흘 동안 얘기했던 것 같은데, 그이는 매일 우리 집으로 와서 네다섯 시간을 보내면서 우리가 나눈 문답과 토론을 하나하나 녹음하여 보관함으로써 귀국 후의 정리에 대비했다. 이어서 다른 화교 학자와 약속이 있었기 때문에 곧바로 프린스턴을 떠나 그 사람들을 찾아갔다. 리화이위가 찾아갔던 이들은 모두 내가 잘 아는 친구여서 그 사람들과 함께 내 얘기를 나누었다. 그래서 나에 관한 더 많은 자료를 수집할 수 있었다. 이렇듯 방문이 일단락을 고한 후 그이는 다시 프린스턴으로 와서 자신이 얻은 자료를 확인해 줄 것을 내게 부탁했다. 리화이위가 프린스턴을 몇 차례나 방문했는지 이제는 분명히 기억 안 나지만, 인터뷰 과정에서 보여준 엄숙함과 진지함이 이상과 같았다.

다음, 우리 대화의 범위와 주요 내용을 얘기해 보겠다. 나는 처음에, 리화이위의 관심사는 주로 대륙의 현 상황 및 미래 발전 가능성에 대한 내 견해일 것이라고 가정했다. 뜻밖에도 그이는 시작하자마자 내 어린 시절부터 묻기 시작하여 시간 순서에 따라 물어 나가 현시점까지 이르렀다. 그런데 인터뷰라는 것이 일문일답식으로 그렇게 간단하거나 직접적이지 않았다. 어떤 인물이나 사건을 언급하게 되면 리화이위는 한 걸음 더 깊이 들어가 그 사항을 명확히 알아야 한다고 생각했다. 그럴 때 그이는 곧바로 시간 순서에 따른 질의를 중지하고, 그런 인물과 사건에 관해 여러 각도에서 문제를 제기했으며, 더 깊은 기억의 심층으로 들어가서 과거 사건을 재구성할 것을 압박했다. 그런 다음에 다시 토론을 재개하였고 우리 모두 충분히 만족한 다음에야 얘기를 멈추었다. 그런 면에서 우리가 보냈던 시간은, 시간순에 따른 일반적 인터뷰에 걸리는 시간을 훨씬 넘어서곤 했다. 하지만 내가 여기서 꼭 밝혀야 할 점은, 리화이위의 탐구가 내 기억력 회복에 전혀 예상치 못했던 중대한 역할을 했다는 사실이다. 이미 잊어버렸던 수많은 사건이 그러한 탐구 과정에서 되살아났다.

인터뷰 첫 번째 날부터, 나는 벌써 우리가 하는 일이 일종의 "구술사(oral history)" 작업이라는 점을 분명히 의식했다.

자서전을 쓰려던 바람이 내게는 원래 없었다. 당시 구술사가 유행하긴 했으나 내게 그다지 흡인력이 없었다. 그런데 리화이위의 가슴 가득한 열정과 완벽한 준비에 감동되었고, 무엇보다 먼 곳에서 찾아온 그이의 흥을 깨면서 이의를 제기할 수는 없었다. 게다가 이 기회를 빌려 나 자신을 위해 꽤 신빙성 있는 인생 기록을 남겨놓는 것도 의미 있는 일이 아닐 수 없으며, 그것을 세상에 공개하여 후대의 평가를 기다리는 것도 괜찮겠다고 생각했다.

마지막으로, 인터뷰로 완성된 이 책을 소개하고자 한다. 리화이위는 광저우[廣州]로 돌아간 후 녹음 기록에 바탕을 두고서 인터뷰집을 쓰기 시작했다. 그런데 그이는 내 구술 녹음을 문자로 바꾸는 일만 하지는 않았다. 먼저 방대한 자료 작업을 이미 해 놓았고, 나와 사우(師友)들의 여러 저술을 광범위하게 읽는 작업도 병행했다. 나에 관한 과거 기록이 그런 저술에 종종 보존되어 있었기 때문이다. 이렇듯 확대된 기초 위에서 그이는 상당히 광활한 역사적 맥락을 세운 다음, 내 '이야기'를 내용 전개에 따라 자연스럽게 그 안에 배치해 놓았다. 그래서 글을 읽다 보면 행운유수(行雲流水) 같이 막힘이 없었다.

리화이위는 잇달아 두 가지 인터뷰 원고를 썼다. 첫 번째 원고는 상·하 두 편이었는데 상편은 열 장(章)이며 대략

12~3만 자 분량으로서 주로 인터뷰 기록이었다. 하편은 그이가 직접 쓴 소서잡록기(小書雜錄記)로 스물여섯 개 소제목이 있었으며 각 제목은 인터뷰 기록과 기타 관련 자료에 바탕을 두었다. 「소서잡록기」는 나에 관해 상당히 친절한 소개글이며 대략 6~7만 자 분량이었다. 우리 사이에는 원래 약속이 하나 있었다. 인터뷰 원고는 내 검토와 개정을 거친 후에 출판 여부와 방법 문제를 고려할 수 있다는 것이었다. 그래서 리화이위는 초고를 완성한 후 약속대로 곧바로 내게 보내주었다. 그러나 당시 나는 저술일로 바빠서 그 원고에 전력을 투여할 겨를이 없었다. 리화이위가 오래 기다리지 않도록 하려고 증보·개정한 첫 세 장만 우선 그에게 보내서 검토해 달라고 했다. 뜻밖에도 나의 증보·개정 내용을 보고 그이는 전체 원고를 다시 쓰겠다는 마음을 먹고, 구술 부분을 총 20개 장으로 확대하여 초고보다 훨씬 상세하게 만들었다. 이 상세한 전체 원고를 증보·개정한 다음 다시 한 차례 정리하여 정본으로 만들기를 그이는 희망했다.

하지만, 당시의 이 인터뷰 기록을 처리하는 문제에 관해 심사숙고해야 할 필요가 있다고 나는 느꼈다. 주요 고려 사항은 다음과 같았다. 리화이위의 계획에 따른다면 최종으로 출판되는 책은 자세하고 생동감 있는 구술자서전이 될 터였다. 원고를 쓰는 데 그처럼 큰 공력을 들인 데다가 원천[允晨]문화공사의 진정 어린 지원을 이미 받은 상태였으므로, 완성된 다음에는 그 원고를 한구석에 처박아두면 안 되고 곧바로 어엿한 책으로 출판해야 했다. 문제는 바로 여기서 생겼다. 앞서 언급했다시피 나는 자서전을 쓸 생각이 처음부터 없었다. 왜냐하면 자서전은 개인 생활과 사상을 서사의 핵심으로 삼기 마련이었기 때문이다. 이것은 내가 정말 피하려 했던 일이다. 거듭 생각한 후 새로운 서사 방식을 생각해 냈다. 그것은 원고의 구술 자서전 식 문체를 회고록식 문체로 바꾸는 방법이었다. 바꿔 말하자면, 인터뷰 중점을 내 개인 생활과 사상으로부터 옮겨가서 7~80년 동안 겪었던 세계의 변화에 맞추는 것이었다.

1937년 항일전쟁이 시작되고부터(이 인터뷰 원고의 시작 부분이기도 하다) 현재에 이르는 기간은 중국 현대사에서 변란이 극에 달했던 시기였다. 이 특수한 역사적 단계에서 발생한 중대한 변화를 인터뷰 원고에서 드러내는 것이, 내 인생사의 궤적을 추적하는 일보다 훨씬 중요한 의미가 있다고 나는 깊이 느꼈다. 이미 리화이위의 두 번째 원고가 모든 기초적 1차 자료를 제공했으므로 나는 다만 중점을 바꾸어, 인터뷰가 미처 다루지 못한 세부를 보완함으로써 구술자서전을 회고록으로 탈바꿈하기만 하면 되었다. 리화이위는 너그럽게도 중점 변화에 관한 내 제의에 동의해 주어서 회고록 저술에 착수할 수 있었다. 다만 내가 정중하게 밝힐 점은, 회고록은 리화이위의 두 번째 원고를 바탕으로 작성되었으므로 그것은 당연하게도 구술자서전의 범위에 포함되어야 한다는 사실이다. 그러므로, 결국 회고록과 구술자서전은 부분과 전체의 관계로 이해되어야 한다. 즉, 전자는 후자의 한 구성 부분이다.

개인의 처지가 다르므로 회고록도 각기 다를 것은 피할 수 없는 일이다. 나는 일생 대부분을 연구와 교육으로 보냈으므로, 나의 회상은 학술, 사상, 그리고 문화 영역 안에 머물 수밖에 없다. 하물며 내가 겪었던 세계의 변화 역시 그런 특수한 영역 안에서 일어났다. 나는 이 회고록이 그런 역사 변화의 인식에 조금이나마 도움 되기를 기원한다. 동시에 나와 같은 시대를 살았던 다른 학자들이 나와 다른 방식으로 자신의 기억을 남기리라고 나는 믿는다. 이런 기억은 많으면 많을수록 좋다. 왜냐하면, 기억이 일치한다면 서로 기억을 입증해 줄 수 있고, 기억이 다르다면 서로 기억을 교정해 줄 수 있기 때문이다. 재미있는 사례를 하나 들어보고자 한다. 콰인(Willard V.O.Quine, 1908~2000)과 화이트(Morton White, 1917~2016)는 똑같이 하버드대학교 철학과 교수였는데, 20여 년간 함께 근무했을 뿐 아니라 생각의 갈피도 일치했다. 두 사람은 늙어서 각각 자서전을 썼다. 콰인은 『나의 일생

(*The Time of My Life*)』(1985)을, 화이트는 『어떤 철학자의 이야기(*A Philosopher's Story*)』(1999)를 썼다. 이 두 책은 같은 듯 다르고 다른 듯 같아서, 함께 읽으면 당시 미국 철학계와 일반 학술계의 동태가 눈앞에 펼쳐지는 것 같다. 나는 이 두 사람과 같은 시대에 살았고 심지어 대체로 유사한 학문 세계 속에 살았으며 평소 이들의 사상적 취향에 주목했었다. 그래서 두 책에 대한 내 독후감은 구체적이고 깊이 있다고 감히 자부할 수 있다. 이런 사례를 보고, 한 시대에 관한 회고록이 많을수록 후대인이 그 역사적 동향을 더욱 잘 이해할 수 있다고 나는 믿게 되었다. 이는 내가 회고록을 출판하는 또 하나의 동기이기도 하다. 즉, "거친 벽돌을 주고 아름다운 옥을 받아낸다."라는 옛말처럼, 이 회고록이 여러 학자들을 자극하여 과거사를 기억하려는 흥미가 그들에게 일어나기를 기대한다. 주제 넘치는 소망을 하나 더 말하자면, 회고록에 기술된 나의 학문·사상적 경력이 어떻든 간에 학문을 추구하는 새 시대의 벗들에게 그것이 하나의 참고가 되었으면 한다는 점이다.

마지막으로 랴오즈펑[廖志峰] 선생에게 마음을 다해 감사를 표해야겠다. 이분은 처음부터 리화이위의 인터뷰 기록을 중시하여 회고록이 윈천문화공사에서 출판되게끔 시종일관 관심을 기울여 주었다. 내가 가장 감동했던 점은, 2018년 9월 중순에 그이가 특별히 이 일을 위해 타이베이로부터 프린스턴으로 날아와 나를 방문했던 사실이다. 이틀 반나절이라는 오랜 시간 동안 논의하면서 우리는 원고의 수정, 서문의 길이, 서식의 편제, 사진의 취사선택, 하권(下卷)의 저술 등 관련된 모든 문제를 다루었다. 우리는 만나자마자 의기투합해서 막힘없이 소통했으며, 여러 가지 문제에서 이견 없이 생각이 일치했고 한마디 말만 해도 곧바로 문제가 해결되었다. 그것은 요 몇 년 벗들과 함께 보냈던 시간 중 가장 유쾌한 이틀이었다.

2018년 9월 26일 위잉스

1

안후이 첸산(安徽 潛山)의
향촌 생활

一. 쳰산 9년

나는 1930년에 텐진에서 태어났으나 본적은 안후이[安徽] 쳰산[潛山]이었다. 내 본적은 그저 명목만이 아니었다. 왜냐 하면, 나중에 쳰산 본향에서 9년(1937~1946) 동안 살았기 때 문이다. 어째서 고향에서 그렇게 오랫동안 살았는지 말하려 면 집안 배경을 설명해야 한다. 그러기 위해 부친(諱는 協中, 1899~1980) 시대부터 얘기해야 한다.

우리 집안 족보에 따르면, 위가(余家)는 쳰산현 관좡향[官莊 鄕]에 일찍부터 정착했다. 그런데 여씨 일족은 명·청 이래 거인(擧人)이나 진사(進士)를 배출하지 못했기 때문에 큰 도시 로 옮기지 못하고 모두 고향을 지킬 수밖에 없었다. 우리 조 부는 수재(秀才)였던 것 같으나 그보다 높은 벼슬은 얻지 못했 다. 그래도 네 아들이 공부하도록 격려하였다. 우리 부친이 가장 어린 아들이었으므로 그나마 더 나은 기회를 얻게 되었다. 하지만 부친은 청나라 말기에 태어나서 응시할 과거시험이 이미 사라진 뒤였고 현대식 교육을 받을 수밖에 없었다. 때문에 안칭[安慶], 난징[南京], 베이징[北京] 등지에서 중학교부터 대학교까지 다녔으며, 최종으로 옌징[燕京] 대학 사학과를 졸업했다. 졸업논문은 「유지기(劉知幾)[1]의 사학」이었고 천위안(陳垣, 호는 援庵) 교수[2]의 지도로 작성되었다. 그러나 부친은 유럽사와 미국사에 더 흥미를 느껴서 1926년부터 1928년까지 미국의 콜게이트 대학(Colgate College)과 하버드대학에서 미국사를 공부했다. 우리 집안은 중소 지주여서 매년 수입으로는 유학비를 댈 수 없었기 때문에, 부친은 빌린 돈과 일부 땅을 판 돈으로 겨우 유학할 수 있었다. 당신은 미국에서 2년만 공부하여 석사학위를 받고 귀국했다. 귀국 후 가장 먼저 한 일은 일해서 돈을 갚는 것이었다. 1929년 부친은 장팅푸[莊廷黻][3]의 후임으로 텐진의 난카이[南開]대학 사학

---

1 [역자 주] 유지기[劉知幾, 661~721]는 당나라 때의 역사학자이며 저서로 『사통(史通)』이 있다.

2 [역자 주] 천위안[陈垣, 1880~1971]. 자(字)는 위안안[援庵]이고 호(號)는 리윈주인[勵耘主人]이다. 광둥성 신후이[新會] 출신이다. 중국의 종교사학자로서 푸런대학[輔仁大學], 베이징사범대학(北京師範大學) 총장을 역임했고, 옌징 대학의 하버드-옌칭학사 연구소 제1대 소장이었다. 천위안은 「원대 네스토리우스교 연구」[元也里可溫考]로 명성을 얻었다. 옌겅왕[嚴耕望]은 쳰무[錢穆], 뤼스몐[呂思勉], 천인췌[陳寅恪], 그리고 천위원을 "현대 4대 사학자"로 칭하기도 했다.

3 [역자 주] 장팅푸[蔣廷黻, 1895~1965] 자(字)는 서우장[綏章]이고 필명은 칭취안[清泉]이다. 중국의 사학자이자 외교가였으며 중앙연구원 원사(院士)였다. 후난[湖南] 사오양

과 학과장이 되었다. 원래 그곳에서 오랫동안 일하려 했으나 불행히도 우리 모친이 나를 낳다가 세상을 떠났다. 이 일은 부친에게 크나큰 충격이어서 1년 이후 곧바로 톈진을 떠나버렸다.

그 후, 내 기억으로는 아버지를 따라 잇따라 난징과 카이펑[開封]에서 살았다. 아버지가 자원(資源)위원회에서 전문위원직을 맡아 미국사와 국제관계를 연구했던 것은 난징에 살던 때였다. 항일전쟁 발발 몇 년 전 아버지의 친구 샤오이산[蕭一山][4] 이 카이펑의 허난[河南] 대학 문과대학 학장이었는데 아버지를 초빙하여 문사과[文史系] 학과장으로 임명했다. 당시 판원란[范文瀾][5]이 같은 과에 있었다. 두 사람은 서로 알고 지냈지만 깊이 사귀었다고 할 수는 없다. 그래서 내게는 카이펑

[邵陽] 출신이다. 1911년 미국으로 유학 가서 컬럼비아 대학에서 박사학위를 취득했다. 1923년 귀국 후 난카이 대학 제1대 사학과 학과장이 되어, 량치차오와 함께 난카이 대학 사학과의 창립자가 되었다. 1929년 칭화대학 사학과 학과장으로 자리를 옮겨 이 학과가 전국 일류가 되는 데 기여했다. 918사변이 일어난 이후 『독립평론』을 창간하여 국민당 정부의 주목을 받았다. 1945년에는 주UN대사가 되었고 1961년에는 중화민국 주미대사를 겸임했다.

4 [역자 주] 샤오이산[蕭一山, 1902~1978]. 원래 이름은 구이선[桂森] , 字는 이산[一山]이며 호는 페이위[非宇]이다. 장수성[江蘇省] 통산[銅山] 출신이다. "청대사 연구의 제1인"이라고 칭해지며, 젠유원[簡又文], 궈팅이[郭廷以]와 함께 태평천국사 전문가로 칭해진다.

5 [역자 주] 판원란[范文瀾, 1893~1969]. 자(字)는 이타이[藝台]였으나 나중에 중원[仲澐]으로 바꾸었다. 저장[浙江] 사오싱[紹興] 출신이다. 오사운동 이후 사학계의 "마르크스-레닌주의 5대 전문가[馬列五老]" 중 한 사람으로 꼽혔다. 나머지 네 사람은 궈모뤄[郭沫若], 뤼전위[呂振羽], 허우와이루[侯外廬], 젠보짠[翦伯贊]이다.

의 허난 대학과 관련된 기억의 단편이 적잖게 있다. 1937년, 중일 전쟁이 시작하자 우리 일가는 증기기관차를 타고 카이펑을 떠나 난징으로 갔고, 다시 화륜선을 타고 안칭으로 가서 그곳에서 연말까지 머물렀다. 일본군이 이미 우리의 생존을 위협했기 때문에, 곧바로 첸산에 있는 관좡[官莊] 본향으로 돌아왔다. 내게 남아 있는 체계적 기억은 바로 이때부터 시작되며 그 이후 벌어진 사건 중 어떤 것은 지금 눈앞에 보는 것처럼 선명하다. 내가 여기서 이런 얘기를 하는 까닭은, 우리 아버지 세대에 이르러 비로소 본향을 떠나 타지로 나갔으나 뿌리는 여전히 본향에 있었으므로, 전쟁의 위기에 부딪히자 모든 가솔(家率)을 본향으로 보내기로 했다는 점을 밝히기 위해서이다. 하지만 아버지는 정부를 따라서 충칭으로 가버려서 나는 큰아버지, 큰어머니와 함께 본향으로 돌아왔다. 만일 아버지나 큰아버지 세대보다 몇 세대 전에 위씨[余氏] 일족이 대도시로 이주했다면 나는 본향으로 돌아올 기회를 얻지 못했을 것이다.

그때 내 나이 겨우 일곱 살이어서 도시에서 농촌으로 온 것은 처음이었다. 그래서 마주치는 일마다 신선했고 지극히 흥분되어 아직도 기억이 생생하다. 나는 본향에서 9년 동안 살아서 아버지와 오랜 시간 떨어져 지냈다. 하지만 아버지는 아직도 내 마음에 큰 영향을 끼치고 있다. 첫째, 아버지로 인해 지식과 학문의 가치를 중시하는 법을 배웠다. 아버지는 그 선배인 천위안[陳垣]이나 홍예[洪業][6] 등으로부터 영향을 받아 학문이 깊은 사람을 존경했고 그 자신 역시 수시로 학문 연마에 힘썼다. 당신은 비록 항일전쟁 시기에 고시원(考試院)[7] 참사(參事)가 되었으나 그것은 수입이 얼마 안 되는 청직(淸職)이어서 연구와 저작에 쓸 시간이 있었다. 항일전쟁 후 아버지는 선양[瀋陽]에서 두위밍[杜聿明][8]의 부탁으로 둥베이중정[東北中正] 대학[9]을 창설했다. 이 일은 아버지가 중국 대륙에서 행했던 최후의 업무였는데 역시 교육과 연구에 관련된 것이었다. 둘째, 아버지가 편찬한 몇십 만자 분량의 『서양통사(西洋通史)』는 나를 크게 일깨워주었다. 어렸을 때는 읽어도 잘 이

---

6 [역자 주] 홍예[洪業, 1893~1980]. 字는 루친[鹿芩], 호는 웨이롄[煨蓮]이다. '웨이롄'이라는 호는 그의 영문명 William을 음차한 것이다. 푸젠[福建] 허우관[侯官] 출신이다. 그는 평생 중국 고전의 색인을 편찬하는데 헌신했고, 하버드-옌칭학사의 발전에도 공헌했다. 1952년, 영문으로 쓴 *Tu Fu: China's Greatest Poet*가 하버드대학 출판사에서 출판되었고 오늘날에 이르기까지 영어권에서 출판된 책 가운데에서 두보에 관한 한 가장 중요한 저술로 공인되고 있다.

7 [역자 주] 중화민국의 모든 공무원의 채용 시험이나 임용, 관리 등의 인사를 관리하는 정부 기구이다.

8 [역자 주] 두위밍[杜聿明, 1904~1981]. 자는 광팅[光亭]. 샨시성 미지[米脂]현 출신이다. 국민혁명군 육군 중장이었다. 1949년 1월 9일, 화이하이[淮海] 전투에서 전군이 패배해 안후이성 샤오현[蕭縣] 장라오좡[張老莊]에서 중국인민해방군에 의해 포로가 되었다. 1957년 노벨 물리학상을 받은 양전닝[楊振寧]이 그의 사위이다.

9 [역자 주] 정식 명칭은 "사립 둥베이중정 대학"이다. 1946년 5월에 설립되었으나 1948년 국민당 정부군이 만주에서 학교도 베이핑으로 옮겨갔다가 1948년에 폐교했다. 그래서 이 대학의 졸업생은 존재하지 않는다.

해 못 했으나 점차 사학에 입문하면서 이 책을 깊이 존경하게 되었다. 이는 아마도 내가 역사를 공부하고 또 서양문화사 관련 서적 읽기를 좋아하게 된 배경일 것이다.

관좡향은 시골의 전형이었다. 산으로 둘러싸인 농촌이어서 당시 그곳과 안칭 사이에는 도로가 없었기 때문에 걸어서 가면 3일이나 걸렸다. 그때 내가 보았던 관좡향은 1~200년 전과 아무런 본질적 차이가 없었던 것 같다. 다만 그때보다 더 쇠락하고 가난했을 뿐이다. 그곳에는 전등이 없어서 호롱불로 어둠을 밝혀야 했고, 수돗물이나 자동차 등 현대식 설비도 없었다. 본향 사람들은 옛날처럼 원시적 농촌 생활을 해야 했다. 그때 우리 시골은 기본적으로 정부와 그다지 관련이 없는 자치 사회였다. 사람과 사람 사이, 집안과 집안 사이는 서로 긴밀히 묶여 있어서, 지연과 혈연이 한 마을 사람을 엮어서 큰 그물로 만들었다. 모두가 친척이고 친구였고 가족의 화목에 의존해 생활 질서를 유지했다. 성(姓)이 다른 집안 사이, 또는 성이 같은 집안에서 때로 이러저러한 충돌이 생길 수밖에 없지만, 대체로 향신(鄕紳)이나 일족의 장로를 통해 조정되고 해결되었다. 관청에 소송을 제기하는 일은 없었다.

나는 시골에서 몇 년 동안 살면서 중국 전통사회에 대한 구체적 인식을 무의식 속에서 얻게 되었다. 이 점은 내가 나중이 되어서야 발견한 사실이다. 이런 이력 때문에, 같은 세대의 지식 청년들과 나 사이에는 약간 차이가 있었다. 대학 재학 시기에 만난 동료 대부분이 도시에서 자랐으므로 이들이 중국의 향촌 생활을 얘기하더라도 절실한 경험은 없었다. 전통사회의 여러 가지 생활이 어떠한지 그들은 잘 알지 못했기 때문에 정치적 의식 형태의 선전을 쉽게 받아들여, 지주와 농민 사이에는 착취와 수탈의 관계밖에 없으며 지주와 농민은 상대방을 원수처럼 대하는 계급이라고 인식했다. 내가 겪었던 바로는 지주와 농민은 결코 칼로 두부 자른 듯 나뉘는 계급이 아니었다. 지주와 농민은 서로 용인할 수 없는 것도 아니었고 대립하는 것도 아니었다. 안후이 일대는 영전제(永佃制)¹⁰를 실시했는데, 소작인이 지주의 밭을 부치면 지주는 그이를 쫓아내거나 괴롭히면 안 되었으며, 소작인은 그리 많지 않은 소작료를 내면 그만이었다. 이웃 동네인 퉁청현[桐城縣]에 사는 외삼촌 댁에서 지주가 소작료 걷는 모습을 본 적이 있다. 소작인이 타작하는데 그 솜씨가 예술이었다. 타작할 때 한 톨도 흘리지 않았으며 게다가 곡식 중 3분의 1은 아

---

10 [역자 주] 영전제(永佃制)는 중국의 남송 시대부터 근대에 이르기까지 실시되었던 토지제도였다. 이 제도에 따르면, 소작농은 영구적으로 농지를 임대할 수 있고, 임대했던 농지의 주인이 바뀌더라도 그 영향을 받지 않는다. 그래서 영전제에서 소작농은 부분적 토지 소유권을 지니며, "일전이주제(一田二主制)"로도 불린다.

직 타작하지 않은 채 거기에 남아 있었다. 지주는 그 과정에서 아무런 술책도 부리지 않았으며 그다지 강한 계급의식도 없었다. 어떤 소작인은 지주보다 연장자여서 해를 넘기거나 명절을 넘길 때 지주는 그에게 인사를 해야 했다. 이런 일은 계급적 구분을 덜 엄격하게 만들었다. 항상 말하다시피 중국이라는 거대한 사회는 전체 유럽보다 더 크기 때문에 각 지역이 다 같을 수 없다. 소작인과 지주 사이의 충돌이 이곳저곳에서 일어났으므로 계급 충돌이 아예 없었다고 말할 수 없으나, 그런 충돌을 이른바 "계급투쟁"이라고까지 할 수 있을까? 각 개인이 보는 것은 다르다. 어떤 경우는 소작인이 지주를 속이거나 괴롭힐 수 있다. 예를 들어 지주가 고아나 과부라면 대처할 방법이 없는 것이다. 지주가 만일 매우 강력한 은퇴 관리이며 세력이 있었다면 소작인을 괴롭히는 사례도 있었을 것이다. 그러니 일률적으로 말할 수는 없다.

생활 체험으로부터 얻은 직관적 이해는 이후 중국사와 사상을 연구하는 데 큰 도움이 되었다. 이런 체험은 책으로 얻을 수 없어서, 나중에 인류학자나 사회학자의 중국 조사를 읽었을 때 내가 보기에는 신발 신고 발바닥 긁기 같이 느껴졌고, 진정으로 중국 생활의 경험과 그 정신을 파악하지 못한 채 다만 표면이나 숫자만으로 다루었던 것 같다. 이는 사회학적 조사가 통상 채택하는 설문 방식을 취했기 때문이다.

하지만 설문조사에 대한 중국인의 태도는 서양인의 그것과 같지 않으므로 그들의 응답은 보통 신뢰하기 힘들다. 외국인의 설문 응답은 기본적으로 사실에 부합하는데 그들에게는 그런 전통이 있다. 중국인은 응답 내용이 잘못되면 장차 자신에게 문제가 생길까 두려워하기 때문에, 자신을 보호하기 위해 진실을 얘기하지 않거나 혹은 유보의 태도를 보이며 심지어 왜곡하기까지 한다. 어떤 인류학자가 인도네시아 화교사회에서 설문조사를 진행한 적이 있는데, 두 차례 설문조사를 시행한 결과 똑같은 문제에 대해 서로 다르게 대답한 이들이 있다는 것을 발견하고 매우 곤혹스러워했던 적이 있다.

내가 받은 교육은 대체로 말해서 '학습 기회를 놓쳤다.'[失學]라는 말로 표현될 수 있다. 1937년부터 1946년까지 9년 동안 정식으로 학교에 다닌 적이 별로 없다. 초등학교와 중학교 모두 띄엄띄엄 한 학기 또는 두 학기를 다니는 데 그쳤다. 엄격하게 말하자면, 제대로 된 현대 교육을 못 받았을 뿐 아니라 좋은 전통 교육을 받지도 못한 것이다. 그래서 유년에서 소년에 이르는 시기 태반을 산과 들에서 보냈다. 후일의 연구와 관련 있는 유일한 것은 고문과 고사(古史) 교육을 받았다는 점이다. 『사기(史記)』, 『전국책(戰國策)』, 『고문관지(古文觀止)』 등 일반적인 책을 읽었는데 그나마 처음부터 끝까지 외운 것이 아니라 일부분을 선택해서 읽었다. 『사서(四書)』도 읽었지만 제대로 읽지는 않았다. 시골에 계신 선생님들이 다 보수적이라서 백화문을 쓸 줄 몰랐기 때문에, 작문은 예외 없이 문언(文言)을 배울 수밖에 없었다. 열두세 살 때 당시(唐詩)와 송사(宋詞)를 접했는데 암기하기가 쉬워서 꽤 좋아했다. 이어서 평측(平仄)을 배우고 오언절구와 칠언절구를 지어보았다. 서양 서적은 아예 보지도 못했다.

아버지는 항일전쟁 동안 쭉 충칭[重慶]에 있어서 나는 둘째 큰아버지(諱는 立中) 일가와 함께 시골에서 살았다. 1938년 음력설에 큰아버지가 커다란 붉은 종이에 춘련(春聯)을 쓰는 것을 처음으로 보았는데 그중 한 장은 "천지국친사(天地國親師)" 다섯 글자가 크게 쓰여서 조상 위패가 안치된 묘당의 벽에 붙여졌다. 이 다섯 글자는 본래 "천, 지, 군(君), 친, 사"였지만 이제 황제가 없어졌기 때문에 "군"자를 "국"자로 바꾸었다고 큰아버지는 설명해 주었다.

1945년에서 1946년 사이에 나는 퉁청현의 외삼촌 댁에서 1년간 살았다. 그곳은 소년 시절에 유일하게 기억하는 '도시'였으나 실은 꽤 폐쇄적인 곳이었다. 퉁청 사람들은 인문(人文)

으로 자부했지만, 여전히 방포(方苞)[11]와 요내(姚鼐)[12]의 '고문'
전통 속에 침잠해 있었다. 나는 퉁청에서 "두방명사(斗方名士)"[13]
의 영향을 받아서 옛 시문에 대해 한층 더 깊은 흥미를 갖게
되었다. 둘째 외삼촌인 장중이[張仲怡] 선생은 시도 잘 짓고 글
씨도 잘 썼다. 그이는 청나라 초기 장영(張英, 1638~1708)[14], 장
정옥(張廷玉, 1672~1755)[15]의 후예였고 장씨 일족은 방(方), 요(姚),
마(馬), 좌(左)씨와 명성을 다투는 명문가였다. 하지만 당시에는
상당히 쇠락해 있었다. 둘째 외삼촌은 늘 퉁청의 명사들과 왕
래했기 때문에 나는 이들의 대화를 통해 시문에 관한 지식을
우연히 얻게 되었다. 둘째 외삼촌이 종규(鍾馗)[16]의 화상(畫像)에

---

11 [역자 주] 방포[方苞, 1668~1749]. 字는 영고(靈皋) 또는 봉구(鳳九)이고 호는 망계
(望溪)이다. 1711년, 대명세(戴名世)의 『남산집(南山集)』에 서문을 썼다가 필화 사건
에 연루되어 옥고를 치렀다. 동성파의 비조로 받들어지며 저서로는 『망계문집(望溪文
集)』이 있다.

12 [역자 주] 요내[姚鼐, 1732~1815]. 字는 희전(姬傳)이고 호는 석포선생(惜抱先生)이다.
『사고전서』편수관을 지냈고, 동성파를 하나의 문파로 확립하는 데 지대한 공을 세웠다.
저서로 『고문사류찬(古文辭類纂)』, 『석포헌전집(惜抱軒全集)』이 있다.

13 [역자 주] "두방명사"는 "두방" 즉 화선지에 시나 그림을 그려 명성을 얻으려 하는 아
류 지식인을 가리킨다.

14 [역자 주] 자(字)는 돈복(敦復) 또는 몽돈(夢敦), 호는 낙포(樂圃) 또는 권포옹(倦圃翁)이
다. 장정옥(張廷玉)의 부친이다. 청나라의 대신으로 만족과 한족의 갈등을 해결하기 위
해 노력했다. 관직은 일품대학사(一品大學士)에 이르렀다.

15 [역자 주] 장정옥(張廷玉)은 청나라 초 강희제·옹정제 두 황제로부터 신임을 얻어 주요
관직을 역임하였다. 『명사(明史)』, 『성조실록(聖祖實錄)』, 『세종실록(世宗實錄)』, 『청회
전(淸會典)』의 편찬을 담당했다.

16 [역자 주] 『사물기원(事物起原)』에 따르면, 당나라 현종의 꿈에 나타났던 귀신이다. 이
귀신은 원래 종남산의 진사 종규였는데 과거시험에 낙방한 후 자살한 것이었다. 현종

쓴 칠언절구가 아직도 기억난다. "진사는 평생 술 한 사발만 마셨고 옷은 누더기였으나 남에게 전혀 구하지 않았네. 남에게 가장 자랑했던 것은 마음이 편하다는 것이었고, 머리와 수염은 헝클어져 귀신이 봐도 걱정할 지경이었네."[17] 초고 첫 구절의 마지막 세 글자는 원래 "사불우(仕不優: 벼슬해도 자랑하지 않았네)"였는데, 초고를 어떤 시우(詩友)에게 보여주자 그 시우는 즉각 "사불우"를 "주일구(酒一甌)"로 바꾸어야 한다고 지적했다. 둘째 외삼촌은 아주 기뻐하면서 감사를 표하고 그이를 "세 글자 선생님[三字師]"이라고 불렀다. "주일구", 즉 "술 한 사발만 마셨다."라는 구절은 본래의 시에 자연스럽게 섞여 들어가서 "사불우"라는 생경한 표현보다 훨씬 나았다. 한구석에서 시구 개작 과정을 들으면서 나는 큰 교훈을 얻었다. 원래 시구는 그렇게 퇴고되어야 한다는 것을 깨달았기 때문이다.

종래로 내가 연구했던 대상은 주희(朱熹), 방이지(方以智), 대진(戴震), 그리고 후스[胡適] 등 주로 안휘 사람들이었으나 지연(地緣)과는 아무런 관련이 없다. 왜냐하면 나는 이제껏 강한 향토 의식을 가져 본 적이 없기 때문이다. 마침 이 몇 사람이 중국 학술 사상사에서 중요한 자리를 차지했을 뿐이다.

은 오도현(吳道玄)에게 종규를 그리게 하고 그 화상을 수호신으로 삼았다. 이후로 민간에 종규의 상을 문에 붙여두어 액을 쫓는 풍속이 생겼다.

17 "進士平生酒一甌, 衣衫褴褸百無求. 寡人最是安心處, 鬚髮脂鬆鬼見愁."

이 사람들을 볼 때 어디 출신인지 전혀 주의하지 않았거니와, 이들이 나의 동향 출신이므로 널리 알리고 칭송해야겠다고 생각하지도 않았다. 주희는 후이주(徽州) 우위안(婺源) 사람이기는 하지만 실제로는 푸젠[福建]에서 태어나고 거기서 자랐으므로 그이는 이학(理學)에서 민파(閩派)로 분류된다. 나는 주희가 안후이와 관련 있다는 점을 아예 생각해 본 적이 없다. 사실, 원래 주희에 관해 쓸 계획이 없었으나 『주자문집』에 서문을 쓰다가 『주희의 역사 세계: 송대 사대부 정치문화의 연구』를 쓰게 되었을 뿐이다.

二. 필화 사건

본향에서 살던 9년간 기억할 만한 일이 아주 많다. 여기서 잠시 비교적 특별한 경험을 말하고자 한다.

첫 번째는 사숙[私塾] 교육이다. 시골에는 현대식 초등학교가 없어서 나는 열두 살 이전에는 사숙에서 공부할 수밖에 없었다. 열두 살 넘어서는 수청(舒城)이나 퉁청 등 이웃 현으로 가서 중학교에 다녔다. 사숙은 선생 한 명이 학생 열 몇 명을 가르쳤고 읽는 것은 다 전통 교과서였으며 초등, 중등, 고등 세 반이 있었다. 초등반은 『백가성(百家姓)』[1], 『삼자경(三字經)』을 읽었고, 중등반은 『사서』, 『고문관지』를 읽었으며, 고등반은 『좌전(左傳)』, 『사기』, 『전국책(戰國策)』, 『시경』을 읽

---

1 [역자 주] 성자(姓字)를 모아, "趙錢孫李, 周吳鄭王"과 같이 사자구(四字句)로 압운(押韻)하여 엮은 책.

었다. 나는 대략 사숙 세 곳을 다녔고 매번 1년간 공부했다. 그 가운데 가장 좋았던 때는 열한 살 전후였다. 선생님 성함은 류후이민[劉惠民]으로 대략 마흔 살 전후였는데 우리 본향에서는 그이의 학문이 가장 우수한 것으로 여겨졌다. 왜냐하면, 그이는 일찍이 안칭에서 신식 학교에 다녔기 때문이다. 류 선생님을 따라서 공부할 때 나는 먼저 중등반에 들어갔지만, 선생님이 내게 고등반을 청강하라고 했다. 선생님의 강의는 너무 유려해서 사람을 황홀하게 할 지경이었다. 나는 점차 중등반에서 스스로 문제를 제기하고 교과서 내의 의문점에 답을 달 수 있게 되어 고등반으로 올라갈 수 있었다. 종합하자면, 류 선생님의 지도 아래에서 고전문학 훈련에 진보가 있었던 것 같다. 특히 기억할 만한 일은 선생님이 우리를 시작(詩作)이라는 큰 문으로 인도했다는 사실이다. 봄이 찾아온 계절, 류 선생님은 갑자기 너무나 열정적으로 시를 쓰기 시작했고, 게다가 학생들이 습작하도록 지도했다. 그이는 평상거입(平上去入) 사성부터 가르치기 시작했으며 이어서 "티앤, 즈-으, 셩, 저-어(天子聖哲)" 네 글자를 외우도록 했다. 이네 글자가 바로 평상거입 사성을 각각 나타냈기 때문이다. 그런 다음에 우리에게 시운(詩韻) 쓰는 법을 소개했다. 당연하게도 『당시삼백수(唐詩三百首)』에 있는 오언절구, 칠언절구도 외워야 했다. 아직도 선생님이 지은 시구 두 줄이 기억난다.

"봄꽃에게는 인재 아끼는 마음이 있는 듯, 학교 옆에서 보조개 미소 터뜨리네."[2] 이 두 구절이 특별히 멋들어져서 기억하는 것이 아니라, 알고 보니 선생님이 어떤 젊은 과부와 한참 연애 중이라는 것을 우리가 곧바로 발견했기 때문이다. 이 젊은 과부는 때로 우리 교실 근처로 와서 서성거렸는데 얼굴에 미소를 띠고 있었다. 그래서 그 시구는 교실 밖에서 이제 막 활짝 핀 실제 "봄꽃"을 묘사하지 않고 사실은 사람을 묘사한 것이었다. 선생님은 나중에 그녀와 결혼했지만 결국 원만하지 않았다. 부부 생활이 그다지 즐겁지 않았던 것 같다.

본향의 9년 생활에서 또 하나 인상 깊은 경험은 부지불식 중에 심각한 필화에 부딪힌 일이다. 거의 목숨이 달아날 뻔했다. 이 사건이 일어난 지 6~70년이 되어 기억이 모호해졌으나 최근에 '홍콩 라디오 텔레비전'[香港電台]에서 나에 관한 다큐멘터리를 찍었기 때문에 머릿속에서 완전히 되살아났다. 홍콩 라디오 텔레비전의 고(故) 웡즈위[翁志羽] 씨는 다큐멘터리를 만들기 위해 노고를 아끼지 않았으며, 특별히 촬영 인원을 데리고 쳰산 관좡현으로 가서 유년 시절의 친척, 일족, 이웃들을 인터뷰했다. 본향을 떠난 지 벌써 60년도 넘어서 정말로 나를 잘 아는 사람은 다 세상을 떠났지만, 열서너

---

2 "春花似有憐才意, 故傍書台綻笑腮."

살 때 내가 겪었던 필화를 기억하는 사람이 아직 있었다. 윙즈위 씨가 돌아와서 인터뷰 내용을 알려주어 기억을 회복하는 데 도움을 주었다. 이 사건은 대체로 아래와 같다.

8년간의 항일전쟁 시기에 안후이성은 구이계[桂系; 廣西] 세력이 장악했고 성의 주석인 리핀셴[李品仙][3]은 리쭝런[李宗仁][4]의 부하였으며 광시성 군대도 안후이의 각 현에 도사리고 있었다. 대략 1943년 전후로 구이계의 일개 대대가 쳰산 관챵에 주둔하였는데 대대장 두진팅[杜進庭]은 불법으로 뇌물을 받거나 향촌 백성을 위협하는 일을 적잖게 하여 원망이 들끓었다. 나는 겨우 열세 살 정도여서 대대장을 본 일도 없고 나쁜 짓을 하는 것도 본 적 없었지만, 마을 선배들이 그이에 대해 얘기를 많이 한 데다가 각 사건을 꽤 상세하게 알고 있었기 때문에 내 마음에서 자못 분노가 일어났다. 어쩐 일인지 기상천외하게도 두(杜) 대대장의 각종 범행을 정부에 고발하는 아주 긴 소장(訴狀)을 썼다. 내가 쓴 소장은 전적으로 울분

---

3 [역자 주] 리핀셴[李品仙, 1890~1987], 광시성[廣西省] 우저우부[梧州府] 창우현[蒼梧縣] 출신. 이후 중화민국 육군 2급 상장(二級上將)이 되었다. 일찍이 신해년 무창기의(武昌起義)와 북벌 전쟁에 참여했다. 1949년 타이완으로 가서 여생을 마쳤다.

4 [역자 주] 리쭝런[李宗仁, 1890~1969]. 중화민국의 군인, 정치가였다. 광시성 구이린 현 출신이다. 광시성의 무력을 장악하고 1923년 국민당에 입당하여 북벌에 참여했다. 초기부터 장제스와 대립하였으나 중일 전쟁이 일어나자 우한 전투를 비롯한 여러 전역에서 활약했다. 1948년 중화민국 부총통에 임명되었고, 1949년에는 장제스의 사임으로 인해 총통 권한 대행에 임명되었으나, 공산당에 의해 패배한 이후 미국으로 망명하였다. 1965년에는 다시 중화인민공화국에 입국하여 남은 여생을 보냈다.

의 표출이었지 정말로 대대장의 상급 단위에 보내려 한 것은 아니었다. 그래서 다 쓰고 난 다음 책상 위에 두었고, 그 후 나도 그 일을 잊어버렸다. 그러나 아주 공교롭게도 내가 수청현[舒城縣]으로 가버려서 며칠 동안 집에 없을 때 마침 두진팅 대대의 한 근무병이 우리 집에 와서 무슨 일을 묻다가 내 방으로 들어왔고 어쩌다가 소장을 발견하였다. 그이는 놀라서 곧바로 이 소장을 두 대대장에게 보냈다. 두진팅은 이것을 읽고서 매우 분노했을 뿐 아니라 놀랐다고 한다. 이 소장은 일개 어린이가 쓰지 않고 필시 관쾅의 향신(鄕紳)들이 공모하여 자신을 고발함으로써 사지에 밀어 넣은 것이라고 두진팅은 의심했다. 그래서 그이는 먼저 우리 집에 사람을 보내 나를 체포하여 진짜 배후가 무엇인지 심문하려 했다. 하지만 내가 본향에 없었기 때문에 마을에서 지위나 명망이 있는 사람들을 소집하여 직접 추궁했다. 향신들도 상황을 몰랐으므로 당연히 완강하게 부인하였으며 장난기 심한 어린이의 장난에 불과하다고 다들 말했다. 나중에 이 사건이 마무리된 다음 어떤 이가 내게 알려주었는데, 그날 밤 향신들이 성대한 주연을 마련하여 대대장을 위로해 주었다고 한다. 이 자리에서 두진팅은 흠뻑 취한 후 대성통곡을 하며 소장이 만약 관쾅 마을의 어떤 사람에 의해 작성되었다면 자신은 어차피 살아남을 수 없으므로, 반드시 수단과 방법을 가리지 않고 처벌하겠으며, 관련 있는 사람들(나를 포함)을 다 총살하겠다고 했다. 이것은 감정이 극도로 치달은 상태에서 한 협박성 발언이었지만 당시 우리 마을 사람들은 정말로 겁을 먹었다.

이 사건이 발생한 지 하루 이틀 후, 나는 밤중에 수청에서 관쾅으로 돌아오다가 마을의 유일한 도로인 관쾅가를 지나갔는데 나를 잘 알던 사람이 귀신을 보는 듯한 공포의 표정을 띠고 나를 쳐다보았다. 그 가운데 노인 한두 분이 나를 붙들고서, 빨리 집으로 돌아가되 뛰어가지는 말라고 독촉했다. 두진팅의 부대가 바로 근처에 있었기 때문에 내가 그들에게 발견되어 부대로 끌려갈까 걱정했기 때문이다. 그렇지만 당시 나는 무슨 일이 일어났는지 전혀 몰랐고, 집으로 뛰어가면서 비로소 내게 큰 화가 미쳤으며 그 일로 인해 온 집안이 무척 놀라고 고생했으리라는 것을 깨닫게 되었다. 집안사람들은 내가 돌아왔다는 소문을 두진팅이 듣고서 잡으러 올까 두려워하여, 의사 일을 하던 일가 형님[族兄] 위핑거[余平格]의 집으로 그 한밤중에 나를 보내서 목전의 위험을 피하려 했다. 집안사람들과 형님은 그렇게 화를 불러일으킬 소장을 왜 썼는지 내게 거듭 물었으나 거기에 정말로 답할 수 없었다. 그 사건이 지나가고 상황도 달라지고 난 후, 그 소장을 썼을 때 지녔던 심리 상태를 이제는 재구성할 방법이 없다. 다만 이 사건은 내 인생사에 극히 중요한 분기점이 되었다. 하룻 밤 사이에 나는 갑자기 천진한 유년 시절을 잃어버리고 성인의 세계로 들어선 것이다. 이런 변화는 결코 나 자신으로부터 말미암지 않고 내 주변 환경이 내게 강제로 부과하여 생긴 일이었다. 위핑거 형님은 벌써 나이가 마흔 살이었고 평소에는 매우 엄숙하여 함부로 우스갯소리를 하지 않았다. 그날 밤 나를 맞아들이자마자 "네 나이가 어리기 때문에 나는 그동안 너를 어린아이로 대해 왔다. 그런데 네가 이런 일을 했으니 벌써 어른이 되었다. 지금부터 너를 달리 대해야겠구나."(취지가 대략 이런 뜻이었다.) 위핑거 형님뿐 아니라 다른 손위 친척·친구들도 평소 태도를 바꾸어 나를 어른처럼 대했고 심지어 "작은 선생님[小先生]"이라고 놀렸다. 이렇게 갑자기 일어난 변화는 내 유년 시절을 끝냈고, 남에게서 싫은 소리를 듣지 않기 위해 언행을 신중히 하도록 만들었다. 뜻밖에 일어난 사건 때문에 나는 "노숙한 어린이[少年老成]"의 길을 걷게 되었는데 이것은 자연스럽지 못한 성장 과정이었다.

고발장 사건에는 에필로그가 있다. 시간이 좀 흐른 후 두진팅은 아마도 마을 사람들의 설명을 받아들이고서 개구쟁이 어린이의 낙서 정도로 여긴 것 같다. 그렇지만 그이는 꽤 교육을 받은 정치지도원을 파견하여 나와 면담하게 했다. 이 지도원은 일가 사람의 주선으로 어느 날 저녁 나와 함께 식사하면서 그 참에 내 시문(詩文) 지식을 시험해 보았다. 결국,

내가 그 소장을 직접 썼으며 진짜로 대대장을 고발하려는 의도는 없었다는 것을 그 지도원은 믿게 되었다. 그이가 떠날 때 내 손을 꽉 잡으면서 평생 사귀고 싶다는 뜻을 표했던 것으로 기억한다. 한바탕 소란은 이렇게 막을 내렸다.

三. 오사운동의 성격

앞에서 한 얘기는 1937년에서 1946년 사이 관장의 일반적인 교육 및 문화 현황에 관한 것이다. 오늘날의 독자는, '어째서 오사(五四)운동이 일어난 지 20년 후에도 내 고향이 현대 신문화를 전혀 접하지 못했는가?' 하는 질문을 던질 것이다. 이 질문에 답하기 위해 내가 오사운동(5.4운동)을 어떻게 생각하는지 여기서 먼저 밝히지 않을 수 없다. "오사"는 내 개인의 교육 과정에서 '역사 이전의 역사' 단계에 해당하기 때문에, 그 기본 성격에 관해 나 역시 한 걸음 더 들어가 이해할 필요가 있다.

내가 시골에서 천두슈[陳獨秀][1]라는 이름을 처음 듣거나 후

---

1 [역자 주] 천두슈[陳獨秀, 1879~1942]. 안후이성 안칭시 화이닝현 출신이다. 중국의 공산주의자, 코민테른 혁명가이자 언론인, 트로츠키주의 혁명가, 정치인이다. 호는 실암(實庵), 자는 중보(仲甫), 필명은 척안(隻眼). 중국공산당의 창립 구성원으로서 첫 번째

스[好適]의 백화시를 처음으로 접했던 시기는 대략 열한 두 살 때였다. 왜냐하면 그제야 초보적 독해 능력을 갖추었기 때문이다. 공교롭게도 이 두 사람은 안후이 사람이었으니 후스는 지시[績溪] 출신이었고 천두슈는 화이닝[懷寧]에서 태어났다. 지시와 화이닝은 첸산의 이웃 현이었다. 그래서 이번 기회를 빌려 "오사"에 대한 내 인식을 정리해 보려 한다.

오사운동은 너무 큰 주제이므로 여기서 그 전체에 관해 논할 수는 없다. 다만 고향 시절부터 시작해서 오늘에 이르기까지 "오사"에 대한 내 이해의 변화 과정을 얘기하려 한다. 60여 년 동안 내 이해는 끊임없이 수정되고 변화되었으며, 최후로 갖게 된 견해는 현재의 주류적 관점과 매우 다르다. 그렇지만 나는 내 견해만 직접 제시할 뿐, 감히 그것을 옳다고 여기지도 않거니와 하물며 타인을 설득하여 내 견해에 동의케 하려는 것이 아니다.

천두슈라는 사람이 있다는 사실을 처음으로 알게 되었던 것은, 그가 어떤 집회에서 "부모에게 호색의 마음이 있었을 뿐 아이를 얻으려는 의도가 있었던 것은 아니다."[2]라는 글을 써서 전통 가치인 효(孝)를 훼손시키려 했다는 얘기를 듣고서

중앙위원회의장과 중국 트로츠키주의 조직인 중국 좌익반대파와 중국 공산주의동맹의 중앙상무위원을 지냈다.

2 "父母有好色之心, 無得子之意."

였다. 또, "모든 악의 우두머리는 효이고, 모든 행위 중 첫 번째는 음행이다."라고 공개리에 외쳤다고 한다. 사실, 이 얘기는 천두슈를 반대하는 수구파가 날조해 낸 것으로서 아무 근거가 없는 말이었다. 그중 앞 구절은 왕충(王充)의 명언인 "부부가 기운을 합할 당시 아이를 낳으려는 의도가 있는 것은 아니다. 정욕이 발동하여 합하고, 합하여 아이를 낳게 된다."[3]를 바꿔 쓴 것이다. 왕충의 설은 한나라 말기 공융(孔融)[4]과 예형(禰衡)[5] 등의 선전을 거쳐서 마침내 후대에 널리 퍼지게 되었는데, 이제 천두슈에게 억지로 덧씌워져 있는 것이다. 뒤 구절은 본래의 유가 격언 즉 '모든 행위 중 첫 번째는 효이고 모든 악의 우두머리는 음행이다.'를 뒤집어 버린 것이므로 악의적으로 천두슈에게 죄를 덮어씌운 것이다. 후스는 1933년 미국 시카고대학에서 '중국문예부흥' 시리즈 강연을 할 때 특별히 천두슈를 위해 그 일을 반박한 적이 있다. 이런 일화를 보면 천두슈는 그의 고향에서 환영받지 못하는

---

3 "夫婦合氣, 非當時欲得生子. 情欲動而合, 合而生子矣."

4 [역자 주] 공융[孔融, 153~208]. 건안칠자(建安七子)의 한 사람이다. 십상시(十常侍)의 전횡을 비판한 청의파 선비로 유명했으며, 황건적의 난이 일어났을 때는 노식(盧植)의 부장으로 활약했다. 동탁(董卓)이 권력을 잡자 그의 포악함을 비판하다가 북해의 상(相)으로 전출되었다. 후일 조조와 대립하여 그에 의해 처형되었다.

5 [역자 주] 예형[禰衡, 173~198]. 중국 후한 말의 인물로, 자는 정평(正平)이며 청주 평원군 반현(般縣) 사람이다. 공융에 의해 조조에게 천거되었으나, 조조와 유표, 그리고 황조를 능멸하다 황조에게 처형되었다.

인물이었던 것 같다. 바로 선지자는 고향에서 전혀 존경받지 못한다는 서양 사람들의 속담대로였다.

내가 후스를 처음으로 접했던 것은 그이의 시와 서예를 통해서였다. 우리 고향의 누각에서 후스가 부친에게 보낸 글 한 폭을 펼쳐본 일이 있는데, 거기에는 후스의 자작 오언시가 쓰여 있었다. "바람이 경평호를 지나가니 호수 면에 가벼운 주름이 이네. 호수 다시 거울처럼 맑아지려 할 때 필시 예전 같기 어렵겠네."[6] 글자가 가늘고 긴 것이 순수한 듯 빼어났지만, 서예가의 글자는 아니었고 전형적인 문인의 글자였다. 아버지에게 써 주었기 때문에 나는 무의식적으로 후스에게 친밀감을 느끼게 되었다. 나중에 그분의 『상시집(嘗試集)』을 찾아보았는데 백화시가 신기하게 느껴졌지만 그다지 마음에 들지 않았다. 내가 비교적 좋아했던 것은 그의 구체시(舊體詩), 즉 평이하게 얘기하는 것 같은 구체시였다. "바람이 경평호를 지나가다." 같은 시가 그 사례이다.

시골에서 내가 알던 천두슈와 후스는 여기까지이며 이 두 사람의 관계는 물론이요, "오사"라는 것이 있다는 사실도 전혀 몰랐다. 왕싱공[王星拱][7]이 후스를 위해 지은 시에는 "문단

---

6 "風過鏡平湖, 湖面生輕縐. 湖更鏡平時, 畢竟難如舊."

7 [역자 주] 왕싱공[王星拱, 1887~1949]. 자(字)는 푸우[撫五]이고 안후이 화이닝[懷寧] 출신이다. 화학자이며 베이징대학 교수를 역임했고, 『신청년』에 글을 발표하여 과학지

에서 새로운 역사 여는 일을 지극히 중시하였으니, 최근 온 세상이 천두슈와 후스를 말하네."[8]라는 구절이 있다. 1946년 이전에 나는 그 두 사람이 함께 문학혁명을 일으킨 사건을 아예 들은 적이 없었다. "오사"의 영향이 전파되려면 시간이 필요했다. 예를 들어 『후스 일기[胡適日記]』에 따르면, 1922년 7월 24일에 베이징대학 예과 입학시험에서 펑티앤[奉天] 출신 학생이 고사장에서 후스에게 "오사운동이 무엇입니까?"라고 물어본 일이 있다고 한다. 후스는 너무 이상해서 일부러 다른 몇몇 고사장으로 가 물어봤더니 시험감독자는 '적어도 응시생 열 몇 명이 「오사」가 무엇인지 모릅니다.'라고 답했다고 한다. 이 시기는 1919년의 "오사"로부터 불과 3년 후였는데도 적잖은 학생이 혹은 이미 잊어버렸거나, 혹은 그런 사건에 전혀 주의를 기울이지 않았다. 따라서 "오사"의 역할을 상상 속에서 너무 과장하여, "오사" 발생 이후로 전체 중국의 정신적 면모가 즉각 대변화를 일으켰다고 하면 안 된다.

1946년 이후 도시로 돌아가 고등학교와 대학교에 입학하면서 자연스럽게 오사운동의 맥락을 분명히 알 수 있었다. 먼저 당시 "오사"에 대한 일반인의 이해는 결코 1919년 5월

식을 전파하고 종교적 미신을 비판했다. 1925년 벌어진 과학-현학 논쟁에서 "과학 만능"을 주장했다.

8 "珍重文壇開國史, 當年四海說陳胡."

4일 일어난 학생 애국 운동에 국한되지 않았다. 우리는 모두 "오사운동"을 1917년 이래의 문학 및 사상운동과 동일시한 다. 무엇보다도 백화문이 문어문을 대체하여 지식인·일반 인 공용의 문자 매개체가 되었으며, 이는 후스가 앞서 제창 하고 천두슈의 강한 영향력이 도움 줌으로써 이루어진 일, 즉 "문학혁명"이라는 것이다. 그다음은, 천두슈, 후스 및 기 타 동료들이 『신청년』, 『신조(新潮)』 등 간행물을 통해서, 그리 고 베이징대학 강의실에서 부단히 구시대의 예교(禮敎)를 공 격하고 새로운 사상을 전파함으로써 마침내 새로운 변화를 추구하는 청년의 열정을 불러일으켰다는 것이다. "오사" 학 생운동이 일어난 까닭은 바로 2~3년 동안 이들의 지식과 사 상이 근본적 변화를 일으켰기 때문이다. 쑨중산[孫中山]은 남 쪽에서 베이징의 형세를 관찰한 후 그런 결론을 내렸다고 한 다. 후스는 1919년 「신사조의 의의」라는 글을 써서 "문제 연구, 이론 수입, 고전 정리, 문명 재창조"의 4대 강령을 제 시하였는데 당시 상당한 대표성을 띠고 있어서 많은 사람이 대체로 그것을 받아들였다. 그이는 그 글에서 "신사조운동" 이라는 용어를 사용하여 "오사"의 성격을 규정했다. 나중 에 "신문화운동" 또는 "신사상 운동"으로 바꿔 부르는 사람 들이 있었으나 뜻은 대동소이했다. 종합하자면, "오사"는 전 후 10여 년간 지속한 사상, 문화, 그리고 지식의 혁신 운동이었고 장기간의 진행 속에서 거대한 영향력을 발휘한 운동이라는 것이 일반적 이해였다. 1919년 5월 4일 하루에 벌어진 학생 항의 시위는 그런 운동의 영향력이 강했다는 것을 보여주는 하나의 사례이다. 그런데 그 하루를 단독으로 떼어내서 고립적으로 이해한다면, 오사운동을 어디서부터 설명해야 할지 길을 잃어버릴 것이다. 오늘날 꽤 많은 사람이 그날 하루에 일어난 학생운동을 강조하여 오사운동을 "애국 운동"으로 규정해 버리는데, 이는 "오사"의 정신적 내용을 일부러 공허하게 만들어 버리는 혐의를 면치 못할 것이다. 외국의 강권 침략에 대항하여 일으킨 중국 지식인의 애국 운동은 이미 청나라 말기부터 시작되었는데 하필이면 1919년까지 기다릴 필요가 있었을까? 만약 "오사"의 의의를 겨우 애국에만 한정시킨다면, 그 이전에 일어난 여러 가지 동류(同流)의 운동, 예를 들어 1895년의 "공거상서(公車上書)"[9]와 "오사" 사이에 무슨 차이가 있을까? 그러므로 애국이 전체 오사운동(5월 4일 일어난 학생운동을 포함)의 기본 동력이라는 점을 인정한다고 할지라도, 애국은 19세기 말 이래 중국 지식인 사이의 공통 기조였지 "오사" 특유의 특색은 아니었다는 점을 정

---

9 [역자 주] 캉유웨이가 회시(會試) 응시생 1300여 명에게 서명을 받아 황제에게 올린 상서. 청나라가 청일 전쟁에서 패한 후 일본과 굴욕적인 시모노세키 조약(下關條約)을 체결하자 이에 반대하여 올린 상서이다.

중히 지적하고자 한다.

이상은 오사운동에 관한 나의 기본 인식인데 어린 시절부터 지금까지 큰 변화는 없었다. 다만 한 걸음 더 나아가 분석해 보자면, "오사"의 성격은 오히려 매우 복잡한 문제를 품고 있으므로 이에 관한 내 전후의 견해가 똑같지는 않다.

먼저 설명해야 할 것은, 세계 제2차 대전이 끝난 다음 도시로 돌아와서 처음으로 읽었던 교과서 이외의 책이 『후스 문존[胡適文存]』이었다는 사실이다. 백화문의 기원에 관한 이 책의 설명을 읽고 매우 흥미를 느꼈기 때문에 부지불식중에 "오사"에 대한 후스의 해석을 받아들이게 되었다. 후스는 일찍이 미국에서 백화문을 제창할 때, 이탈리아 문예부흥(Renaissance) 시기에 이탈리아인이 본토 속어(즉 이탈리아어)로 라틴어를 대체했던 현상에 주목했다.[10] 이런 현상은 이탈리아에만 국한되지 않고 유럽의 다른 나라에도 있었다. 그래서 후스는, 자신이 백화문을 제창하여 문어문(文言文)을 대체한다면 중국을 중세로부터 해방하여 근대 세계로 달려가게 하는 중대한 의의가 있으리라고 생각했다. 1917년, 후스가 귀국하여 베이징대학에서 교편을 잡자 백화문이 전국에

---

10 "토어(土語)"는 처음에 후스가 사용했던 용어로 나도 인용했던 적이 있다. 지금은 "본토의 속어"로 고침으로써 현대 독자의 이해를 돕고자 한다.

서 유행을 일으켜 의외의 대성공을 거두었을 뿐 아니라, 학술 및 사상 두 분야에도 거대한 영향을 끼쳤다. 1918년, 베이징대학 학생 푸쓰녠[傅斯年][11]과 구제강[顧頡剛][12] 등이 신사상을 제창하는 간행물, 즉 『신조(新潮)』를 준비할 때, 후스는 조금도 지체하지 않고 그 영문 명칭을 "Renaissance"로 정했다. "오사" 학생 시위가 폭발하던 해(1919년), 그이는 이미 "중국 문예부흥"이라는 대운동을 자각적으로 밀고 나아가고 있었다. 이때 백화문으로 문어문을 대체한 것 말고도, 후스는 한 걸음 더 나아가서 사상, 학술, 문학 영역을 막론하고 "중국 문예부흥"이 11~12세기부터 끊임없이 발생하였다고 강조했다. 예를 들어, 송대 이학(理學)은 중세 불교로부터 해방되어 출세간에서 입세간(入世間)으로 나아간 것이며, 원·명대 이래 일어난 백화소설과 희곡은 이미 현대의 백화문을 위해 기초를 놓았다고 보았다. 또한, 청대 고증학은 "과학적 방

---

11 [역자 주] 푸쓰녠[傅斯年, 1896~1950]은 중화민국의 사학자, 언어학자이다. 1896년 청나라 산둥성 랴오청 시에서 태어났다. 베이징대학에 재학할 때 오사운동에 베이징대학의 학생 대표 중 한 명으로 참가했다. 대학 재학 초기 고문(古文) 경학에 심취했다가 후스를 만나 신학문에도 관심 갖게 되었다. 1939년 이후는 쿤밍의 서남 연합대학 산하 베이징대학 문과 연구소 소장을 역임했고, 1948년 이후 장제스를 따라서 자유중국으로 떠났다. 자유중국 국립 타이완 대학 총장을 역임했다.

12 [역자 주] 구제강[顧頡剛, 1893~1980]은 중국의 역사학자이다. 장쑤성 쑤저우시 출신이다. 1920년 베이징대학에서 후스와 천두슈 등에게 배워 철학과를 졸업했다. 1949년 중화인민공화국 수립 이후에는 1952년 푸단 대학을 거쳐 1954년 중국과학원 역사 연구소 연구원이 되었다. 고대사에 대한 옛 기록을 의심하는 의고변위(疑古辨僞)로 유명하며, 1927년 이후로 1942년까지 7권으로 구성된 『고사변(古史辨)』을 발표하였다.

법"을 채택했는데 그것은 중국의 인문 연구 가운데서 일어난 새로운 발전으로서, 15세기 이탈리아의 발라(Lorenzo Valla)가 대표하는 고증법과 아주 잘 들어맞는다고 여겼다. 이렇듯 후스는 "오사" 신문화운동을 서양의 문예부흥과 매우 유사한 것으로 각인하였다. 이때부터 그이는 해외 각지에서 강연할 때, 일률적으로 "오사운동"을 "중국 문예부흥"으로 불렀다. 동시에 나는 량치차오[梁啓超]의 『청대학술개론(清代學術概論)』을 읽었는데 역시 문예부흥과 청대의 학술을 대응시키고 있었으므로 그 논증에 설득되었다. 1956년, 내가 하버드대학 대학원에 진학하여 유럽사에 속하는 "문예부흥과 종교개혁"을 부전공으로 선택했던 일의 원인이 바로 여기에 있었다. 유럽 문예부흥의 원형을 통하여 20세기 중국 사상과 문화의 변천 과정을 이해하고 싶었기 때문이다.

하지만 문예부흥에 관한 서양 사학자들의 수많은 전문 연구를 깊이 읽고 난 후, 오사운동을 결코 유럽 문예부흥과 나란히 놓고 이야기할 수 없다는 것을 발견했다. 표면적 현상의 일부 유사점만으로 양대 운동 사이의 실질적 차이점을 덮을 수는 없는 것이다. 즉, 백화문으로 문어문을 대체했던 일을 볼 때, 유럽 각 나라에서 형성된 본토 속어와 라틴어 사이의 관계를 일률적으로 파악하면 절대 안 된다. 그 밖에 사상 및 학술의 측면에서도 중국과 유럽에는 각각의 배경이 있어서 서로 같기보다는 다른 점이 훨씬 많았다. 그래서 나는 1959년에 「문예부흥과 인문 사조」라는 글을 써서 처음으로 "문예부흥설"에 의문을 제기했다.

1933년, 후스는 시카고대학에서 "중국문예부흥"을 주제로 일련의 강연을 했고 이 강연 내용은 나중에 *The Chinese Renaissance*라는 책으로 묶여 나왔다. 후스는 이 책에서, 1917년부터 1919년 사이에 베이징대학교 교수와 학생이 추동한 신사조운동을 묘사할 때, "그것은 이성이 전통에 대항하고, 자유가 권위에 대항하며, 생명과 인간의 가치를 칭송함으로써 압박에 대항한 운동이었다."라고 말했다. 이런 견해는 18세기 계몽운동을 더 부각하는 것이지 문예부흥에는 잘 적용되지 않는 것 같다. 주목할 만한 사실은, 오사운동을 계몽운동에 비유하는 경향이 중국 지식 계층에서 1930년대부터 유행하기 시작하여 "계몽설"이 "문예부흥설"의 자리를 대체했다는 점이다. 이런 새로운 설을 제창한 주요 인물들은 마르크스주의 학파에 속했다. 18세기 인물 볼테르(Voltaire)는 수많은 글을 써서 중세 암흑시대와 교회의 압박을 겨냥해 날카로운 공격을 가했다. 디드로(Denis Diderot)는 그에게 편지를 써 존경을 표하면서 "당신의 글은, 거짓말·무지·위선·맹목적 숭배·전제 등에 대한 강렬한 증오를 내 마음에서 일으켰습니다."라고 말했다. 천두슈, 루쉰[魯迅], 후스, 첸쉬안퉁[錢玄同]이 쓴 글들은 "오사" 시기에 볼테르의 글과 같은 효과를 낳았음이 틀림없다. 그러므로 "오사"는 우상을 파괴하고 공자의 학설[孔家店] 및 옛 예교(禮敎) 등을 공격했던 파괴적 측면, 그리고 진보, 이성, 과학을 제창하는 건설적 측면 모두에서 유럽 계몽운동과 비교될 수 있는 점이 있다. 그것은 "오사"의 지도자들이 직간접적으로 이미 서양 계몽사조의 영향을 받았기 때문이라고 나는 믿고 있다.

하지만 한층 깊이 서양의 계몽과 중국의 "오사"가 놓인 역사·문화적 배경을 관찰한다면 그 두 가지는 전혀 달라진다. 어떻든 중국의 "오사"가 유럽의 "계몽"에 대응한다고 한 마디로 단언할 수는 없다. 이를 위해 서양 전문가의 연구 및 그 주요 논지를 광범위하게 섭렵한 적이 있다. 특히, 미국의 대가인 베커(Carl Becker)와 게이(Peter Gay)의 글을 많이 보았다. 게이는 나와 함께 예일대학에서 10년간 함께 근무하여 개인적으로도 항상 교류가 있었으며 계몽의 성격 문제를 토론하곤 했다. 최후로 얻은 결론은 "문예부흥설"에 대한 과거의 내 견해와 대동소이했다. 1998년 "르네상스도 계몽도 아니다: 오사운동에 대한 한 사학자의 반성"("Neither Renaissance nor Enlightenment: A Historian's Reflections on the May Fourth Movement")**13**이라는 영어 논문을 썼다. 간략히 말하면, 서양의 문예부흥과 계몽운동의 정신적 기원은 고대 그리스·로마의 고전 사상에 있으므로 그 두 가지는 유럽 문화의 내재적 발전 결과인 데 반해, 중국의 "오사"는 주로 서양 문화의 중국 침입으로 일어난 반응이며 설령 그 가운데 중국문화의 내적 요소가 일종의 안내자로 자리 잡고 있었다 하더라도, 오사운동의 정신적 기원은 유·불·도가 아니라 서양에 있다는 것이다.

서양의 문예부흥과 계몽운동이 "오사"의 신사조 출현에 영향 끼쳤다는 주장을 부인하는 것은 아니지만, "오사"는 중국 현대문화와 사상사에서 출현한 독특한 사건으로서 서양에서는 유사한 사례를 찾아볼 수 없는 것이다. 만일 "오사"를 "문예부흥" 및 "계몽운동"과 억지로 비교한다면, 극히 위험하고 또 아무 근거도 없는 역사적 가설에 빠져 버릴 것이다. 즉, 모든 민족과 문명은 반드시 같은 발전 단계를 거쳐야 하며 이것이 "필연적 역사법칙"이라는 것, 또한 서양은 중국보다 한 단계 더 발전했으므로 중국은 당연히 그 뒤를 따라야 한다는 것, 그리고 서양에서 발생했던 운동은 반드시 중국에서 다시 일어나리라는 것 등이 그런 역사적 가설이다. 오늘날의 역사

---

13 중역본 제목은 「文藝復興乎? 啓蒙運動乎?‐ 一個史學家對五四運動的反思」이다.

적 지식은 이미 그런 가설을 맹목으로 받아들이는 것을 허락하지 않는다. 종합하자면, 젊은 시절에 나는 위와 같은 억지 비교에 그다지 강한 반감은 갖지 않았고, "오사"를 "문예부흥"으로 이해하는 설이나 "계몽운동"으로 이해하는 설 각각 나름대로 근거가 있으며, 그 두 가지 설이 병존할 수 있다고까지 인식했다. 하지만 문예부흥과 계몽운동 관련 논저를 깊이 읽어 나간 후, 그런 억지 비교는 우리를 바른길로 인도하지 않고 오히려 오도하여 얻는 것보다 잃는 것이 많으므로 굳이 그렇게 할 필요가 없다는 점을 알게 되었다.

"오사"에 관한 인식을 부단히 수정해 가던 과정 가운데에서 여기서 특별히 꺼내 놓고 얘기할 만한 변화가 하나 있다. 청년 시절부터 중년에 이르기까지 내가 받아들였던 주류 견해는, "오사"가 중국의 문화 전통에 대한 전면적 반대, 특히 반(反)유교적 운동이며, "오사"는 철두철미 급진적 과정이었던 데다가 그 급진성이 나날이 가속화되었다는 설이다. 그렇지만 최근 십몇 년 사이에 그런 견해는 재검토되어야 한다고 나는 생각하게 되었다. 오사운동 속에는 확실히 그런 급진적 사조가 존재하였으나 그것이 전체 "오사"의 신문화 혹은 신사조운동을 대표할 수 없다. 『신사조』 잡지를 예로 들어 말하자면, 1919년 5월 4일 학생운동 이후 『신문화』 책임자들은 좌·우로 분화하기 시작했다. 천두슈, 리다자오[李大釗] 등은 왼쪽으로 나갔고, 후스, 타오멍허[陶孟和][14] 등은 우익으로 여겨졌다. 이런 분화는 주로 정치 활동에 대한 태도 불일치로부터 생겨났다. 급진파는 혁명적 행동을 취하라고 요구했으나, 온건파는 문학·사상·학술 등의 분야에서 창조적 활동을 지속해야 하며 정치는 다만 평론만 할 뿐 거기에 실제로 참가하면 안 된다고 주장했다.

사실, "오사"를 장기간의 신문화 또는 신사조 운동(예컨대 "문예부흥"이나 "계몽운동"과 같은)으로 간주해야지, 그 정치적 작용을 과도하게 중시하면 안 된다. 만일 그렇게 중시한다면 앞서 서술한 견해가 성립할 수 없다는 것을 곧바로 알게 될 것이다. 후스는 「신사조의 의의」에서 "평가의 태도"를 제시하고서 그것을 모든 참여자의 공통 정신으로 삼았다. 그이는 한 걸음 더 나아가, 그런 "평가의 태도"가 "문제의 연구, 이론의 수입, 고전의 정리"라는 세 가지 측면으로 표현되어야 한다고 강조했다.("문명 재창조"는 최후 결과이다) 『후스 수고[胡適手稿]』에는 그이가 1955년에 쓰다가 만 장편 논문이 하나 수록되어 있다. 제목은 「중국 문예부흥 운동 40년의 유산, 폭력

---

14 [역자 주] 타오멍허[陶孟和, 1887~1960]. 중국의 사회학자이다. 원래 이름은 리공[履恭]이며, 원적은 저장성 사오싱[紹興], 출생지는 톈진[天津]이다. 1949년 중국과학원 원장을 역임하기 시작했다. 오사운동이 일어나기 직전 베이징대학 교수로 근무하면서 마쉬룬[馬叙倫]과 함께 철학연구회를 발족하였고 당시 베이징대학 도서관에서 근무하던 마오쩌둥이 이 연구회에서 활동하였다.

에의 항거와 독소의 제거-중국공산당이 후스 사상을 청산한 일의 역사적 의의」였다. 이 글에서 후스는 그 세 가지 측면을 더욱 분명하게 풀이했다.

첫째, 목전의 사회 · 정치 · 종교 · 문학의 다양한 문제를 연구한다. 둘째, 외국의 사상 · 이론 · 문학을 수입한다. 셋째, 과거 학술사상을 체계적으로 정리해야 하는데 이런 작업을 "정리 국고(整理國故)"라고 부른다.

이 해설에 따르면, 수많은 지식인의 장기간 노력이 있어야만 위 세 가지 측면에서 참된 성과가 나올 수 있다는 것을 알 수 있다. 그런데 이런 작업에 참여하는 사람 하나하나가 모두 전통과 공자에 반대하는 급진적 관점을 그 이전부터 갖고 있었으리라고 상상하는 것은 불가능하다. "문제의 연구"든, "이론의 수입"이든, 아니면 "고전의 정리"든, 작업자는 단지 "비평적 태도"를 갖추면 충분할 뿐이다. 개인의 사상 또는 신앙은 우리가 전혀 관여할 대상이 아니다.

먼저 "고전의 정리" 사례를 갖고서 내 생각을 설명해 보자. "신문화운동" 중 가장 장구한 가치를 지닌 학술 성과는 주로 "고전의 정리" 영역에서 나왔는데 이 영역이 산출한 대가[大師]의 절대다수가 중국의 문화 전통 및 유가 가치에 친밀감을 느끼는 이들이었다. 그 중 가장 저명한 사람이 량치차오, 왕궈웨이[王國維], 천런커[陳寅恪], 탕용퉁[湯用彤], 첸무[錢穆], 그리고 펑유란[馮友蘭] 등이었다. 이들의 연구는 현대 학문의 최고 수준에 도달하여 세계적으로 공인을 받고 있다. 그 가운데 특히 주목할 이가 왕궈웨이이다. 사상과 신앙의 측면에서 말하자면 그이는 가장 수구적인 인물이라 할 수 있으나, 저작의 '과학성'으로 말하자면 당시 급진적 학자로 불리던 후스나 궈모러[郭沫若]도 그이를 존경해 마지않았다. 이런 국학의 대가들이 반전통이나 반유교가 아니라고 해서 이들을 "신문화"의 바깥으로 배제해 버린다면, "오사"는 공허한 구호만 남는 "운동"이 될 뿐이고 학술상으로도 폐허만 남게 될 것이다.

다음으로 고전 이외의 영역에서 다른 사례를 하나 더 들어보자. 량수밍[梁漱溟]의 강연집 『동서문화와 철학[東西文化及其哲學]』[15]은 "오사" 이후 널리 알려진 작품으로 "문제의 연구" 범위 내에 들어간다. 량수밍이 행한 일련의 강연은 중국문화를 드높이고 공자를 존숭한다는 기본 전제 위에 서 있어서 당시에는 "반(反)오사"의 주장으로 여겨졌다. 그렇지만 량수밍

---

15 [역자 주] 이 책은 강중기에 의해 국역되어 솔출판사에서 2005년에 출간되었다. 량수밍 저/ 강중기 역, 『동서문화와 철학』, 서울: 솔 출판사, 2005.

은 중국이 민주와 과학이라는 양대 보물을 완전히 받아들여야만 비로소 중국문화가 다시 부흥하고 현대 세계에서 합당한 중요 지위를 차지할 수 있으리라고 여러 차례 강조했다. 나는 후스가 1926년 영국의 몇몇 대학에서 행한 "중국 문예 부흥" 강연록을 뒤늦게 발견하고 매우 놀랐던 적이 있다. 그 강연에서 후스는 여러 번 량수밍과 그의 저작을 사례로 들었기 때문이다. 이로부터 량수밍 등 새 시대의 중국 학자들이 조금도 주저하지 않고 현대 서양 문화 안의 주요 가치를 받아들이고 있음을 알 수 있다. 적어도 후스의 마음속에서 량수밍은 비록 중국문화와 공자의 가르침을 옹호하는 인물이기는 하였지만, "같은 길을 걷는 사람"[吾道中人], 즉 "중국 문예 부흥"을 구성하는 유기적 요소로 여전히 여겨졌다.

그 밖에 "이론 수입"의 측면에서 메이광디[梅光迪][16], 우미[吳宓][17] 등이 창간한 잡지 『학형(學衡)』을 검토해 보자. 이 잡지는 후스의 백화문 운동을 반대하여 나온 것이므로 그 창간 시점부터 "오사"의 지도자들에 의해 신문화운동의 대립

---

16 [역자 주] 메이광디[梅光迪], 1890~1945. 자(字)는 디성[迪生], 진장[覲莊]. 안후이 쉬앤청[宣城] 출신. 1911년 미국으로 유학을 떠나 노스웨스턴대학, 하버드대학 등에서 문학을 전공하여 중국인 중 미국에서 문학박사 학위를 받은 최초의 인물이 되었다.

17 [역자 주] 우미[吳宓, 1894~1978], 샨시성[陝西省] 징양현[涇陽縣] 출신. 미국에 유학하여 19세기 영국 문학을 전공했다. 우미는 둥난[東南] 대학에서 교편을 잡으면서 메이광디[梅光迪], 류이정[柳詒徵]과 공동으로 『학형(學衡)』을 창간했다. 문화혁명 기간에는 심한 고초를 당했다.

자로 여겨졌다. 그렇지만 자세하게 살펴보면 그렇게 간단하지 않다. 『학형』은 미국의 문학비평가 배비트(Irving Babbit)의 인문주의 학설을 있는 힘껏 수입하여, "오사" 이후의 중국 문학과 사상계에 상당히 큰 영향을 끼쳤다. 배비트의 인문주의는 공자가 몸으로 보여준 정신수양과 그리스 이래 서양의 법치·민주를 결합했는데, 배비트의 명저 『민주와 리더십(Democracy and Leadership)』은 바로 이런 견해를 집중적으로 보여준다.[18] 문학의 영역에서 배비트는 고전주의를 주장하고 루소(Jean-jacques Rousseau) 이래의 낭만주의를 공격했다. 그이는 1920~30년대에 비록 진보파에 의해 보수주의자로 규정되어 몇십 년 동안 잊혔으나, 1980년대에 이르러 여러 진보파 학자들, 예컨대 사학자 슐레징어(Arthur Schlesinger, M. Jr.) 같은 이가 그에게 적잖은 탁견이 있었음을 발견하였다. 배비트의 학설을 추존했던 사람은 메이광디와 우미 등에 그치지 않고, 백화문학의 맹장인 린위탕[林語堂], 량스추[梁實秋][19]도 하버드대학에서 배비트의 강의를 수강하여 그이에게 완전히 경도되어 있었다. 량스추는 나중에 우미의 동의

---

18 [역자 주] 배비트와 우미의 공통점을 논한 국내의 논문으로는 이태준, 「吳宓와 어빙 배비트의 신인문주의교육사상연구」(『중국어문학회』 제94호)를 참조할 것.

19 [역자 주] 량스추[梁實秋, 1903~1987]. 베이징 출생이나 본적은 항저우이다. 하버드대학을 졸업했다. 1915년부터 습작을 시작하였고, 대표작으로 『셰익스피어전집』(번역), 『아사소품(雅舍小品)』 등이 있다. 타이베이에서 84세로 사망했다.

를 얻어, 『학형』에 수록되었던 배비트 관련 논문과 그와 비슷한 성격의 글을 모아서 편저 한 권을 만들었고 책 이름을 『배비트의 인문주의[白璧德的人文主義]』로 정했다. 출판사는 바로 신문화의 대본영인 신월서점(新月書店)이었다. 그래서 배비트의 학설은 실로 "오사" 이후 "신문화"의 구성 부분이 되었다. 설사 그이가 공자와 유가 전통을 존중했다 해도 말이다. 게다가 민주라는 중심 가치에 대해 말하자면, 메이광디는 배비트의 신도였기 때문에 마찬가지로 민주주의를 군건히 신봉했다. 그이는 한편으로 『학형』에서 후스의 문학 관념을 비판하였으나, 다른 한편으로 후스에게 편지를 써서 그의 정치 평론이 "저의 뜻과 많이 부합합니다."라거나 "사회에 공헌하였습니다."라고 칭찬했다. 이 점은 메이광디가 정치적으로 온건 개혁가였음을 보여준다. 그이가 백화문 사용을 찬성하지 않았다고 하여 "신문화" 또는 "신사조"로부터 배척해 버릴 수 있겠는가?

마지막으로 보충 사례를 하나 더 들어서 내 논점을 강화하려 한다. 앞에서 량스추와 배비트의 관계, 그이와 『학형』 사이의 협동 작업을 이미 언급하였다. 또 한 명, 칭화대[淸華大] 학생이었던 샤오궁취안[蕭公權]의 경력은 그 문제를 더 잘 설명해 준다. 그이는 1919년 5월 4일에 일어난 학생운동의 참여자였고 동료와 함께 톈진에서 신문을 창간하여 오사운동을 고취했다. 나중에 미국에서 정치철학을 전공하여 "이론의 수입" 측면에서도 커다란 성과를 거두었다. 그이의『중국정치사상사』[20]는 "고전 정리" 분야의 걸작이다. 또한, 현대의 교육과 민주적 헌정을 논하는 수많은 글을 썼으므로 "문제의 연구" 측면에서도 성과가 탁월하다. 신문화운동에 대한 다방면에 걸친 공헌은 의심할 수 없다. 그런데 중국문화와 공자에 대한 그이의 태도를 살펴보면 상당히 보수적이다. 예컨대, 중국의 전통적 가족제도를 그이는 굉장히 찬양한다. 왜냐하면, 어려서 부모가 세상을 떠난 후 오로지 큰아버지 부부의 양육에 의지해 자라났고, 일족의 형제들이 그이를 많이 도와주었기 때문이다. 그이는 확고하게 말한다. "구식 가정에 대한 '신문화' 진영의 공격은 좀 과격한 것 같다." 그리고 백화문을 제창하는 자들의 언론이 도를 넘었다고 비판하였으며, "타도공가점(打倒孔家店)"에도 찬성하지 않았다. 문학적 취향의 면에서 그이는 어려서부터 구체시사(舊體詩詞)를 좋아했고 조예도 매우 깊었다. 그래서 그이는 칭화대에서 학생을 가르치던 시기에 우미[吳宓]와 친교를 맺었고, 우미는 그두 사람이 "진리, 문학, 시사를 논할 때 모든 면에서 생각이

---

20 [역자 주] 한국어 번역은 소공권·손문호 저/ 최명 역, 『중국정치사상사』, 서울: 서울대학교출판문화원, 2014를 볼 것.

잘 합치했는데, 모두 서양의 적극적 이상주의를 취했기 때문일 것이다."라고 말했다. 신문화운동의 참여자가 반드시 반전통·반유교적 급진파는 아니라는 점을 이 실례가 실증한다고 나는 생각한다. 사실, "신문화"에 정말로 공헌한 이들은, 오히려 이성이 풍부하고 장기적 학문 수련을 기꺼이 한 학인이었다. 격렬한 구호를 열광적으로 외친 사람은 정치 활동의 영역으로 간 경우가 많아서, 적어도 "신문화"에는 그다지 성과가 없었다.

앞에서 "오사"에 대한 나의 인식과 선후의 견해를 극히 간략하게 서술하였다. 한마디로 정리하자면, 현재의 내 견해는 다음과 같다. "오사" 시기 신문화운동의 핵심 문제는, '어떻게 하면 서양 현대의 중심 관념과 가치를 받아들여서 그것과 중국의 전통문화를 서로 소통시킬 것이며, 최후로 중국을 전면적 현대화의 길로 나아가게 할 것인가? 그리고 그 과정에서 어떻게 하면 본래의 문화적 정체성을 상실하지 않을 것인가?'라고 할 수 있다.[21] 이런 탐색은 청나라 말기부터 이미 펼쳐졌으나 "오사" 전후에 이르러 비로소 분명해져 체계 있는 대규모 장기 운동으로 변화한 것이다. 그것은 "오사" 시

---

21 이런 논지는 일찍이 1917년 후스의 영문 박사학위 논문인 「선진 시대 논리학사(先秦名學史)」 서문에 나타난 바 있다. 이 논문의 영문 제목은 "The Development of the Logical Method in Ancient China"이다.

기의 지식계 지도층이 서양의 학술과 사상을 이미 직접 이해하고 있어, 이전 사람들이 일본을 통해 간접으로 서양의 지식을 얻던 것(예를 들어, 량치차오)과 전혀 달랐기 때문이다. 이로부터, "오사"는 지적 · 문화적 혁신 운동으로서 중국 현대사에서 일어난 특수한 변곡점이며 그 정신적 기원은 서양에 있었다고 할 수 있다. 하지만 문예부흥과 계몽운동은 서양문화사의 내적 발전이며 그 정신적 기원은 고대 그리스 · 로마의 고전 부흥에 있다. 바로 이 점이, "오사"가 문예부흥이나 계몽운동과 억지로 비교될 수 없다고 내가 주장하는 주요 이유이다. 물론, "오사"와 후자 사이에 표면상의 유사점이 있다는 것을 부인할 필요는 없다. 물론 이런 표면적 유사성이 생긴 원인을 이해하기는 어렵지 않다. "오사" 시기의 지식인 지도자들이 모두 서양 현대문화의 강렬한 자극 하에 성장하여, 이들이 사용한 개념과 언어에는 문예부흥 및 계몽 시기를 거쳐서 중국으로 전해진 것이 많았기 때문이다. 이뿐만 아니라 서양 근대사로부터 시사를 얻어, 이들은 자기도 모르게 중국에도 그런 문예부흥과 계몽운동이 일어나리라고 기대했다. 따라서 여기까지 분석해 보면, "오사"는 문예부흥과 계몽운동의 색채를 띠고 있되 그 두 가지를 언어와 심리의 층위에서 추구한 것이라 할 수 있다. 결코, 문예부흥 및 계몽운동을 일으킨 것과 동일한 객관적 요소가 중국사에도 작용하였다고 해석하면서 중국사로 하여금 유럽사의 뒤꽁무니를 그대로 따라가게 할 수는 없는 노릇이다.

서양 현대의 중심 관념과 가치를 얘기하자면, 만인이 다 아는 "민주"와 "과학"을 들지 않을 수 없다. 1918년, 천두슈는 「본지의 죄상에 관한 답변서[本誌罪案之答辯書]」를 발표하여, 『신청년』에 두 가지 죄상이 있으니 하나는 "데모크라시 선생"(민주)이고, 다른 하나는 "사이언스 선생"(과학)이라고 했다. 그 이후 90여 년 동안 민주와 과학은 중국이 반드시 추구해야 할 양대 가치로 떠받들어져 왔다. 그와 관련 있는 다른 가치도 당연히 존재한다. 예를 들어 자유는 민주와 과학에 없어서는 안 될 선결 조건이다. 인권은 민주가 실현해야 할 최종 목표이다. 종합하자면, 천두슈가 이 양대 가치를 특별히 도출해 내서 신문화운동 또는 신사조의 핵심 종지로 삼는 작업은 당시 중국 지식계로부터 공동의 승인을 얻어냈다. 그런데 천두슈의 글은 오사 학생운동이 아직 일어나기 이전에 작성되었다.

여기서 반드시 지적해야 할 점은, 과학과 민주의 관념이 중국에 들어왔던 시기는 그보다 이른 19세기 말이었다는 사실이다. 내가 강조하고 싶은 것은, 천두슈가 "데모크라시 선생"[德先生]과 "사이언스 선생"[賽先生]이라는 특별한 용어를 사용하여 민주와 과학이라는 양대 가치를 소개했던 것에는 상

징적 의미가 있으니, 곧 민주와 과학이 그때부터 정식으로
중국의 국적을 취득하여 현대화된 중국과 떨어질 수 없는 부
분으로 변화하였다는 점이다. 청나라 말기에도 과학은 "서학
(西學)"이라는 이름으로 세상에 전파되었으나, 그것은 신해혁
명 이후에야 오늘날의 보편적 고유 명칭으로 확립되었다. 마
찬가지로 민주는 장즈둥[張之洞]의 붓끝에 의해 "서정(西政)"으
로 칭해졌지만, 왕조 체계가 붕괴한 이후에는 정권을 쟁취하
려는 자나 그것을 지키려는 자 모두 민주를 구호로 사용하였
다. 이는 민주가 이미 중국화했다는 것을 나타낸다. 오늘날
넓은 의미의 오사를 회고해 보면 다음 내용을 인정하지 않을
수 없다. 곧, 민주와 과학은 오사가 우리에게 남겨 준 가장 중
요한 유산이라는 사실이다. 하지만 안타깝게도 "데모크라시
선생"과 "사이언스 선생"은 아주 오래전에 중국 국적을 얻기
는 하였으나 아직도 중국 대지에서 널리 터전을 잡지 못했
다. 중국에서 과학은 주로 "과기(科技)"로 표현되는데 이것은
과학이 기술[藝]이지 진리[道]는 아니라는 것을 함축한다. 진
리를 위한 진리로서의 과학적 정신이 아직 충분히 정립되지
않은 것이다. 그리고 민주의 지위는 존경의 대상이지 친밀의
대상은 아니다. 심지어 국적을 취소당하고 서양으로 돌아가
라는 고함을 듣기도 한다. 바로 이 때문에 나는 "오사는 아직
완성되지 않았다."라고 한탄하지 않을 수 없다. 미완성의 관

점에서 말하자면, 오사는 파란만장한 문화 운동으로서 풍부한 역사적 의미가 있을 뿐 아니라 오늘날에도 여전히 절실한 현실적 의미를 발하고 있다.

2

공산주의와 항일전쟁

一. 공산주의를 알게 된 과정

공산주의의 발흥은 20세기 중국의 최대 역사 사건으로 전체 중국의 운명을 결정했을 뿐만 아니라 모든 중국인 개인 인생을 바꾸었으며 나도 그 안에 포함된다. 나는 열아홉 살(1947년) 때 자기 추방을 하고 중간에 이십몇 년간 무국적(stateless) 생활을 거치면서 그 대사건의 영향을 엄청나게 받았다. 당연히 여기서 이 대사건에 관해 심층적·전면적 분석을 시도하기는 불가능하고, 다만 이 기회를 빌려 유년 시절 이래 어떻게 한 걸음 한 걸음 공산주의를 인식하였는지 회고하려 하는데, 앞서 오사운동을 말했던 방식과 대체로 같을 것이다. 그렇지만 여기서 표출하는 내용은 기본적으로 직접 보고 들은 것을 바탕으로 한 개인의 관점이라는 점을 강조해야겠다.

유년 시절의 체계적 기억은 항일전쟁이 일어난 해(1937년) 본향으로 돌아가면서부터 시작되었다. 그렇지만 시골에 살던 9년 동안 "공산주의"라는 명사를 들어본 적이 없다. 천두슈와 후스가 저명한 교양인이라는 것만 알았지, 천두슈가 공산당 창시자이기도 하다는 인상은 전혀 없었다. 아마 시골에 어떠한 현대 교육을 받은 사람도 없어서 도시에 유행하던 새로운 사상이나 새로운 단어와 전혀 접촉할 수 없었기 때문일 것이다. 쳰산현은 첩첩산중에 있었고 관쟝향은 더욱 사방이 막혀 있었지만, 마을에는 공산주의와 관계가 밀접한 무장세력이 있었다. 그 무장세력이 바로 신사군(新四軍)[1]이었다. 마을 연장자들은 신사군이 공산당의 무장 역량에 속한다는 것을 대체로 알고 있었으나, 공산당이 받들던 주의(主義)가 대체 어떤 것인지 분명히 알지도 못했고 흥미도 없었던 것 같다. 그저 어린이였던 내게 신사군이 바로 공산당 군대라는 것을 알려주는 사람이 없었다. 그래서 다시 도시로 돌아오기 전까지 '공산주의', '공산당' 같은 단어를 듣지 못했다.

쳰산 지구에서 활약한 무장세력은 1938년에 신사군의 제

---

1 [역자 주] 국민혁명군 신편제4군(國民革命軍 新編第四軍)의 약자이다. 1937년부터 1947년까지 있었던 중화민국 국민혁명군의 야전군이지만, 국민당의 지휘를 받지 않고 공산당의 지시를 받았다. 1937년 7월 중일 전쟁이 일어나자 제2차 국공합작으로 국민당과 공산당이 공동으로 항일군을 편성하기로 했고, 같은 해 10월 국민당 정부는 후난성·장시성·푸젠성·광둥성·저장성·후베이성·허난성·안후이성 등 8개 성의 공산군 유격대를 개편하여 병력 약 1만 명 규모의 국민혁명군 육군 신편 제4군으로 편성했다.

4지대(支隊)로 편입되었는데, 이 지대는 납치와 살인으로 유명하여 관좡향과 그 부근에는 피해를 본 사람이 많았다. 어째서 제4지대는 그렇게 흉악했을까? 이 물음에 대답하려면 그 역사적 배경으로 거슬러 올라가 봐야 한다.[2] 이 지대의 무장세력은 가오징팅[高敬亭]이라는 사람이 조직해서 생겨났다. 그이는 허난[河南] 광산현(光山縣)의 먹고살 만한 가정에서 태어났는데 어려서부터 공부를 좋아하지 않고 동네 건달들과 작당하여 못된 짓을 일삼았다. 스물두 살이 되자 점점 담이 커져서 결국 살인·약탈과 같은 행위를 하기 시작했다. 하지만 고향에서 더는 살 수 없게 되어 농촌의 우범 청년들을 데리고 다비에산[大別山] 지구[3]로 숨어들어 산적 떼가 되었다. 다비에산 지구의 백성은 순박하였고 또 너무 겁이 많아서 가오징팅과 그의 부하들은 이 가련한 시골 사람들을 마음대로 약탈했다. 동시에 그들은 대규모로 강탈해 가면서 무리를 확대하여, 1930년대 중반에는 벌써 천여 명을 거느리고 "제75사(師)"라고 자칭했다. 다시 3~4년이 지나자 인원수가 급증

---

2 이하에서는 가오징팅[高敬亭, 1907~1939]의 사적을 언급할 텐데, 주요 자료는 일족 사람인 위스이[余世儀]의 「다비에산 지구에 끼친 가오징팅의 피해와 그의 멸망, 그리고 복권에 관한 시말[高敬亭爲禍大別山區及其覆亡與釀案始末]」에 따른다. 이 글은 나중에 뉴욕의 『중국의 봄[中國之春]』과 타이완의 『중국인물(中國人物)』에 수록되었다. 그러나 나는 이 간행물들을 직접 보지 못했고 원고의 영인본에 근거했다.

3 이 지구는 허난, 안후이, 후베이의 경계에 걸쳐 있었다.

한 결과 수천 명에 달해서 "제28군"으로 확대되었다. 이 무장세력은 홍군(紅軍)의 기치를 들고 활동을 펼쳤으나, 그들과 홍군 사이에 대체 어떤 조직적 관계가 있었는지 외부인은 그 전말을 알 수 없었다. 항일전쟁이 시작하자 국민당과 공산당은 다시 합작하여 정식으로 신사군(新四軍)을 성립시켰다. 마침내 가오징팅의 무장세력은 제4지대로 편입되어 가오징팅 자신은 지대사령원(支隊司令員)으로 임명되었다.

본향으로 돌아오자마자, 가오징팅과 그 무리가 관좡향 일대에서 백성을 잔혹하게 살해한 사건에 관해 생생하게 묘사하는 사람들의 이야기를 듣기 시작했다. 나중에도 사람들은 끊임없이 그 사건을 반복해서 언급했다. 그래서 어린 내 마음에 매우 깊은 공포감이 생겨났다. 가장 잔혹하고 규모도 가장 컸던 학살 사건은 1935년 2월 15일에 일어났다. 본향 사람들은 이것을 "215사건"이라고 불렀다. 이때 가오징팅은 500여 명을 가오좡[高莊] 부근 마을로 보내 인질을 납치하도록 했다. 겨우 먹고 사는 사람들이 잡혀갔고 인질은 300여 명에 달했다. 가오징팅의 무리는 이들에게 은화 십만 원이나 되는 몸값을 공동으로 바치라고 강요했으나, 당연하게도 그 금액은 그들의 능력을 한참 넘어서는 것이었다. 강탈이 원하는 대로 되지 않자 인질범들은 크게 화를 내며 300여 명 인질을 모조리 도살했다. 나이가 좀 어린 사람 한 명이 요행히도 탈출하여 도살극의 진상을 알렸다.

215사건은 첸산에 널리 알려졌을 뿐 아니라 전체 남부 지역을 경악하게 하여 상하이의 『신보(申報)』와 난징의 『중앙일보』가 이 사건을 보도했다. 특히, 희생자 중 한 명인 위이미[余誼密, 1873~1935]가 안후이의 중요 인물이었기 때문이다. 위이미 선생은 한 세대 위 우리 일족이었는데 청나라 말엽 관직에 등용되어 쭉 지방관으로 일하다가 지현(知縣)부터 성(省)의 장관(道尹)까지 역임한 인물이었다. 민국 성립 이후 이분은 안후이성에서 매우 높이 평가되어, 먼저 성의회 의장이 되었다가 행정 부문으로 옮겨가서 잇따라 재정청장, 정무청장이 되었고, 아울러 안휘성장을 한 차례 대리하기도 했다. 그분은 관리로서 명성이 높았고 사람됨도 엄숙·단정했으며 더욱이 청렴으로 존경받았다. 퇴임 후 경제 형편이 옹색하여 도시에 살 수 없었기 때문에, 고향 첸산의 린자충[林家沖; 관쟝이 바로 이웃 현이다]으로 돌아왔다. 그는 특히 참혹하게 피해당했다. 곧, 그 자신 이외에도 아들과 손자가 함께 난을 당했다. 그래서 당시 언론은 이 삼대 피살 사건을 매우 과장했다. 내가 이렇게 위이미 선생을 소개하는 것은 결코 이분이 우리 일족이라서가 아니다. 최근 편찬된 『첸산현지[潛山縣地]』[4]에 이분의 전

---

4 첸산현 지방지 편찬위원회 편(潛山縣地方志編纂委員會 編), 『첸산현지[潛山縣志]』, 베이

기가 있는데 한 글자도 비판하지 않은 것으로 보아 사람 보는 눈은 다 똑같다는 것을 알 수 있다.

내가 관창으로 돌아왔을 때 215 학살은 겨우 2년 전의 일이었으므로 최근 사건이라 할 수 있었다. 그래서 아직도 마을 사람들이 가장 많이 얘기하는 화제였다. 가오징팅이 줄곧 "홍군", "혁명"을 기치로 내걸고 있었고 그 후에는 신사군으로 정식 편입되었기 때문에, '215'라는 낙인은 홍군 또는 신사군에게 찍혀 있었다. 다만, 가오징팅에 관한 최근 사료[5]에 따르면 그이의 잔학한 행위는 그 자신의 책임으로 봐야 할 것 같다. 가오징팅은 신사군 제4지대에 편입된 후에도 예팅[葉挺][6]이나 샹잉[項英][7]의 지휘를 받아들이지 않았고 수시로 항명을 일삼았다고 한다. 오로지 자기 세력과 지반을 발전시키는 것에 전념했기 때문이다. 마침내 1939년 6월, 중국공산당 중앙은 허페이[合肥]에 사람을 보내 가오징팅을 체포하려

정[北京]: 사회과학문헌출판사(社會科學文獻出版社), 1993.

5 경룽[耿嶸], 「총소리, 여기에서 메아리치다-가오징팅 장군 약전[槍聲, 在這裡回響-高敬亭將軍傳略]」, 『신화문적(新華文摘)』, 1989년 7월 8일.

6 [역자 주] 예팅[葉挺, 1896~1946]. 원래 이름은 예웨이쉰[葉爲詢]이며 광둥성 후이양[惠陽] 출신이다. 북벌 전쟁의 명장이자 중국인민해방군 창시자 중 한 명이며 신사군 군장(軍長)이었다. 1924년에 중국공산당에 가입했다.

7 [역자 주] 샹잉[項英, 1898~1941]. 원래 이름은 샹더룽[項德隆]이며 후베이 우창[武昌] 출신이다. 중국공산당 초기 중요 지도자 중 한 명이다. 항일전쟁이 일어났을 때 신사군 부군장(副軍長)으로 활약했으나 신사군의 실질적 지도자였다.

했고 3일 동안 싸운 끝에 그를 처형해 버렸다. 그렇지만 그의 죄상은 민간인 학살이 아니라 옌안의 지휘를 받지 않고 파벌주의와 종파주의를 발전시켰다는 것에 그쳤다.

가오징팅을 사형에 처한 이후에도 신사군 제4지대의 군기는 전혀 개선되지 않아서 인명 학살은 예전 그대로였다. 내가 직접 본 사건은 일가 형의 죽음이었다. 앞에 유년 시절의 필화 사건을 언급하면서 일가 형 위핑거[余平格]의 집에서 얼마간 숨어 지냈다고 얘기했다. 핑거 형님은 마을 사람이 존경하는 의사이자 관좡현의 유일한 의사였다. 그런데 고집이 세고 놀림 받기를 싫어했다. 내막을 잘 아는 사람이 나중에 밝힌 바에 따르면, 제4지대 사람이 몇 차례나 핑거 형님에게 와서 협조하라고 협박했으나 형님은 결연히 반대했다고 한다. 그러던 어느 날 밤 형님은 집 밖으로 끌려 나가 칼로 목을 몇 번이나 찔린 채 대문 밖 우물 옆에서 죽었다고 했다. 새벽에 소식을 듣고 급히 달려가서 봤더니 형님의 시신은 아직도 피살 장소에 그대로 놓여 있었다. 이것이 내가 어린 시절(대략 1944년) 직접 겪었던 슬픈 참사이다. 아직도 기억에 새롭다.

신사군 제4지대가 공산당의 무장세력으로서 쳰산 일대에서 대표성을 갖고 있었으나 이 지역 백성에게 남긴 인상은 공포였을 뿐, 이상적 동경 대상은 전혀 아니었다. 총 9년 동안, 이 무장세력이 중국 미래의 희망을 대표한다거나 신세계가 구세계를 대체하여 일어날 것이라는 말을 들어본 적이 없다. 1946년 다시 도시로 돌아온 다음에야 공산주의라는 사상이 있다는 것과, 청년이 이 이상의 실현을 위해 싸워야 한다고 호소하는 사람들이 있다는 것을 알게 되었다. 하지만 매우 공교롭게도 2차 대전 후 내가 살았던 도시가 선양(瀋陽)이어서 그런지 공산주의적 이상은 처음부터 내 마음속에 어두운 그림자를 드리웠다. 어째서 그랬을까? 왜냐하면, 내가 선양에 도착했던 시기는 소련 붉은 군대가 철수한 지 얼마 안 되어서 강간·약탈 행위가 전체 동북 지역 민중의 분노를 불러일으켰기 때문이다. 선양의 친구들로부터 머리털이 곤두서는 끔찍한 폭력 행위를 나는 실로 무궁무진하게 들었다. 당시 좌익 지식인들은 한목소리로, 소련은 이미 공산주의 천국에 들어갔고 소련의 오늘은 중국의 내일이라고 말했다. 공산주의 천국에서 왔다는 소련군의 행위가 결국 그러했으므로 공산주의를 진정으로 믿을 방법이 내게는 없었다.

선양에서 베이핑(北平; 北京)으로 탈출한 이후에야 공산주의 이론에 정식으로 접촉할 수 있었다. 1947년 말, 선양이 벌써 홍군에 포위되어서 우리는 그곳을 떠나지 않을 수 없었다. 그래서 베이핑에서 열한 달 동안 살았는데(1947년 12월부터 1948년 10월까지) 화북(華北)의 형세도 동북의 전철을 밟고 있어서 온 집안이 베이핑을 떠나 상하이로 옮겨갔다. 그런데 베이핑에서 열한 달 동안 살던 기간, 나는 학교에 다니지 못하고 집에서 무료하게 지내다가 그곳 대학생들과 우연히 교류했고, 이로 인해 당시에 가장 민감했던 사상적 문제를 접하게 되었다. 또한, 당시 꽤 유행했던 『관찰』, 『독립시론(獨立時論)』, 『신로(新路)』 같은 잡지를 즐겨 읽어서 자연스럽게 공산주의, 사회주의, 자유주의 등의 주제를 생각하게 되었다. 자세한 사정은 뒤에서 다시 말하겠다.

1948년 베이핑에서 겪었던 사상적 여정을 기억하노라면 특히 우리 고종사촌 형님인 왕즈톈[汪志之][8]을 얘기해야 한다. 형님은 나보다 열 살 정도 많았고 당시 베이징대학 법학과 3학년이었다. 형님은 1937년 전후로 공산당의 "소년선봉대"에 참가했다. 나는 1949년 이후에야 형님이 원래 중국공산당의 지하당원이자 베이징대 지하조직 책임자라는 것을 알게 되었다. 베이핑의 학생 시위는 모두 형님과 그 동지들이 공동으로 일으킨 것이지만, 수많은 학생이 거리 시위를 벌이며 돌아다닐 때마다 그는 시위에 참가하는 대신에 우리 집에서 차를 마시며 수다를 떨곤 했다. 우리는 바로 앞에서 "직업

---

8 [역자 주] 왕즈톈(1921~1990)은 샹즈밍[項子明]이라는 가명으로 활동했고, 나중에는 이 가명을 줄곧 사용했다. 젊은 시절의 이력은 본문의 설명을 참고할 것. 1953년 이후로 베이징시 위원회의 판공청주임(辦公廳主任), 비서장(祕書長)을 역임했으나, 문화혁명 시기에 파직되어 산시성으로 하방했다. 1972년 베이징으로 돌아와, 1975년 베이징시 위원회 문화출판부 부국장을 역임했고, 1981년에는 베이징대학교 당위원회 부서기, 1983년에는 베이징대 당위원회 서기 대리, 1984년에는 베이징대 고문을 역임했다.

학생"이라고 놀렸는데 형님은 일소에 부치고 말았다. 1946년 동북에 있을 때, 형님은 베이핑과 선양 사이를 항상 오갔는데 명목으로는 행상을 한다는 것이었다. 서양 약을 매매하면서 돈을 벌어 노모(즉, 우리 고모)를 봉양한다고 했다. 형님이 선양에 있을 때 늘 친구 몇 명과 약속하여 우리 집에서 모임을 했던 일을 기억한다. 응접실에서 문을 걸어 잠그고 대화를 나누었는데 한 번 얘기하면 보통 서너 시간은 했다. 1949년 8월, 내가 베이핑으로 왔을 때 형님은 비로소 내게 알려주기를, 당시 우리 집에 모였던 사람들은 모두 당 중앙의 중요 지하 지도자였다고 했다. 베이핑의 형세가 워낙 긴박해서 몸을 숨길 수 없었기 때문에 진지를 선양으로 옮겨서 활동했다고 했다. 그렇지만 형님은 아주 진지한 사람으로, 중국을 위해 새로운 방향을 찾는 열정으로 충만했기에 나는 형님을 매우 존경했다. 우리 일가(즉, 형님의 외삼촌 집안)에게도 진실한 마음으로 대했으므로, 정치적 견해가 다르다고 해서 결코 어떤 불만도 품지 않았다. 또 하나 기억나는 일은, 1948년 여름 방학 때 형님이 다른 어린 친척과 나를 데리고 3박 4일 동안 근교로 소풍 간 일이다. 성(城)안에서 출발하여 도보로 이허위안[頤和園], 위취앤산[玉泉山], 그리고 샹산[香山] 등을 갔다. 돈이 없었기 때문에, 각자 담요를 한 장씩 매고 돌아다니다가 풍경이 아름다운 곳에서 노숙했다. 아주 유쾌한 여행이어서 지금도 회상하면 눈앞의 일처럼 떠오른다.

왕즈텐 형님은 처음으로 내게 공산주의를 주입한 사람이었고 형님의 신앙은 아주 경건했다. 우리 사이에는 신뢰가 있어서 나는 형님의 견해를 존중했다. 그래서 당시 유행하던 여러 사상 유파를 깊이 연구하고 생각해 보기 시작했다. 아이스치[艾思奇, 1910~1966][9]의 『대중철학』이 바로 형님이 내게 소개해 준 책이었다. 한마디로 말하자면 형님은 나의 '계몽자'였다. 그러나 "스승이 이끌어 문에 나아가게 하지만 수행은 개인에게 달려있다."라는 속담이 있다시피, 나 자신이 탐색해서 얻은 결과 때문에 공산주의를 전적으로 받아들일 수는 없었다. 소수 자본가가 사회적 재화를 농단하는 것을 반대했기 때문에 나는 일종의 분배 평등적 체제로 기울었으며, 전체 국민 생활과 관련된 대기업(예를 들어 철도 부문)을 접수하여 국가가 경영하기를 바랐다. 하지만 나는 처음부터 자유가 현대 사회와 개인에게 없어서는 안 될 중심 가치라고 인식했다. 당시 수많은 사람이 미국 대통령 루스벨트의 "네 가

---

9 [역자 주] 원래 이름은 리성쉬안[李生萱]이며, 윈난[雲南] 출신이고 몽골족의 후예이다. "艾思奇"는 "爱[艾]好思考奇異事物"을 축약한 필명이라고 한다. 1928년 일본의 후쿠오카공업대학 야금학과에서 공부했다. 918사변이 일어나자 귀국했다. 1935년 중국공산당에 가입했고, 1937년에는 옌안으로 가서 옌안 철학협회 책임자가 되었으며 『해방일보』 편집인을 역임했다. 중화인민공화국 성립 후, 중공 중앙당교 철학연구실 부교장, 중국철학학회 부회장, 중국과학원 철학사회과학 학부위원이 되었다.

지 자유"[10]에 대해 논했으며 나는 그것에 전적으로 동의했다.

그렇지만 고종사촌 형님과 사상적 교류를 하던 과정에서 형님이 매우 급진적인 부류에 속하지 않는다는 것을 발견했다. 예를 들어, 형님 학교의 총장이었던 후스[胡適]에 대해, 다수 좌익 학생처럼 한결같이 비판만 하지 않고 공평하게 평가할 때도 있었다. 형님은 당연하게도 후스의 친미(親美)를 비난하였지만, 후스가 1947년 제안한 "학술독립을 쟁취하기 위한 10년 계획"은 여러 차례 칭찬했다. 한편으로, 내가 공산주의 신념을 받아들이도록 설득할 때, 형님은 어쩌다 변증법과 유물론이라는 사상적 무기를 사용하기도 했으나, 그이는 결국 실천가이지 이론가는 아니었다. 한 번은 "우주는 모두 변한다."라는 진리를 내게 말했다. 그래서 나는 형님에게, '이런 진리 역시 우주 안의 것이라면 진리 자체는 변하는 것인가, 그렇지 않은가?'라고 물었다. 이런 뜻밖의 질문을 받자, 그이는 자신의 이론 수양으로는 아직 이런 문제에 만족할 만한 대답을 해 줄 수 없다고 솔직하게 말했다. 이것은 "모르는 것은 모른다고 한다."[不知爲不知]는 『논어』 구절의 구체적 표

---

10 [역자 주] 루스벨트 대통령이 1941년 1월 6일에 발표한 연두교서 연설에서 제시한 것이다. 첫 번째로 언론과 의사 표현의 자유(Freedom of speech and expression), 두 번째로 신앙의 자유(Freedom of worship), 세 번째로 결핍으로부터의 자유(Freedom from want), 네 번째로 공포로부터의 자유(Freedom from fear)이다.

현이라고 할 만하지만, 형님의 신념은 이성적 인식 위에 서 있는 것이 아니며 심지어 공산주의에 대한 그이의 전체 지식 체계는 사실 그다지 뛰어나지 않다는 것을 나는 깨닫게 되었다. 형님과 동시대를 살았던 당내(黨內) 지식인의 사례를 참고해 보면 이들은 문화대혁명 이후, 애초 공산주의 신념을 선택한 것이 얼마 간은 잘못된 이해에서 비롯되었다는 새로운 깨달음을 얻었다고 이구동성으로 말한 바 있다.

1949년 8월, 내가 상하이로부터 베이핑의 옌징[燕京] 대학으로 돌아왔을 때, 고종사촌 형님은 이미 시장 펑전[彭眞] 휘하의 중요 간부가 되어 전체 베이징시 청년 조직과 그 활동을 책임지면서 늘 각 대학, 당, 단체와 관계 맺고 있었다. 한 번은 옌징 대학에 온 김에 나를 찾았지만 만나지 못했다. 직후 어떤 사람이 알려주기를, 샹즈밍[項子明] 동지가 오늘 나를 찾다가 못 만났으며 내가 그의 친척이라고 말했다고 했다. 나는 처음으로 "샹즈밍"이라는 이름을 듣고 멍했다. 몇 분이 지난 다음에야 그것이 고종사촌 형의 당명(黨名)이라는 것을 깨달았다. 그렇지만 이때 형님은 벌써 바쁜 몸이 되어서 다시는 깊이 얘기할 기회를 얻지 못했다. 문화혁명 초기, 해외 신문이 "베이징 창관로우[暢觀樓] 사건"[11] 관련 보도를 내면서

11 [역자 주] 1961년, 중공 중앙서기처(中央書記處)는 중앙정치국 위원이자 중앙서기처

형님이 마오쩌둥의 발언에 반대했다고 서술했다. 두말할 나위 없이 그때 형님은 혁명과 전제정치의 희생물이 되고 말았기 때문이다.

형님과 1980년대 초 뉴욕에서 마지막으로 만났다. 그때 형님은 베이징대학 서기 대리의 신분으로 미국에 와서 각 대학을 방문하였고, 서부의 캘리포니아대학 버클리 분교와 동부의 하버드대학에서 융숭한 대접을 받았다. 사전에 약속해놓았기에 우리는 뉴욕에서 이틀간 흉금을 터놓고 얘기할 수 있었는데 형님은 꽤 의기소침해 있었다. 이야기를 나누면서, 형님이 문화혁명 이후 중앙의 지도자들로부터 중시되지 않고 있다는 것을 알게 되었다. 베이징대 자리는 한직에 불과했고, 하물며 형님은 '서기 대리'였다. 더욱 중요한 사실은, 형님의 젊은 시절 신념이 뿌리부터 흔들리고 있다는 점이었다. 그이 자신도 한 차례 회한을 말하였고, 형님의 부인(이분 역시 젊은 시절 진정한 신념을 갖고 있었다)은 아주 솔직하게 "당신들(주로 우리 아버지를 지칭함)은 멀리 내다보고서 다행스럽게도 일찍

서기 겸 베이징시 위원회 서기인 펑전(彭眞)에게 위탁하여, 베이징시에서 조사반을 꾸려 1958년 이래 중공 중앙서기처에서 반포한 각종 정책 및 방침을 비판적으로 평가해 달라고 요구하였다. 펑전의 수하에 있던 샹즈밍이 실무를 담당하여, 베이징시 휘하 각급 행정단위 및 기관의 실무책임자를 소집한 후, 이들에게 창관루에서 중앙서기처 발포 문건을 검토하면서 비판할 만한 내용을 각자 정리한 후 보고하도록 하였다. 샹즈밍은 이 보고록을 다시 종합하여 중앙에 제출했다. 이후, 문화혁명이 일어나고 펑전이 반혁명분자로 몰리면서 창관루의 이 회의가 반혁명음모를 위한 것으로 둔갑했다.

이 나갔네요."라고 말했다. 형님은 옆에서 이 말을 묵인했다. 이 문제를 더 깊이 파헤쳐서 형님의 상처를 언급하는 일이 없도록 하였으나, 그 침묵 속에 모든 뜻이 함축되어 있었다.

마지막으로 내게 깊은 인상을 준 사건이 하나 있다. 우리가 뉴욕의 탕런가[唐人街]에 가서 식사하려 길을 가다가 매우 큰 공자 동상을 지나갔다. 형님은 이것을 보자 갑자기 매우 흥분하여, 나와 함께 동상 앞에서 사진을 찍어 기념으로 남겨야 한다고 했다. 그이가 젊어서 공산주의적 신념이 독실했을 때 그런 일은 상상할 수 없었으나, 내심에서 억제할 수 없는 충동에서 말미암아 그렇게 행동했음이 틀림없었다. 젊은 시절 철저했던 신념이 환멸로 바뀐 후 그이의 가치관은 두 가지 근원으로 돌아갔던 것이 분명하다. 하나는 "오사" 이래 유행했던 서양의 주류적 가치, 예를 들어 자유와 민주이다. 그런 회귀는 이해하기 어렵지 않다. 왜냐하면, 형님이 참가했던 혁명은 원래 최초에는 민주와 자유라는 가치를 내걸고 지식 청년들을 흡인했기 때문이다. 두 번째는 중국의 문화적 전통으로, 주로 타인에 대한 존중으로 표현되는 것이다. 이것이 바로 형님이 공자에게 아주 깊은 경의를 품게 된 근본 원인이다.

1937년부터 1949년에 이르기까지 내가 공산주의를 인식해 나가는 과정을 앞서 서술했다. 9년 동안 본향에서 생활했을 때가 첫 번째 단계인데, 내가 접했던 것은 신사군(新四軍) 제4지대가 본향에서 벌인 여러 활동이었다. 그렇지만 그 당시 신사군 제4지대가 공산주의 운동을 대표하는 줄은 전혀 몰랐고, 심지어 '공산주의'라는 명사조차 들어본 일이 없으며, 하물며 대체 그것이 어떤 의미를 지니는지는 더더욱 이해하지 못했다. 두 번째 단계, 곧 1946년 도시로 돌아온 이후에야 공산주의 운동이 세계적 혁명운동이라는 점, 그 가운데에는 잘 짜인 복잡한 이론과 2백 년 이상의 혁명적 경험이 응축되어 있다는 점, 마침내 1917년 이후 소련에서 성공을 거두었다는 점을 알게 되었다. 당시 좌익 지식인들은 중국 혁명이 소련의 뒤를 따라가야 하며 그것이 유일한 길이라는 것, 미국은 부패한 자본주의의 몰락 단계를 대표하여 오래지 않아 반드시 멸망하리라는 것을 믿었다. 베이핑에 있을 때 이런 주장을 매우 자주 들었으나 그때는 판단하기 어려웠다.

위에서 서술한 개인적 경험은 한계가 분명하지만, 실제 생활 속에서 체험한 것이므로 서재 안의 공리공담과는 다를 것이다. 마지막으로 한 가지 반성을 하고자 한다. 내 인식 과정은 이처럼 지난했고 다른 사람도 그렇게 생각할 것이다. 그렇다면 어째서 외래의 주의(主義)가 중국에서 그렇게 광범위하고도 빠르게 유행할 수 있었을까?

공산주의가 중국에서 발흥하게 된 그 배후의 역사적 요소는 매우 복잡하므로 여기서 논의를 다 펼칠 수는 없다. 가장 주요한 동력은 당연히 민족주의였다. 특히 일본 군국주의의 중국 침략으로부터 자극을 받아 그런 동력이 생겼다. 1936년의 시안[西安] 사변과 1937년의 루거우차오[蘆溝橋] 사변은 핵심적 변곡점이었다(이들 사변은 항일전쟁을 얘기할 때 다시 보완하기로 한다.). 국제주의를 구호로 내건 공산 혁명운동은 최후로 민족주의적 운동에 의지하여 완성되었으니 역사의 일대 패러독스이다. 그렇지만 내가 얘기하고 싶은 것은 중국 공산주의 운동이 나중에 보여준 역사적 발전 과정이 아니라, 그것이 중국에서 막 시작될 때, 즉 '청나라 말 민국 초기에 중국 지식인이 어찌하여 열심히 공산주의를 중국에 소개했는가?'이다. 이렇듯 일찍이 소개했던 사람들은 대체 공산주의를 어떻게 이해하고 있었을까?

　유가를 주체로 삼는 중국 전통 사상이 매개 역할을 하여 청말 지식인이 공산주의적(또는 사회주의적) 의식을 쉽게 받아들이게 했으리라고 나는 생각한다. 먼저, 유가는 균등[均]을 특히 중시한다. 공자가 "적은 것을 걱정하지 않고 균등하지 않은 것을 걱정한다[不患寡而患不均]."라고 말한 것이 가장 초기의 표현이다. 균등 관념이 발전하여 제도화하자 후대에 균전(均田), 균세(均稅), 균역(均役) 등의 조치가 있게 되었다. 균등 관념은 유가로부터 도가로 전해지고 또 상층문화로부터 하층

민간문화로 전해져서, 동한(東漢) 시대의 저작인 『태평경(太平經)』은 "태평"(太平) 개념을 "대평균(大平均)"으로 이해하였다. 중국에서 평균주의 사상은 그 기원이 오래되었고 스며들지 않은 곳이 없어서, 그것은 중국의 지식인이 공산주의를 받아들이는 데에 심리적 기초를 놓았다고 할 수 있다. 그래서 그렇게 즉각적 효과와 반응이 있었다. 균등의 사유 틀 안에서 사대부들이 가장 의분을 느꼈던 사회 현상이 바로 돈과 권세 있는 자들에 의한 토지 겸병[豪强兼併]이었다. 토지 분배가 극단적으로 불균등하여 "부자의 농토는 사방으로 이어져 있으나, 빈자는 송곳 꽂을 땅도 없었다."[12] 한나라 동중서(董仲舒) 이래 수많은 유학자가 조정에 제시한 의견서[奏議]가 다 이것을 증명한다. 겸병 반대의 전통은 이후 당나라와 송나라까지, 심지어 더욱 후대까지 이어졌다. 일반적으로 말하자면, 사(士) 계층은 빈민을 극단적으로 동정하고 부자를 멸시했다.

엄청나게 큰 영향을 끼친 유가의 또 다른 가치관은 공(公)과 사(私)의 첨예한 대비에서 비롯된다. 사대부는 줄곧 공이 선이고 사는 악이라고 강조해 왔다. 『예기·예운(禮記·禮運)』의 대동(大同) 관념은 전통 시대 내내 특히 중시되었다. 개혁을 부르짖었던 근대의 캉유웨이[康有爲]나 혁명을 주장했던 쑨

---

12 "富者田連阡陌, 貧者無立錐之地."

중산[孫中山]도 "천하는 공이다.[天下爲公]"라고 선양했으며, 이는 청말 지식인이 공산주의적 이상을 받아들이는 것의 배경이 되었다.

청말 지식인이 전통 사상을 매개로 공산주의를 감싸 안는 것은 편리한 면도 있지만, 대가가 없는 것도 아니었으니 가장 큰 대가는 서양의 현대 학설을 잘못 읽은 것이었다. 청말 중국 지식인은 일본학자들로부터 마르크스·엥겔스 저작을 받아들였는데, 영향력이 가장 컸던 인물은 경제학자인 가와카미 하지메[河上肇, 1879~1946][13]였다. 가와카미 하지메는 서양 정치사상을 상당히 정확하게 인식하고 있었다. 왜냐하면, 일본이 중국보다 서학(西學)을 훨씬 일찍 받아들였고, 아시아 국가들 가운데에서는 일본의 근대화가 가장 빨랐기 때문이다. 하지만, 가와카미 하지메의 중국인 신도들(리다자오李大釗를 포함하여)이 대체 얼마나 마르크스·엥겔스와 사회주의를 이해하고 있었는지는 매우 의심스럽다. 몇 가지 사례를 들어 구체적으로 설명해 보려 한다.

『공산주의 선언』의 최초 중국어 번역본은 류스페이[劉師

---

13 [역자 주] 가와카미 하지메[河上肇, 1879~1946]. 야마구치현에서 태어나 도쿄대학을 졸업했고, 에드윈 셀리그먼(Edwin Robert Anderson Seligman)의 『경제학적 역사 해석(*Economic Interpretation of History*)』을 번역해 변증법적 유물론을 일본에 처음 소개했다. 1915년에 교토대학 교수직을 맡아서 경제학을 가르치기 시작했다. 개인잡지인 『사회문제연구』를 창간해, 학생과 노동자에게 마르크스주의 경제학을 전파했고, 『경제학 대강』(1928)과 『자본론 입문』(1932)을 지었다.

培]¹⁴와 밀접한 관련이 있는 것으로 기억한다. 동시에, 류스페이는 위진(魏晉) 시기 사상가 포경언(鮑敬言)[15]의 「무군론(無君論)」을 상찬했으므로 그이는 무정부주의를 제창했다. 당시 장타이옌[張太炎][16], 우즈후이[吳稚暉][17], 리스청[李石曾][18] 등 수많은 사람이 무정부주의자였는데, 초기에 공산주의를 신봉했던 사람 중 적잖은 이들이 먼저 무정부주의자였고 심지어 그 둘 사이의 차이를 잘 몰랐다. 중국에 공산주의를 실행할 수 있는지를 이런 사람들이 어떻게 판단할 수 있었을까? 또한, 량수밍[梁漱溟]은 회고록에서, 젊은 시절 자본주의가 사유재

---

14 [역자 주] 류스페이[劉師培, 1884~1919]. 字는 신숙(申叔), 호는 좌암(左盦)이다. 장쑤[江蘇]성 이징(儀徵) 출신이다. 고문경학(古文經學)을 칭송하고 국수주의 운동을 벌이다가 일본으로 망명한 후 무정부주의에 공감했다. 파리에서 활동하던 우즈후이[吳稚暉]와 함께 중국의 대표적인 무정부주의자였다. 1915년에는 제제운동(帝制運動)에 참여했고, 1917년 베이징대학 교수가 되었다. 둔황학(敦煌學) 분야에도 관심이 있었다.

15 [역자 주] 포경언[鮑敬言]. 생몰년은 미상이다. 노자와 장자를 좋아하였고 청담(淸談)을 즐겼으며 갈홍(葛洪)과 논쟁을 벌이기도 했다. 프랑스의 중국학자 에띠엔 발라즈(Etienne Balazs, 1905~1963)는 포경언을 중국의 최초 무정부주의자로 평가하기도 했다.

16 [역자 주] 장타이옌[張太炎, 1869~1936]. 저장[浙江] 위항(餘杭) 출신. 나중에 이름을 빙린[炳麟]으로 바꿨다. 청말 민초 민주 혁명가, 사상가이자 저명학자였으며, 연구 범위는 소학(小學), 역사, 철학, 정치, 경학이었다.

17 [역자 주] 우즈후이[吳稚暉, 1865~1953]. 우즈후이는 1910년대 프랑스 유학 기간 중 리스청, 차이위안페이와 함께 무정부주의자가 되었다. 이후 공산주의에 반대하고 국민당에 가입하였으며, 장제스의 아들 장징궈의 가정교사가 되었다.

18 [역자 주] 리스청[李石曾, 1881~1973]. 젊은 시절 프랑스에서 근공검학(勤工儉學) 운동을 발기·조직하였고, 이후 우즈후이 등과 더불어 국민당 4대 원로 중 한 명으로 불렸다. 고궁박물관 설립자 중 한 사람이다. 중일 전쟁 시기에는 구미에서 외교활동에 주력했고, 중공 성립 후 스위스로 갔다가 나중에는 타이완에 정착했다.

산을 옹호한다는 얘기를 듣자마자 크게 반감을 갖고서 차라리 사회주의를 선택했다고 말한 적이 있다. 그이는 아마 사유재산에 관한 영국 철학자 로크(John Locke)의 설명을 들어본 일이 없었던 것 같다. 로크에 따르면, 사유재산은 문명의 기초이자 개인의 자유를 보장하기 위한 필요조건이다. 량수밍은 자본주의가 어떤 것인지 아예 모른 상태에서 단지 공(公)과 사(私)의 양대 가치만 염두에 두고서 '사'를 듣자마자 의분으로 들끓었고, '공'만이 긍정적 가치라고 인정했을 것이다. 또한, 황간(黃侃, 필명은 運甓)은 「빈민이 불쌍하다![哀貧民]」라는 명문을 『민보(民報)』 1907년 제17호에 발표하여 혁명을 선전했다. 글의 요지는 이렇다. 부자들이 재산을 빼앗아가서 빈민은 빈곤한 처지에 빠졌다. 이는 극단적 불평등이다. 그래서 황간은 모든 빈민이 일어나서 부자를 소멸시켜야 한다고 주장한다. "우리 원수에게 보복하고 참된 평등을 회복하기 위해 차라리 평등을 추구하다가 죽자!"라는 것이다. 만약 혁명이 성공한다면 당연히 "빈민의 복"이 되지만, 성공하지 못한다면 "신주(神州: 중국)를 거대한 무덤으로 만들어서" 모든 부자와 빈민 자산이 함께 매장되자고 그이는 주장했다. 당시 혁명 진영을 진동한 이 글 속에는, "모든 무산자여 단결하라!"라고 선언하는 공산주의의 그림자가 분명히 드리워져 있다.

중국 지식인이 처음에 공산주의를 선택하여 "멸망에서 구원할[救亡]" 처방 약으로 삼았던 것은 주로 착각에서 비롯한 것이라는 점을 위 사례에서 알 수 있다. 그 사람들은 그런 이론 체계가 중국의 병세에 들어맞을지 전혀 깊이 연구해 보지 않았다. 전체 공산주의 이론 내 몇 가지 요소가 이전부터 익숙했던 전통 관념 및 가치(예를 들어 均이나 公)와 비슷한 것처럼 보였기 때문에 이들은 아무 의심 없이 그것을 진리로 받들었고 목숨을 마치기를 원했다. 그런 착각은 오사 이후에도 계속해서 나타난다. 즉, 공산주의를 인정해야만 만인에게 참된 민주, 참된 자유, 참된 평등을 줄 수 있다는 생각이 그것이다. 종합하자면, 공산주의를 선택했던 것은 실제와 부합하지 않았다고 할 수 있다.

지금 돌이켜 보면서 가장 가슴 아픈 점은, 중국이 이런 선택을 위해서 가공할 만한 대가를 치렀으며 그런 큰 실수를 발견한 다음에는 길을 돌리지 않을 수 없었다는 사실이다. 하지만, 시장제도, 사유재산, 계급분화 등이 모두 다시 돌아왔으나, 정당하지 못하고 문명적이지 않으며 합법적이지 않은 방식으로 돌아왔기 때문에 부패와 탐욕이 그런 기형 사회의 내적 특색이 되었다. 자오즈양[趙紫陽]은 이런 체제를 "정실 자본주의"[權貴資本主義]라고 칭한 바 있다. 왜냐하면 "먼저 부유하게 된 일부 사람"은, 법률의 범위 안에서 근검절약에 의지해 번창한 것이 아니라, 정치 권력과 밀접한 관계를 맺어 다종다양한 특권과 초법적 특혜를 획득하여 그렇게 되었기 때문이다. 이렇듯 특수한 기형물을 낳는 체제에서 권세에 의존해 타인을 기만하는 것이 오히려 정상으로 여겨지며, 그만큼 불공평의 정도는 날이 갈수록 강해진다.

여기에 바로 사람을 비통케 하는 지점이 있다. 왜냐하면, 폭력혁명으로 인한 파괴를 겪기 이전의 중국에도 벌써 정상적으로 발전한 시장 기구가 있었기 때문이다. 내 과거의 연구[19]에 따르면, 늦어도 명나라 후기에는 그런 시장 기구가 이미 상당한 재부를 만들어 내어 중국 사회 구조와 가치 의식에 변화를 일으키고 있었다. 가치의 측면에서 말하자면, 공(公)과 사(私)는 상호 불관용, 형세 불양립이 아니라 상호 관련을 맺었다. 그래서 16세기에 벌써 유섭(喩燮)의 "사를 이루는 것은 공을 완성하는 방법이다."[20]라는 새로운 학설이 나왔다. 이지[李贄]는 '사'의 우선성을 발견했기 때문에 "사는 사람의 마음이니, 사람에게 사가 있는 다음에 마음이 드러나며, 사가 없다면 마음도 없다."[21]라고 말했다. 이런 견해에 비추어

---

19 위잉스[余英時], 『현대유학론(現代儒學論)』, 상하이[上海]: 상하이인민출판사(上海人民出版社), 1998. 제1~2편.

20 "遂其私所以成其公."

21 "夫私者, 人之心也, 人心有私而後其心乃見, 若無私則無心."

보면, 각 사람은 먼저 '사'적 개체이며 그의 마음도 필연적으로 그 자신의 '사'를 대표한다고 할 수 있다. 이런 견해를 뒷받침하는 견실한 논거는 정체성(identity) 또는 자아(selfhood)에 관한 현대 철학의 논의 속에서 찾아볼 수 있다. 이에 따르면, 과거에 사람들은 사심이 사유재산에서부터 생겨난다는 견해를 갖고 있었으나 이는 절대 성립할 수 없고, 오히려 그와 반대로 사람에게 먼저 사심이 있은 다음에야 사유재산이 그에 따라 발전하게 되었다는 것이다.

그뿐 아니라 부(富) 역시 인정받게 된다. 16세기에서 18세기 사이에 지방의 여러 가지 복리, 예를 들어 인쇄, 교량 건설, 사원 정비, 족보 정리, 종족의 의장(義莊)[22] 설립 등은 모두 상인이 출연한 자금에 의존했다. 기근을 만나거나 도시·시골에 위기가 닥치면(예컨대 명나라 때의 왜구 침범) 거액을 원조하였던 것도 대상(大商)이어서 명대 이래로 특히 "부민(富民)은 한 지역의 원기(元氣)이다"[23], "민간에 부를 저장한다."[24]라는 관념이 유행했다. 내 개인의 연구성과에 근거하면, 16세기 이래 중국 사회는 새로운 방향으로 줄곧 발전해 갔다. 만일 폭

---

22 [역자 주] 송대 이후 동족 공유의 의전(義田)을 두어 그 소작료로써 동족의 부양과 교육, 조상에 대한 제사 등을 행하기 위한 시설.

23 "富民是一方之元氣."

24 "藏富於民."

력혁명이 가한 터무니 없는 파괴가 없었다면 오늘 중국은 "권력 자본주의"의 길로 가서 "부를 위해 어질게 행동하지 않는"[爲富不仁] 비참한 결과를 초래하지 않고, "부유하되 예절을 아는"[富而好禮] 문명사회가 되었을 것이다.

二. 항일전쟁의 배경

　　1937년에서 1945년에 이르는 8년간의 항일전쟁은 20세기 중국사에서 경천동지할 만한 대사건이었다. 원래부터 곧 쓰러질 것만 같았던 사회 · 문화 · 정치 · 경제의 옛 질서가, 일본의 전면적 무력 침략을 겪으면서 철저하게 무너졌다. 일본은 메이지 유신 이후 일약 공업과 군사의 강국이 되었고, "탈아입구(脫亞入歐)"를 내세워 서양의 현대문명을 모든 면에 걸쳐 학습했을 뿐 아니라 서양의 야만도 배웠다. 서양의 야만이란 보통 "제국주의의 확장과 침략"을 가리킨다. 제국주의란 서양의 해상 패권국들이 시장과 자원을 쟁탈했던 데 기원을 둔다. 영국이 가장 먼저 시작했고 또 가장 성공을 거두어 그 식민지가 전 세계에 분포했다. 그 밖에 프랑스, 네덜란드, 에스파냐, 포르투갈도 앞다투어 곳곳에서 식민지를 확장해 나갔다. 독일은 너무 늦게 통일국가를 이뤘는데 그때는 이미 다른 나라들이 식민지를 모조리 나누어 가진 다음이었다. 그래서 독일은 두 차례 세계 대전을 불러일으킨 원흉이 되었다. 일본은 독일보다 더 늦게 발흥하였다. 자연 자원이 너무 부족하여 침략의 시선은 곧바로 아시아 대륙을 향했다. 먼저 한반도(韓半島)를 향했고 한 걸음 더 나아가서 중국을 향했다. 하물며 1592년 도요토미 히데요시[豐臣秀吉]는 16만 명을 파병하여 조선의 한양을 점령했고, 아울러 북경을 공격할 준비를 했다. 도요토미의 침략은 비록 기대한 효과를 거두지 못했거니와 그의 이른 죽음으로 중지되고 말았으나, 300년 후 일본 군국주의자들에게는 하나의 모델이 되었을 것이다.

1902년, 영국은 일본과 영일동맹(英日同盟)을 맺어, 일본이 동아시아의 패권적 지위에 있다는 것을 이미 승인했다. 1905년, 일본은 중국의 동북 지방에서 러시아를 패퇴시킨 후 동북 지방 내 러시아의 모든 권리를 몰수함으로써[1], 그 패권의 기초를 더욱 강화했다. 1910년, 일본은 조선을 병탄한 후 곧바로 목표를 동북 3성[東北三省, 즉 만주]으로 바꾸었다.

"동북왕(東北王)" 장쭤린[張作霖]은 일본의 계획에 다 따르려고는 하지 않았기 때문에, 1928년 일본 관동군은 계책을 꾸

---

1 뤼순, 다롄이라는 양대 항구를 포함한 요동 반도의 통제, 그리고 장춘에서 다롄에 이르는 남만 철도의 경영을 가리킨다.

며 그이를 폭사시켰다. 1931년 9월 18일, 관동군은 마침내 "선양[瀋陽] 사건"[2]을 구실로 동북 지방을 전면적으로 침공하였는데 역사는 이를 "918사변"이라고 부른다. 오늘날 일본사 연구자들은 그것이 일본군이 오랜 기간 준비했던 음모였지 우발적 사건은 절대 아니었다는 것을 이미 실증하고 있다. 어째서 일본은 1931년에 중국 침략을 개시했을까? 이유는 아주 간단하다. 국민당은 북벌(北伐) 이후 난징에 수도를 정하였고 장쉐량[張學良]은 1928년 11월에 국민당 정부에 귀순하여 동북 지방에도 청천백일기(靑天白日旗)가 내걸렸다. 만일 제때 손을 쓰지 않는다면 중국이 통일된 현대 국가가 될가능성이 매우 크다고 일본군은 감지했다.

1937년 베이핑(베이징)에서 발생한 루거우차오 사변[盧溝橋事變]도 우발적 사고로 이해되면 안 된다. 급히 선수를 쳐야한다는 압력을 그때 일본군은 또 느끼고 있었다. 왜 그랬을까? 1928년에서 1937년에 걸친 10여 년 사이 국민당 정권은 군사 현대화를 포함하여 적잖은 현대화의 노력을 진행했기 때문이다. 1930년대 일본의 침략이 한 걸음 한 걸음 다

---

2 [역자 주] 1931년 9월 18일 밤, 중국 선양 교외 류탸오호[柳條湖]에서 일본 남만주철도의 선로가 폭파되었다. 인근에 장쭤린의 아들 장쉐량(張學良) 군대가 주둔하는베이다잉(北大營)이 있어서, 일본군은 이들 부대의 소행으로 돌리고 그 주둔지와 선양을포격했다. 실은, 폭파 사건은 관동군의 자작극이었다.

가올 때 난징 정부는 무저항 정책을 취하고 거듭 양보하는 것 같이 보여서 좌파의 공격을 초래하였으며 학생운동은 이 때문에 더욱 격화했다. 하지만 사실을 보자면, 국민당 정부는 한편으로 신식 군대를 적극적으로 훈련했고(독일 군사고문을 초빙했다), 다른 한편으로 국가자원위원회를 설립하고 각 분야 전문가를 초빙하여 경제 건설 작업에 참여하게 했다. 가장 중요한 점은, 철강·발전·기계·군수 등 기초 공업 분야를 일으키기 시작했다는 사실이다. 1936년, 원이둬[聞一多]는 허난[河南] 안양[安陽]에서 갑골문 발굴을 조사하러 가던 길에 뤄양[洛陽]의 군사훈련학교를 참관했다. 그이는 칭화[青華]대학에 돌아와서 학생들에게, "이번에 뤄양을 지나가다가 정부가 일본 침략에 대비해 상당히 잘 준비하는 것을 보았다. 베이핑에서 들었던 내용과 달랐다."라고 했으며, 이어서 "우리가 정부에게 실망만 하면 안 된다."[3]라고 말했다고 한다. 일본군이 1937년이 전면적 중국 침략 전쟁을 발동하려 할 때 그 배경은 주로 이상과 같았다.

장제스[張介石]가 최후로 대일 작전을 하기로 한 것은 비록 민의의 압박에 의한 것이었으나 결국 준비는 한참 부족하여

---

3 원리밍[聞黎明]·허우쥐쿤[侯菊坤] 편, 『원이둬연보장편[聞一多年譜長篇]』, 우한[武漢]: 후베이인민출판사[湖北人民出版社], 1994, p.486

희생이 막심했다. 1937년 상하이의 "813" 송후[淞滬] 전투[4]는 석 달 동안 치러졌는데 10여 년간 길러진 신식 군대 과반이 사상당했다. 당시 일본군은 석 달 안에 전체 중국을 정복하겠다고 호언장담했다. 장제스는 일본 측의 터무니 없는 말이 신빙성 없다는 것을 국제사회에 증명하기 위해, 어떤 대가를 치르더라도 상하이 전선을 사수하고자 했다. 이 전투 이후 신병 보충이 심각한 문제가 되었다. 그 후 몇 차례 전투에서 승리를 거두기는 했으나 패전이 훨씬 많았으므로 장제스는 일본군에게 "공간을 내주고 시간을 벌[以空間換取時間]" 수밖에 없었다. 1944년 12월 6일, 후스[胡適]가 미국 하버드 대학교 강연에서 말했던 것처럼, "이번 전쟁에서 중국의 문제는, 과학기술이 잘 준비되지 않은 국가가 일급 군사·공업 강국과 현대적 전쟁을 벌이지 않을 수 없다는 것"[5]이었다.

항일전쟁이 남긴 것은 중국에서 몇천 년 동안 없었던 대재난이었다. 우리 본향을 사례로 들면, 1937년 겨울 내가 처음으로 본향으로 돌아왔을 때는 그런대로 안정되어 있고 조용했으나, 얼마 지나지 않아 본향에 주둔하거나 혹은 지나쳐

---

4 [역자 주] 송후 전투는 중국과 일본 쌍방이 벌인 첫 번째 대형 전투였다. "송(淞)"은 상하이 북쪽의 우송[吳淞] 강을 가리키고, "후[滬]"는 상하이의 약칭이다.

5 차오보옌[曹伯言] 정리, 『후스일기전집[胡適日記全集]』 제8책, 타이베이[台北]: 렌징출판사업 주식유한공사[聯經出版事業股份有限公司], 2004, p.203.

간 대규모 광시[廣西] 군대는 군기가 극도로 문란하고 민간인에게 폐를 끼쳐 조용한 날이 거의 없었다. 게다가 '신사군'이 유격 기지 구축 활동을 강화하자 수시로 관좡향[官莊鄕]에 영향을 끼쳤다. 나중에는 비적도 출몰하여 밤사이에 몇 차례나 주민을 놀라게 했다. 항일전쟁 후반기의 밤중에는 집 뒤 산속에서 깜박이는 손전등 불빛을 늘 보았다. 비적이 민가를 습격해서 약탈하려고 틈을 엿보고 있다는 것을 마을 사람들은 다 알았다. 종합하자면, 항전 기간에 향촌 질서는 하루하루 현격히 달라져 갔다. 노인들의 기억에 따르면, 청나라 말에서 민국 초기에는 은자(銀子) 또는 은화를 들고 안칭[安慶]이나 우후[蕪湖] 등 도시에 물건 사러 갈 때 노상강도를 만날까 걱정하는 일이 없었다고 한다.

농촌 질서의 방대한 파괴는 전후에 펼쳐질 엄청난 대동란(大動亂)을 위해 길을 닦아준 셈이었다. 여기서 미국 중국학의 지도자 페어뱅크(John K. Fairbank)가 펴낸 마지막 저작 『신중국사(China: A New History)』에 있는 한 구절을 인용하여 항일전쟁이 남긴 재앙을 설명하고자 한다.

만약 일본이 전력을 기울여 침략하는 일이 없었다면, 난징 정부는 중국을 점차 현대화로 이끌었을 것이다. 현실은 그렇지 않아서, 항일전쟁은 마오쩌둥과 공산당에게 기회를 주었다.

마오와 공산당은 향촌에서 새로운 독재 세력의 기초를 놓았고, 국민당 정부의 통치하에 막 발전하기 시작한 도시 문명의 사회적 영향을 배제해 버렸다. 전시라는 환경적 조건 위에서 중국공산당은, 준비가 잘 되어 있으며 이후 계급전을 치르게 될 새로운 형태의 중국을 세웠다. 20세기에 활동한 저 일군의 중국 혁명가들은 적어도 삼천 년 동안 이어져 온 역사적 사회 구조를 공격하여 새롭게 조직하려 했다.[6]

나는 어째서 페어뱅크의 평가를 인용했을까? 그이는 1930년대부터 국민당을 싫어하고 공산당을 동정했으나, 만년에는 자신의 견해를 다시 조정했기 때문이다. 이 책은 1991년 9월 11일 완성되었고 그이는 이튿날 오전에 원고를 출판사로 보냈으며 그 이틀 후 세상을 떠났다. 이 책이야말로 그이의 만년정론(晚年定論)이라 할 만하다. 그이는 미국인으로서 중국 내부의 정치적 이해관계를 넘어서 있었으므로 그 판단은 상당히 객관적이었다.

항일전쟁의 최대 수혜자가 중국공산당이라는 것은 주지의 사실이다. 중국공산당은 장시[江西]에서 산시[陝西]성 북부

---

6 페어뱅크[費正清] 저, 쉐쉬안[薛絢] 역, 『페이뱅크의 중국론-신중국사[費正淸論中國-中國新史]』, 타이베이[台北]: 정중서국[正中書局], 1994, p.356.

로 달아나면서, 저녁 일을 아침에 보장할 수 없을 정도의 위기감을 떨치지 못하였으므로, 린뱌오[林彪]는 "붉은 깃발을 얼마나 들어 올릴 수 있을까?"라고 스스로 의문을 던졌다. 때문에, 1930년대 초반부터 중국공산당은 여러 대도시에서 항일운동을 전개하면서, 국민당 정부를 압박하여 "외적을 물리치려면 내부를 먼저 안정시켜야 한다."라는 결정을 취하하게 했다. 장제스 반대파에 속하는 사회·정치적 명망가와 좌익 대학생들이 이 임무를 짊어지고서 거리 시위와 조직 활동을 통해 항일의 목소리가 하루하루 높아지게 하였다. 1936년, 중국공산당은 동북군의 장쉐량[張學良]과 서북군 양후청[楊虎城][7]을 설득하여 일시를 진동시킨 시안[西安] 사변을 일으켰고, 마침내 한숨 돌릴 기회를 얻었다. 그런데 전쟁이 만약 일어나지 않았다면 중국공산당은 도처에 유격대를 조직하거나 지방 정권을 세우지 못했을 것이다. 1937년이 되어 항일전쟁이 전면적으로 펼쳐지자, 중국공산당은 마치 좁은 연못에 갇혔던 용이 큰바다로 돌아가는 것처럼 절체절명의 위기에서 살아날 수 있었다.

　　장제스와 국민당 지도층은 당연히 이런 사정을 알고 있었

---

7 [역자 주] 양후청[楊虎城, 1893~1949]. 산시성 푸청[蒲城] 출신. 중화민국의 군사지도자이자 서안 사건 지도자 중 한 명이다. 서안 사건 이후 해외 시찰이라는 명목으로 해외로 추방되다시피 하였다. 그 후 비밀리에 귀국하였으나 장제스는 그를 12년간 감금했다.

으나 일본이 그처럼 긴박하게 육박해 오던 상황에서, 떨쳐 일어나 그것에 저항하는 것 말고는 다른 길이 없었다. 왕징 웨이[汪精衛][8]와 저우포하이[周佛海][9] 같은 사람이 오로지 평화를 추구하면서 심지어 모든 것을 고려치 않고 일본 점령지로 가서 괴뢰 정권을 세웠던 것은, 전쟁의 지속이 필연적으로 중국공산당에게 세력 확대의 기회를 줄 것이며 최후로는 중국을 소련의 품에 안길 것이라고 계산했기 때문이다. 이 점은 『저우포하이 일기 전편(周佛海日記全編)』[10]에서 명확한 증거를 찾을 수 있다. 왕징웨이는 국민당 내의 장닝[江寧; 난징] 세력과 우한[武漢] 세력이 분열할 당시 원래 좌파의 지도자여서 중국공산당과 관계가 깊었으며, 더욱이 저우포하이는 1921년 중국공산당 창당 시 지도자 중 한 명이었고, 천궁보[陳公博][11] 역시 공산당에 참가한 적이 있었다. 중국공산당에 대한 이들의 인식은 매우 깊었으므로 다른 사람들보다 훨씬 더 깊

---

8 [역자 주] 왕징웨이[汪精衛, 1883~1944]. 중국 국민당의 일원으로 쑨원과 친밀한 관계에 있었으며 장제스와 대립하는 경쟁자였다. 중일 전쟁 발발 이후에 친일파로 변절하여 난징에 친일 정권을 세웠다.

9 [역자 주] 저우포하이[周佛海, 1897~1948]. 삼민주의 사상 연구가로 유명했다. 중일 전쟁 동안 왕징웨이와 함께 친일 괴뢰 정권 난징 국민정부 설립에 앞장섰으며 부주석, 행정원 부원장 겸 재정부장으로 활동했다.

10 차이더진[蔡德金] 편주(編註), 『저우포하이일기전편[周佛海日記全編]』, 베이징[北京]: 중국문련출판사(中國文聯出版社), 2003.

11 [역자 주] 천궁보[陳公博, 1892~1946]. 중일 전쟁 시기 왕징웨이와 함께 친일 괴뢰 정권인 난징 국민정부 설립에 앞장섰으며, 왕징웨이 정권에서 입법부장으로 활동했다.

이 우려했다. 이들이 일본과 화해하는 것에 급급했던 것은, 중국이 소련 독재체제에 빠져드는 것을 막을 유일한 방법이 바로 그것이라고 여겼기 때문이다. 일본과 화평을 실현하려 했던 그들의 환상은 아무런 근거도 없는 것이었으나, 전쟁을 이용해 전국 정권을 탈취하려 했던 중국공산당의 계획만은 그들이 정확하게 알았다.

비교적 신중한 통계 자료에 따르면, 1937년부터 1945년에 이르는 사이 중국공산당의 인원수는 4만에서 120만으로 증가했고, 군대는 9만 정도에서 91만으로 증가했다.[12] 중국공산당이 항전으로 인해 대폭 확장할 기회를 얻었다는 것은 위에 인용한 숫자가 그 가장 유력한 설명일 것이다. 원래 산시성[陝西省] 북부 한구석에 있던 정권이 전쟁 발생 이후 신속하게 전국으로 확산하여, 1940년 말 중국공산당이 각 근거지에서 통치했던 인구는 벌써 1억 명에 가까웠다.[13]

항일전쟁에서 정면으로 부딪치는 진지전은 당연하게도 중앙 정부군이 다 떠맡았고, 중국공산당은 그 측면에서 기동전 또는 유격전으로 일본군을 견제했다. 전체 대일 전쟁사 가운

---

12 페어뱅크[費正淸], 『페어뱅크의 중국론[費正淸論中國]』, p.362 참조. 그러나 천용파[陳永發]의 견해에 따르면, 1937년 군대 병력은 겨우 4만 정도였다. 천용파[陳永發], 『중국공산혁명 70년[中國共産革命七十年]』 상책(수정판), 타이베이[台北]: 옌징문화사업 주식유한공사[燕京出版事業股份有限公司], 2001, p.341참조.

13 천용파[陳永發], 『중국공산혁명 70년[中國共産革命七十年]』, p.341.

데에서 중국공산당은 두 차례의 전투를 가장 떠들썩하게 선전하는데, 하나는 린뱌오가 지휘한 1937년 9월의 핑싱관[平型關] 전투이고 다른 하나는 펑더화이[彭德懷]가 지휘한 1940년 8월의 바이퇀[百團] 대전투이다. 핑싱관 전투는 양쿠이쑹[楊奎松]이 분석을 가한 적이 있다.[14] 당시 국민당 군대가 핑싱관에 집결하여 사수(死守)를 준비했고 공산당 군대는 명령에 따라 우익 방어에 참여했다. 그렇지만 공산당 측은 골짜기 부근에서 병력 4,000여 명을 매복했다가 일본군의 수송대와 보급부대 700여 명이 지나갈 때를 기다려 기습하기로 최종적으로 결정했다. 이 일본군은 비전투 부대였으므로 그 가운데 전투병은 100여 명에 불과했다. 이렇게 인원수에 차이가 있었음에도, 공산당 부대는 열 몇 시간에 걸친 싸움을 하다가 사상자 400명을 내고서야 겨우 일본군을 전멸시킬 수 있었다. 이 전투를 국내에 알리는 선전 활동이 극도로 활발했으므로 실정을 잘 모르는 수많은 청년이 중국공산당에게는 일본군을 패배시킬 능력이 있다고 깊이 신뢰했고, 옌안으로 달려가는 자들이 줄을 잇게 되었다. 하지만 대일 항전의 측면에서 보자면 큰 의미가 있다고 말하기 어렵다. 한편, 바이

---

14 양쿠이쑹[楊奎松], 「핑싱관 전투의 몇 가지 문제에 관하여[有關平型關戰鬪的幾個問題]」, 『당사연구자료(黨史研究資料)』, 1996년 제2기.

톼 전투의 최초 목표는 단지 도로와 철로를 파괴하고 공격하여 일본군 봉쇄를 돌파하는 것이었지 정면 교전은 아니었다. 교전 초기에 일본군이 공산당 부대로부터 기습을 받아 피해가 증대하자, 펑더화이는 병력을 증강하여 봉쇄를 돌파한 후 바이톼 근처에 도달할 수 있었다. 그러나 일본군은 이 전투를 계기로 장장 3년에 걸쳐 중국공산당의 화북(華北) 근거지를 집중적으로 소탕하여, 중국공산당 점령 지구는 끊임없이 줄어들었고 상황도 극히 악화하였다. 그래서 마오쩌둥도 당시에는 이 전투를 공개리에 찬양할 수밖에 없었지만, 암암리에 극도로 불만을 품고 있었으며 이 전술의 착오를 인정했다. 1959년 뤼산[廬山] 회의 이후 바이톼 전투는 오히려 펑더화이의 일대 죄목이 되어버렸다. 마찬가지로, 린뱌오가 마오쩌둥에게 반란을 시도하자 핑싱관 전투 역시 일시에 저주 대상이 되어 부정적 의미만 남게 되었다.

종합하자면, 위의 기본 사실이 이미 충분히 증명했다시피, 일본의 전면적 중국 침략은 중국공산당에게 천재일우의 기회를 제공하여, 중국의 패배를 오히려 자기 승리의 발판이 되게 함으로써 마침내 중국 천하를 얻은 것이다.

마지막으로 한 가지 보충할 점이 있다. 첫 번째 원자폭탄이 히로시마에 투하되자, 소련이 1945년의 얄타협정(Yalta Agreement)을 구실로 중국 동북부에 밀고 들어왔던 것은 중국

공산당이 천하를 제패하는 데에 튼튼한 기초가 되었다. 소련은 3개월 후 철수한다는 약속을 지키지 않고 8~9개월을 끌다가 겨우 동북으로부터 완전히 철수했다. 이 긴 시간 동안 소련 측은 바다, 육지, 하늘을 완전히 봉쇄하여 국민당 군대가 동북으로 진입하는 것을 저지하였고, 다른 한편으로 대량의 공산당 군대와 간부를 동북으로 몰래 운송하여 각처에 포진케 하였으며 이들은 그곳에서 기지를 건설했다. 1946년 4월 국민당 군대가 산하이관[山海關]을 넘어 북쪽으로 갔을 때 공산당 군대는 이미 4~50만 명이 동북에 포진해 있어, "쉬면서 힘을 비축했다가 피로한 적군을 맞아 싸우는"[以逸待勞] 절대 우세의 형국에 있었다. 여기서 당시 산해관을 넘어갔던 중국공산당 간부의 증언을 들어보자.

국민당과 공산당은 모두 동북 지방을 반드시 차지하려고 했다. 우리가 옌안을 떠나려 할 때 중앙의 수장이 동북을 차지하면 전 중국을 차지한다고 연설했다. 동북의 외부 환경은 소련을 등에 업고 있기에, 우리 혁명의 승리와 미래의 건국은 모두 이 큰형님에게 달려있었다. 그리고 그 내부 환경은 물산이 풍부했고 공업의 기지였다.… 나중에 밝혀진 사실이 증명하다시피, 전국을 해방한 3대 전역(戰役) 중 특히 난관을 돌파했던 2대 전역은 '랴오닝-선양' 전역과 '베이핑-톈진' 전역이었으며 동북의 제4야전군이 담당했다. …항일전쟁에서 승리하자 국민당은 곧바로 미국 함선을 대여하여 정예부대인 신1군과 신6군을 동북으로 수송했고, 다른 부대도 베이핑-톈진 지역에서 출발하여 산하이관을 거쳐 북상했다. 하지만 이들 부대는 한발 늦었다. 왜냐하면, 바로 그 전에 우리 허베이[翼]·러허[熱河]·랴오닝[遼] 지역 부대가 벌써 선양으로 진입하였고, 동시에 산둥[山東]·수베이[蘇北; 江蘇省 북쪽 지방]에서 11만 대군을 뽑아 해륙(海陸) 병진으로 동북에 출동시켰다. 중앙은 3분의 1에 달하는(스무 명의) 중앙위원과 후보위원, 그리고 2만 명의 각급 간부를 동북으로 보내서 공작하게 했다.[15]

8년 항일전쟁과 전후 소련의 동북 점령이 20세기 후반기 중국의 운명을 이미 결정해 버렸다는 것을 위 인용문에서 알 수 있다. 1972년 일본의 총리 다나카 가쿠에이[田中角榮]가 중국을 방문하여 중국 측에 침략을 사과했을 때 마오쩌둥은 서슴지 않고 "우리는 당신네 황군(皇軍)이 우리를 도와 중국 혁명을 완수하게 해 준 것에 감사드립니다."라고 말했다. 이것은 그저 인사치레가 아니라 진심에서 우러나온 말이었다.

---

15 허팡[何方], 『연안에서 걸어오며 했던 반성-허팡 자서전[從延安一路走來的反思-何方自述]』 상책, 홍콩[香港]: 명덕출판사(明報出版社), 2007, p.155.

3

중정대학과 옌징대학

一. 둥베이중정대학 입학

1946년 여름, 나는 퉁청[桐城]에서 안칭[安慶]으로 다시 돌아온 후 난징을 거쳐 베이핑으로 갔으며, 최후로 선양에 정착했다. 당시 항일전쟁에 승리한 지 겨우 1년이 지났을 때여서 사람들 대부분은 몇 년만 지나면 평온한 나날을 보낼 수 있으리라 생각했으나, 중국은 3년이 채 되지 않아 하늘과 땅이 뒤집히는 격변을 겪게 되었다.

우리 아버지 위셰중[余協中]은 두위밍[杜聿明]과 오랜 세월 사귄 친구였는데, 항일전쟁 승리 후 두위밍이 동북으로 파견되어 군사를 책임지게 되자, 그는 자신과 함께 가서 대학을 하나 세워 달라고 아버지에게 강력히 요청하였다. 그 대학이란 1946년에 설립될 둥베이중정[東北中正]대학이었다. 이 대학은 장중푸[張忠紱][1]를 총장으로 초빙했다. 그이의 전공은 중화민국 외교사였으며 난징대학에 있을 때 아버지와 함께 근무한 적이 있다. 그 후 베이징대학 정치학과 학과장을 역임했고 항일전쟁이 시작되자 정부의 외교업무에 참여했다. 그렇지만 장중푸는 총장이 된 지 오래지 않아 국제연합으로 파견되어 명목상의 총장일 뿐이었다. 그래서 아버지가 문과대학 학장[文學院長]으로서 학교 업무를 대신 처리했다.

이때 벌써 열여섯 살이었던 나는 2년 동안 사숙(私塾)에서 공부하고 안후이의 임시중학을 1~2년 다녔을 뿐이었다. 게다가 1년을 온전히 다니지 않고 모두 중도에 그만두고 말았다. 수준은 대략 중학교 2~3학년 사이였다. 아는 영어 단어가 아주 적어서 2~3페이지 분량의 짧은 글에도 모르는 단어가 80개는 되었다. 수학, 물리, 화학은 더욱 아는 게 없었다. 하지만 나이가 벌써 대학에 진학할 시기가 되어서 한편으로 중정대학 선수반(先修班; 고등학교 3학년에 해당)에서 공부하고, 다른 한편으로 과외 선생님에게 보충학습을 받으면서 1년 후 대학에 합격하기를 희망했다.

과외 보충학습을 떠올려보면 두 분 선생님의 수업이 아

---

1 [역자 주] 장중푸[張忠紱, 1901~1977]. 후베이성 우창현[武昌縣] 출신이다. 중국의 저명한 정치학자이자 외교가였다. 둥베이대학, 난카이대학, 베이징대학 정치학 교수를 역임하였다. 1949년 미국으로 떠났다가 이후 홍콩에 정착했다.

직도 기억난다. 첫 번째 선생님은 수학·물리·화학을 가르친 류[劉] 선생님으로 동북 출신이었으며 선수반 선생님이기도 했다. 이분은 아주 조리 있게 잘 가르쳐서 내가 서너 달 안으로 대수·삼각함수·기하을 대략 이해하게끔 했고, 물리·화학에도 조금이나마 기초를 놓아 주었다. 이런 공부는 당연히 속성이어서 나는 다가올 시험에 합격하기 위해 "급하면 부처님 다리라도 잡는" 심정이었다. 류 선생님은 얼마 지나지 않아 타이완으로 이주하였고 그 이후 연락이 닿지 않아서 안타깝게도 그분 이름도 이제 기억나지 않는다.

두 번째 과외 선생님은 내게 『사기』를 가르쳐 준 선보룽[沈伯龍]이었다. 이분이 수업한 시간은 길지 않아 「항우본기」(項羽本紀)와 「진섭세가」(陳涉世家) 두 편만 가르쳐 준 것 같다. 그렇지만, 홍문연(鴻門宴)[2] 장면을 아주 생동감 있게 설명했던 일, 또한 "허벌나게 많구나![3] 내가 이 넓고 깊은 궁전에서 왕이 되었다니![顆頤! 涉之爲王沉沉者]"[4] 구절을 당시의 입말로 해석하면서 이치에 닿게 설명했던 일이 아직도 기억난다. 나는 처음에 사마담(司馬談) 부자가 쓴 글은 공들여 지은 우아한 글이라

---

2 [역자 주] 홍문연(鴻門宴) 또는 홍문의 회(鴻門之會)는 중국 진나라 말기에 항우와 유방이 함양(咸陽) 쟁탈을 둘러싸고 홍문에서 회동한 일을 뜻한다.

3 [역자 주] "顆頤"는 진섭 고향의 토속어이므로 이 점을 살려 번역했다.

4 『사기(史記)』, 「진섭세가(陳涉世家)」.

고 생각했으나 선생의 폭로를 듣고 나서야 경전과 역사서 안에 속어를 곧바로 적은 곳이 꽤 많다는 것, 문언과 백화(白話)가 쉽게 구분되지 않는다는 것에 주목하게 되었다. 몇십 년 후 나는 「홍문연의 좌석 순서[說鴻門宴的座次]」[5]라는 글을 썼는데 대체로 선보룽 선생의 가르침에 뿌리를 둔 것이었다. 그러나 얼마 지나지 않아 여러 경로를 거쳐 전해 듣기를, 그분이 원래 매우 저명한 선치우[沈啓無][6]인데 항일전쟁 시기에 일본 또는 괴뢰정부와 관계가 있어 이름을 바꾸고서 동북 지방에 숨어 살았다고 했다. 선치우의 이름을 아는 사람은 오늘날 많지 않으나 1930~40년대에는 문단에서 크게 활약했던 이였다. 그이는 위핑보[俞平伯][7], 장사오위안[江紹原][8], 페이밍[廢

---

5 위잉스[余英時], 「홍문연의 좌석 순서[說鴻門宴的座次]」, 선즈자[沈志佳] 편, 『사학, 사학자, 그리고 시대[史學, 史家與時代]』, 구이린[桂林]: 광시사범대학출판사[廣西師範大學出版社], 2004, pp.70-77.

6 [역자 주] 선치우의 원래 이름은 선양[沈鍚]이었다. 대학 때 이름을 선양[沈揚]으로 바꾸고 자(字)를 치우[啟無]로 삼았다. 1933년 출판된 『저우쭤런 서신[周作人書信]』에 저우쭤런이 선치우에게 보낸 편지 스물다섯 통이 수록되어 있다. 선치우의 저서에는 『근대산문초(近代散文抄)』가 있다. 일본군에 의해 베이핑이 함락된 후 선치우는 베이징여자사범학원 중문과 교수와 베이징대 중문과 학과장을 겸임했다. 선치우는 일본에 부역하여 화베이 작가협회에서 일했고 제1~2차 대동아문학자대회에 중국 대표로 참가했다. 중화인민공화국 성립 이후 베이징사범학원 중문과에서 가르치다가 1969년 세상을 떠났다.

7 [역자 주] 위핑보[俞平伯, 1900~1990]. 현대 중국의 시인이자 작가였다. 『홍루몽(紅楼夢)』 연구가이다. 청말의 대학자인 유월(兪樾)의 증손자이다. 1946년 베이징대학 중문과 교수가 되었고 중화인민공화국 성립 이후에도 계속 직을 유지했으나 그이의 대표작 『紅楼夢研究』(1953)가 마오쩌둥에 의해 비판을 받았다. 이 일로 인해 문화혁명 기간에 심한 고초를 겪었다.

8 [역자 주] 장사오위안[江紹原, 1898~1983]. 현대 중국의 저명한 민속학자이자 비교종교학자이다. 본적은 안후이성 징더[旌德]이며 1898년 베이징에서 태어났다. 일찍이 미국 캘리포

名]⁹과 함께 "고우재(苦雨齋, 즉 周作人) 4대 제자"로 불렸다. 이분이 1932년에 출판한 『근대산문초(近代散文抄)』는 명나라 말기 공안파(公安派)¹⁰와 경릉파(竟陵派)¹¹의 소품(小品)을 위주로 뽑은 것인데, 저우쭤런은 서문을 써주어서 그 취사선택의 안목을 칭찬해 마지않았다. 당시의 평론에 따르면, 선치우의 문장은 저우쭤런의 그것을 모방하여 서로 구분할 수 없을 정도였다고 한다. 하지만 그이는 나중에 저우쭤런에게 죄를 짓고 파문당했다. 저우쭤런이 만년에 쓴 『지당회상록(知堂回想錄)』 중 「원단(元旦)의 자객」은 선치우도 그 현장에 있었다고 하며 아마 그분도 약간 상처를 입었던 것 같다. 당연하게도 이런 이

니아대학, 시카고대학, 일리노이대학 등지에서 종교학 및 철학을 공부했고, 1923년 귀국 후 베이징대학 문과대학 교수가 되었다. 1927년 루쉰의 요청으로 광저우 중산대학에 가서 문과대학 영국어문학과 학과장 등을 역임했다. 중화인민공화국 성립 후 산시대학 영문과 교수, 중국과학출판사 편집인, 상무인서관 편집인을 역임했다.

9 [역자 주] 페이밍[廢名, 1901~1967]. 후베이성 황메이[黃梅] 사람이며 원래 이름은 펑원빙[馮文炳]이다. 현대 중국의 작가, 시인, 소설가로 문학사에서는 "경파문학(京派文學)"의 비조로 꼽는다. 1922년 베이징대학에 입학하여 저우쭤런의 제자가 되었다. 1946년 베이징대학 국문과 부교수로 임용되었다가 1952년 장춘의 둥베이인민대학(東北人民大學; 뒤에 지린대학으로 개명) 중문과 교수로 전임되었다.

10 [역자 주] 공안파는 명대 말기의 문학 유파이다. 대표적 인물은 원종도(袁宗道), 원굉도(袁宏道), 원중도(袁中道) 3형제이다. 3형제의 본적이 후베이성 공안이어서 공안파로 불렸다. 이 문파는 "문장은 완전히 고문으로 돌아갈 수는 없다[文章不可盡復古]"고 주장했다. 그래서 왕세정(王世貞), 이반룡(李攀龍) 등의 의고(擬古)와 복고(復古)에 반대했다.

11 [역자 주] 경릉파 역시 명대 말기의 문학 유파로서 공안파를 뒤이어 흥기했다. 지도자는 종성(鍾惺), 담원춘(譚元春) 등이 있다. 이들의 출신지가 경릉(竟陵; 오늘날 후베이성 톈먼시)였으므로 "경릉파"로 불렸다. 경릉파는 모방에 반대하고 "독자적으로 영성을 쏟아내야 한다(獨抒性靈)"라고 주장했다.

야기는 한참 시간이 흐른 다음에 알게 되었다. 다만, 당시에 선 선생님이 저우쭤런의 제자이자 문학의 명인이라는 얘기를 들었을 때 너무 의외라고 느꼈다.

선치우와 배경이 비슷한 문인·학사 중 선양으로 흘러들어와 살던 사람이 많이 있었다. 특히 옌징대학 법과대학 학장이었던 천치톈[陳其田] 얘기를 해보고자 한다. 그이는 1941년 12월 8일 진주만 공습이 일어나자 옌징대학의 주요 지도자, 예컨대 자오즈천[趙紫宸][12], 루즈웨[陸志韋][13], 장둥쑨[張東蓀][14], 자오청신[趙承信]과 동시에 일본군에게 체포되어 반년 동안 구류 당한 후 징역 1년, 집행유예 2년 판결을 받았다.[15] 그렇지만 그이는 결국 일본 측과 타협하였기 때문에 항일전쟁

---

12 [역자 주] 자오즈천[趙紫宸, 1888~1979]. 기독교 신학자, 신학교육가, 기독교 작가 및 시인이었다. "근대 중국에서 가장 영향력이 컸던 신학자"로 불린다. 저장성 후저우시[湖州市] 더칭현[德淸縣]에서 태어났다. 둥우[東吳]대학 문과대학 학장, 옌징대학 종교대학 학장을 역임했다. 중화인민공화국 성립 후, 중국 기독교 삼자애국운동(三自愛國運動) 위원회 상임위원이 되었다.

13 [역자 주] 루즈웨이[陸志韋, 1894~1970]. 저장성 우싱현[吳興縣] 사람이다. 언어학자, 심리학자, 교육가, 그리고 시인이었다. 제1차 전국정협위원, 중국과학원 심리연구소 준비위원회 위원장, 중국문자개혁위원회 위원, 한어병음방안 위원회 위원을 역임했다.

14 [역자 주] 장둥쑨[張東蓀, 1886~1973]. 저장성 항현[杭縣; 오늘날의 杭州市]에서 태어났다. 장둥쑨은 중국에 사회주의 사조를 전파했던 초기 그룹 중 한 명이었고, 중국공산당 발기인 중 한 명이었다. 그렇지만 자신이 신봉하는 사회주의가 마르크스의 과학적 사회주의에 속하지 않는다는 것을 발견하고 발기인에서 빠졌다. 그러나 중국공산당과는 여전히 일정한 관계를 유지했다. 저서로 『도덕철학(道德哲學)』, 『인식론(認識論)』, 『과학과 철학[科學與哲學]』 등이 있다.

15 덩즈청[鄧之誠], 「남관기사(南冠紀事)」, 덩뤼[鄧瑞] 정리, 『덩즈청일기[鄧之誠日記]』 제8책, 베이징[北京]: 베이징도서관출판사[北京圖書館出版社], 2007 참조.

승리 후 산하이관 밖 먼 곳으로 갈 수밖에 없었다. 내가 그를 처음 알게 된 것은, 그가 나의 아버지가 운영하던 동북정치경제연구소에서 연구하고 있을 때였다. 당시 그는 너무나 위축되어 있어서, 내막을 알지 못하는 사람은 그이가 옌징대학에서 얼마나 안하무인이었던지 절대 짐작 못 했을 것이다. 그이가 법과대학장으로 재직할 때 권세를 부려서 타인의 질시를 받기도 했다. 1932년 5월, 샤오궁취안[蕭公權]이 미리 면담 약속을 하고 시간에 맞추어 갔으나 천치롄은 그이를 30분 이상 목이 빠지게 기다리도록 한 다음에야 만나 주었고, 게다가 너무 예의 없게 대화를 나누었다고 하니 그이의 허세를 충분히 상상해 볼 수 있다.[16]

나는 선수반에서 1년 동안 공부하면서 수학·물리·화학을 위주로 학습하였는데, 국어 선생님인 왕선란[王森然][17]이 매우 생동감 있게 가르쳤던 일이 기억난다. 이분은 동시에 화가로서 선양에서 개인전을 열기도 했다. 세상일은 공교롭지 않은 것이 없다. 1970년대 말, 베이징에 있던 친척이 어떤 사람에게 부탁해서 내게 그림 한 폭을 보내오면서, 이 화가

---

16 샤오궁취안[蕭公權], 『문학간왕록(問學諫往錄)』, 타이베이[台北]: 전기문학출판사(傳記文學出版社), 1972, p.99.

17 [역자 주] 왕선란[王森然, 1895~1984]. 허베이 딩현[定縣] 사람이다. 문학 연구자, 동양화가, 미술교육가였다. 그밖에도 미학, 미술사론, 중국화에 뛰어났다. 저서로 『문학신론(文學新論)』, 『근대이십가평론(近代二十家評論)』 등이 있다.

가 그곳에서 매우 유명하며 바로 이웃에 산다고 말해 주었다. 그림을 펼쳐보니 틀림없이 왕선란 선생님의 작품이었다. 이런 것을 인연이라고 할 수밖에 없겠으나 안타깝게도 선생님을 방문할 기회는 얻지 못했다.

1947년 여름, 나는 중정대학 사학과에 합격했다. 그때 동북 지역 학생들은 만주국 시절에 교육을 받아서 중화민국의 시험 과목에 대부분 적응할 수 없었기 때문에, 내가 뜻밖에 합격자 명단에 들었던 것이다. 역사를 전공으로 선택한 까닭은, 한편으로는 수학·물리·화학 점수가 높지 않았기 때문이며, 다른 한편으로는 역시 아버지의 영향을 받았기 때문이다. 아버지는 옌징대학에서 서양사를 전공했고, 그 후 하버드대학에서 슐레징거(Arthur M. Schlesinger)의 지도로 미국사를 연구했으며, 귀국 후에는 난카이[南開] 대학에서 서양사와 미국사를 가르쳤다. 우리 집에 소장된 영문 서적도 서양사 위주였는데 내가 비록 그 책들을 읽을 능력은 없었으나 서당 개 3년이면 풍월 읊는다는 격으로 서양사를 공부하고 싶은 강렬한 소망이 생겨났다. 과외(課外)로 읽었던 책은 량치차오[梁啓超]와 후스[胡適]의 작품부터 시작되었는데, 이런 독서 경향은 이후 중국 사상사를 좋아하게 된 뿌리가 되었다. 중정대학 1학년 때 배운 중국통사(通史)는 어떤 젊은 강사가 가르쳐 주었다. 교재는 첸무[錢穆]의 『국사대강(國史大綱)』으로, 내가 처음으로 접한 첸 선생님의 학술 저작이었다. 새로이 창설된 대학에 겨우 석 달 동안 다녔으나 인생 항로는 대체로 이때 결정되었다.

중정대학은 전쟁의 불길이 널리 번졌던 산하이관 이북에 있었는데, 의외로 개교 첫해에는 유명 교수 몇 명을 초빙하였다. 하지만 어떤 사람은 방문학자의 신분으로 초빙에 응했을 뿐이다. 내게 가장 깊은 인상을 남긴 이는 량스추[梁實秋]였다. 이분은 베이징대 교수였는데 우리 아버지가 특별히 높은 보수를 주고 선양으로 초빙하여 1달 반 동안 교과를 담당하게 했다. 나는 벌써 이분이 루쉰[魯迅]의 논적이라는 것을 알았으며 그이의 『욕하기의 예술[罵人的藝術]』도 읽었다. 아버지가 우리 집에서 환영연을 열었기 때문에 가까이서 모실 기회를 얻었다. 그이의 유머나 헐후어(歇后語)[18]는 박장대소를 일으키고는 했으나 정작 그 자신은 엄숙한 표정을 짓고 있었다. 이런 상황에 부딪히면 듣는 사람은 극도의 정신적 쾌감을 느끼지 않을 수 없다. 존경받던 또 한 분은 쑨궈화[孫國華] 교수였는데 행동주의 심리학의 대가로서 몇 년 동안 칭화대학 심

---

18 [역자 주] 중국인이 예로부터 일상에서 사용했던 해학적 언어 습관이다. 예를 들어, "一二三五六"이라고 하면 여기에 숫자 四가 빠져 있으므로 그 문장으로부터 "沒四"라는 말이 도출되는데, "沒四"는 "沒事"와 발음이 비슷하며 "沒事"는 '괜찮다.'라는 뜻이다. 따라서 "一二三五六"이라고만 말해도 듣는 사람은 그 말에 '괜찮다'는 뜻이 있다는 것을 알아차릴 수 있다.

리학과 학과장을 했던 사람이었다. 이분은 1920년 말에 둥베이대학에서 학생을 가르친 적이 있었기 때문에 선양의 환경을 아주 좋아했다. 마침 이때가 칭화대학 휴가 기간이어서 그분의 온 가족이 이주해 왔다.

마지막으로 소개하려는 사람은 가오헝[高亨, 일명 晉生]이다. 이분은 동북 출신이자 아버지와 사적 교류가 있어서 국문과 학과장직을 받아들였다. 칭화 국학연구원 출신으로 량치차오, 왕궈웨이[王國維]에게서 배워 국학계에서 상당히 존경받았으나 아직 자자한 명성은 없었다. 가오 선생은 강직하고 정직하며 도덕적인 인사여서, 이분에게 직접 배우지는 않았으나 그 앞에 서면 자연스럽게 마음으로부터 존경심이 우러나왔다. 사람됨이 워낙 엄숙하고 허튼 말을 하지 않아서, 우연히 내게 한 두 마디 물어보았을 때 극히 공경스럽게 대답하였고 무례하게 행동할 수는 없었다. 한 차례 특별한 경험 때문에 나는 더욱 이분을 존경하게 되었다. 1947년 여름 중정대학 입학시험을 볼 때 마침 가오헝 선생님이 시험감독관이었다. 내가 어떤 행동을 해서 그분의 의심을 샀는지 모르겠으나, 갑자기 내 자리로 걸어오더니 답안지를 들쳐 보면서 아래에 커닝 종이가 있는지 살펴보았다. 다행히도 나는 아무런 커닝을 하지 않았다. 만일 그랬다면 시험장 밖으로 쫓겨났을 것이 분명하다. 선생님은 내가 친구 아들이라는 것을 고려하지 않고 확고하면서도 엄정하게 원칙을 시행했다. 문화대혁명 후반기에 이분은 갑자기 특별히 중시되어, 새롭게 발견된 수많은 문헌(예를 들어 馬王堆의 『老子』)을 번역하고 거기에 주석을 달았다. 그렇지만 나는 가오형 선생의 인격에 대해 한 점 의혹을 품지 않는다. 그분은 필시 당시 모종의 도덕적 설교에 설득당해, 기꺼이 자신의 학문으로써 혁명에 복무했을 것이다. 나중에 『우미 일기 속편』[吳宓日記續編]을 읽고서, 1950년대 초 충칭[重慶]에 있을 때도 시의를 좇았던 흔적이 선생에게 없었다는 사실을 알고서 내 판단이 정확했음을 더욱 확신하게 되었다. 그렇지만 선양에 있을 때는, 학문을 정치에 복무케 하는 역할을 선생이 1970년대에 하리라고 꿈에도 생각하지 못했다.

1947년 여름, 국민당과 공산당이 동북을 놓고 벌이던 쟁탈전에 중대한 변화가 발생하고 있었다. 그 해 5~6월 사이 공산군은 전력을 다해 스핑제[四平街]를 공격하였으나, 국민당 군은 사령관 천밍런[陳明仁][19]의 지휘 아래 이곳을 사수하였고 마침내 6월 말 공산군을 격멸했다. 당시 신문 기사에, 머리도 못 빗고 얼굴도 때에 절은 천밍런 사령관의 비참한

---

19 [역자 주] 천밍런[陳明仁, 1903~1974]. 1924년 황푸군관학교를 제1회로 졸업했다. 중화민국 군대의 장군으로 복무했으나, 1949년 8월 4일 창사[長沙]에서 반란을 일으켜 인민해방군에 귀순했다.

모습이 실려서 내게 아주 깊은 인상을 남겼다. 쓰핑졔 전투는 쌍방의 피해가 극심했던 싸움이자 국민당 군이 동북에서 마지막으로 거둔 승리였다. 7월 이후 공산군은 수비를 공격으로 전환하기 시작했다. 10월이 되자 선양은 이미 포위된 상태였다.

11월 초 공산군이 선양을 점령하기 전, 나는 10월에 선양에서 비행기를 타고 베이핑으로 돌아왔는데 그 과정에서 구사일생의 아슬아슬한 순간이 있었다. 그때 비행장에 항공기 세 대가 있었고 아버지는 제1번기에, 나는 제3번기에 배치되었다. 내가 줄 서서 비행기에 오르던 바로 그때 아버지가 갑자기 손짓해서 나에게 오라고 했다. 제1번기에 한 자리가 남았기 때문이다. 그래서 마지막 찰나에 제1번기에 탑승했는데 결국 제3번기는 추락하고 말았다.

二. 베이핑 한거(閒居)

1947년 10월 말부터 1948년 10월까지 나는 베이핑에서 학교에 다니지 않고 지냈다. 1948년 봄 학기에는 어떤 대학으로도 편입할 수 없어서, 가을 학기에 푸런[輔仁]대학에 시험 쳐서 합격하였다. 그러나 베이핑도 공산군의 포위 속에 떨어져 버려, 부친은 상하이로 남하하기로 했고 나는 푸런대학 정문에 한 발짝도 들이지 못했다. 그렇지만 그사이에 당시 중국에서 유행하던 사조를 접했으므로 그 1년은 내게 특별한 의미를 띠고 있다.

중정대학은, 동북 출신 동료들이 소련 군대의 폭행을 처절히 증오했기 때문에 좌익의 분위기가 일어날 기회가 없었다. 어쩌다가 학생의 거리 시위가 있다고 해도 대부분 소련을 겨냥해서 하는 것이었다. 예를 들어, 중국인 엔지니어 장신푸

[張莘夫]¹를 소련군이 살해한 사건에 항의하곤 했다. 그렇지만 베이핑에 도착하자마자 사상적 분위기가 전혀 다르다는 것을 느껴 의식적 형태의 충돌에 직면하지 않을 수 없었다.

아이스치[艾思奇]의 『대중철학』을 읽었던 것도 바로 그 시기였다. 이 책은 변증법적 유물론을 선전하는 통속적 도서로서 매우 친숙하고 쉬운 상식을 사용하여 청소년이 공산주의에 입문하도록 유도했다. 우주관에서 인생관에 이르기까지 책 전체가 하나의 폐쇄적 체계로 이루어져 있었다. 책은 늘 "칼" "일리히"라는 단어를 인용하였는데 나는 처음에 그것이 무엇을 가리키는지 전혀 모르다가, 두 번째 읽으면서 그것이 마르크스와 레닌의 이름(Karl과 Ilich)이라는 사실을 점차 발견하게 되었다. 검열을 피하려고 그렇게 고쳐 썼을 것이다. 저자 이름 "아이스치"도 "아이愛=艾 + [마르크]스 + [일리]치"라는 뜻이었다. 『대중철학』은 당시에 매우 광범위하게 유행하여 청소년 독자에게 상당한 영향을 끼쳤다. 이 책이 나를 공산주의 신봉자로 바꾸지는 못했으나 내게 자극을 가했다. 곧, 이 책에는 내가 이전에 미처 주의를 기울이지 않았던 문

---

1 [역자 주] 장신푸[張莘夫, 1898~1946]. 베이징대학 문과 계열에 입학했다가 미국 관비유학 시험에 합격하여 시카고대학에서 경제학을 공부했고, 이후 미시간공과대학에서 지질학 박사학위를 취득했다. 1946년 1월, 동북행영(東北行營) 공광처(工礦處) 부처장이었던 장신푸는 소련군에 의해 점령되어 있던 푸순[撫順] 탄광을 되돌려 받기 위해 갔다가 돌아오는 길에 신원미상의 인물에게 살해당했다.

제가 다루어져 있었다. 이것은 내가 마르크스-레닌 사상을 접하기 시작한 시점이므로 특별히 언급할 필요가 있겠다.

그때 내게 최대의 사상적 영향을 끼쳤던 책은 추안핑[儲安平][2]이 운영하던 주간지 『관찰(觀察)』과 그 총합본인 『관찰총서(觀察叢書)』였다. 왜냐하면, 내 정신 깊숙한 곳에서 받아들였던 것이 오사운동 이후의 현대적 보편가치, 예컨대 민주·자유·관용·평등·인권 같은 가치였기 때문이다. 나는 1948년 여름에 후스가 『독립시론(獨立時論)』에 게재한 「자유주의란 무엇인가?」라는 글을 읽다가 매우 흥분한 경험이 있다. 이 글에서 후스는 자유의 쟁취가 중국에서 매우 오래된 빛나는 역사를 갖는다는 점을 강조했다. 그이는 "어짊을 행하는 것은 자신으로부터 비롯한다.[爲仁由己]"라는 공자의 말이 곧 자유에 관한 또 하나의 표현이라고 지적하였는데 그 지적에 상당한 설득력이 있다고 여겨졌다. 나는 줄곧 이렇게 믿었다. 곧, 중국은 아주 오래된 문명 대국이므로 그 가운데에는 보편적 감정·정서·본성과 합치하는 문화적 요소가 반드시

---

2 [역자 주] 추안핑[儲安平, 1909~1966]. 일찍이 영국에서 유학한 후 푸단[復旦]대학 교수와 『관찰』지 사장 및 총편집인을 역임했다. 중화인민공화국 성립 후 신화서점, 『광명일보(光明日報)』에서 일했다. 1957년 "백화제방, 백가쟁명(百花齊放, 百家爭鳴)"의 방침에 호응하여 「마오 주석과 저우 총리를 향한 몇 가지 제안[向毛主席和周總理提些意見]」을 발표했으나 마오 쩌둥에 의해 공개적으로 반박당했다. 이 일로 문화혁명 시기에 박해를 받다가 실종사했다. 1978년 이후 우파 인사 상당수가 명예 회복했으나, 추안핑만은 "5대 우파" 중 한 명으로 지목되어 명예를 회복하지 못했다.

있을 터이니, 이 요소들을 조정하여 보편적 가치와 합류시킴으로써 중국이 현대화를 선도할 수 있다고 말이다. 그래서 중국의 문화 전통 안에는 전제주의·불평등·압박 등 부정적인 것만 있다는 극단적 관점을 나는 받아들일 수 없다.

『관찰』은 내가 빼놓지 않고 읽은 간행물이었다. 그 기본 관점이 자유주의였으므로, 다원적 개방의 편집 방침을 채택하여 각종의 서로 다른 논점, 심지어 서로 충돌하는 논점을 모두 수용했다. 이제 막 정치·경제·사회 등 큰 문제를 사색하기 시작한 나 같은 젊은이에게 『관찰』을 읽는 것은 바로 실제적 사상 훈련이 되었다. 나는 부단히 나만의 독립적 판단을 해내야 했고, 그 판단이 옳으냐 그르냐는 별개 문제였다. 그 당시 폭력혁명과 평화혁신은 양립할 수 없는 형국에 놓여 있었는데 나는 후스의 영향을 받아 평화혁신으로 기울었으므로 페이샤오퉁[费孝通][3]의 책 『향토중국(鄕土中國)』과 『향토재건[鄕土重建]』이 특히 마음에 들었다. 그이와 우한[吳晗][4]이 합

---

3 [역자 주] 페이샤오퉁[费孝通, 1910~2005]. 중국의 인류학자, 사회학자이다. 옌징대학 사회학과를 졸업하고, 칭화대학 사회인류학과 대학원에서 판광단[潘光旦]에게 배웠다. 1936년, 영국의 런던대학으로 유학을 떠났고 말리노프스키의 지도로 1938년 『중국 농민 삶 연구(Peasant Life in China)』로 박사학위를 받았다. 1946년에는 국립 칭화대학 사회학과 교수가 되었다. 1950년대 중반 이후로는 우파분자로 비판받았다. 문화혁명 이후 복권되어 정치·학문 분야에서 활약했다. 저서로 *Earthbound China*(1945), 『생육제도(生育制度)』 (1947), 『황권(皇權)과 신권(紳權)』(1948) 등이 있다.

4 [역자 주] 우한[吳晗, 1909~1969] 역사가이자 중국민주동맹의 정치인이다. 1931년 칭화대학 역사학과에 들어갔다. 1940년에 국립 서남 연합대학 교수가 되었다. 1946년에 칭화대

동으로 편찬한 『황권과 신권[皇權與紳權]』도 흥미로운 역사 문제를 제기해 주었다. 페이샤오퉁은 영국 유학파였으므로 영국 근대사에서 신사 계층(gentry)이 봉건 지주로부터 기업가로 변해 가는 과정을 대략 알고 있었다. 그의 『향토재건』은 영국 모델을 이용하여, 중국의 지주에게 평화적 발전을 위한 출로를 모색해 준 것이라 할 수 있다. 그이가 향촌(즉 江村)에서 실지 조사를 한 후 묘사한 지주의 생활상태가 매우 객관적이라는 점은, 당시 내가 그의 작품에 특별한 매력을 느끼게 된 근본 원인이었다. 그렇지만 결국 폭력혁명이 도래하였으므로, 향토 중국에 관한 그의 모든 분석과 논의는 다 쓸데없는 말이 되었다.

1979년, 중국사회과학원 대표단이 예일대학을 방문하였는데 페이샤오퉁도 그 일원이었다. 그것이 내가 그이를 처음으로 그리고 마지막으로 본 자리였다. 나는 직접 만난 자리에서 젊은 시절에 그이의 논저를 읽었노라고 고했으나, 그이는 당국의 규정을 준수하느라 '그런 잘못된 것은 다시 이야기할 가치가 없다.'라고 재빨리 의사를 표명했다. 나는 참지 못하고 '만일 선생님이 그런 것을 쓰지 않았더라면 지금

학 교수, 1949년에 중국민주동맹 베이핑시 서기가 되었건. 1960년대 이후, 역사 희곡 『해서파관(海瑞罷官)』 사건을 계기로 당권파의 탄압을 받아서 문화대혁명 초기에 감옥에서 죽었다. 해서는 명나라 시대의 충신으로 가정제에게 죽을 각오를 하고 간언하다가 파면되었다.

이 자리에 오지 못했을 것'이라고 말했다. 그이는 거북스럽게 웃기만 했다. 공평하게 말하자면, 페이샤오퉁은 1948년까지는 중국에서 가장 대표적인 극소수의 사회학자 중 한 명이었으며 그 영문 논저 역시 해외 학계에서 중요시되었다. 1955년 가을, 하버드대학에서 파슨스(Talcott Parsons)의 '사회집단체계' 수업을 청강하였는데 중국 분야 참고도서로, 페이샤오퉁과 장즈이[張之毅][5]가 공동 저술한 『향토중국-운남농촌경제연구(*Earthbound China: A Study of Rural Economy in Yunnan*)』와 페이샤오퉁이 『미국사회학지』에 중국 신사(紳士; Chinese Gentry)에 관해 쓴 논문을 들었다.[6] 안타깝게도 1950년대 이후 그이의 학문적 생명은 휴지기에 들어갔다. 중국에서 그이의 만년에 출판된 영문 저작 『인민인류학을 향하여(*Toward a People's Anthropology*)』는 정말로 끝까지 읽기가 어려울 정도였으며, 어쩌다 중국어 잡지에 발표된 수필류의 글 역시 더는 빛이 나지 않았다. 『관찰』, 『대공보(大公報)』 시대와 비교해 보면 참으로 아까운 일이다.

---

5 [역자 주] 장즈이[張之毅]는 톈진 사람이다. 1935년 하얼빈대학을 졸업했고, 1946년 미국의 스탠퍼드대학 사회학과로 유학 가서 1947년에 석사학위를 취득했다. 1948년에는 존스홉킨스대학 국제관계학과 대학에 들어가서 1950년까지 수학했다. 1950년 귀국 후 중국사회과학원 사회학과 연구원, 외교부 정책위원회 전문위원 등을 역임했다.

6 [편집자 주] "Peasantry and Gentry"를 가리킨다. 이 논문은 *American Journal of Sociology*, vol. 52, no. 1, 1946에 게재되었다.

마지막으로 주간지 『신로(新路)』얘기를 해보고자 한다. 이 주간지는 첸창자오[錢昌照][7]가 자본을 대서 창간한 것인데, 그이는 국민당 정부 자원위원회 주임 위원이어서 자금 조달에는 아무 문제가 없었다. 첸창자오는 영국에서 유학할 때 페이비언 협회(Fabian Society)의 영향을 받아 민주사회주의에 기울었다. 이 간행물은 1948년 여름 베이핑에서 창간되었고 칭화대 사회학과 교수 우징차오[吳景超][8]가 편집인이었으며 그이가 발표한 논문도 상당히 많았다. 경제학 분야에서는 칭화대학 류다중[劉大中][9]과 베이징대의 장스졔[蔣碩傑][10]가

---

7 [역자 주] 첸창자오[錢昌照, 1899~1988年]. 1919년 영국의 런던정치경제대학으로 유학 갔고 1922년 옥스퍼드대학으로 옮겼다. 1928년 국민당 정부 외교부 비서가 되었고, 1932년부터 1947년까지 국민당 정부 국방설계위원회 비서장 대리, 자원위원회 위원장 등을 역임했다. 이 시기 『신로(新路)』를 창간했다. 1946년 6월, 중국공산당의 요청에 응해 홍콩에 있다가 베이핑으로 옮겨 가서 중국인민정치협상회의 제1차 전체 회의에 출석했다. 1980년에서 1988년까지 정협전국위원회(政協全國委會) 부주석을 역임했다.

8 [역자 주] 우징차오[吳景超, 1901~1968] 1915년 칭화학교에 입학, 1923년에 미국으로 유학을 떠나 미네소타대학, 시카고대학에서 사회학을 전공하여 박사학위를 취득했다. 1928년 귀국하여 난징진링(南京金陵)대학 사회학과 교수가 되었다. 1931년 칭화대학 사회학과 교수로 전직하였다. 1935년에서 1947년까지 국민당 정부 행정원에서 일했다. 1952년부터 런민대학[人民大學] 경제학과 교수로 일하다가 1957년 우파인사로 지목되어 1968년에 사망하기까지 고초를 겪었다.

9 [역자 주] 류다중[劉大中, 1914~1975]. 『신팔그레이브 경제학 사전(*The New Palgrave Dictionary of Economics*)』에 등재된 유일한 화교학자이다. 1940년 미국 코넬대학에서 경제학 박사학위를 취득했고 귀국 후 칭화대학에 임용되었다. 1958년 코넬대학 교수가 되었고 1960년에는 타이완 중앙연구원 원사가 되었다.

10 [역자 주] 장스졔[蔣碩傑, 1918~1993]. 신해혁명 원로인 장쭤빈[蔣作賓]의 넷째 아들이다. 일찍이 일본의 게이오[慶應]대학 예과를 졸업하고, 영국의 런던 정치경제대학에서 경제학 박사학위를 취득했다. 박사학위 지도교수는 하이에크였다. 1945년 중국으로 돌아와서 1946년에 베이징대학 경제학과 교수로 임용되었고, 이후에는 타이완대학 교수가 되었다.

적극적으로 글을 썼다. 1970년대 이후 미국과 타이베이에서 늘 류다중 · 장스계와 만날 기회가 있었고 때로 『신로』 얘기를 하곤 했다. 1975년 여름, 류다중은 홍콩 신아서원(新亞書院) 이사회의 초빙에 응하여 내 후임으로 원장이 되었다. 미국 코넬대학으로 돌아간 후 불행하게도 암이 이미 말기라는 것을 알게 되자 그해 8월 그이는 부인과 동반 자살하였다. 당시 큰 뉴스였다. 나는 『신로』를 통해서 사회주의 · 자본주의 · 경제자유 · 사회평등에 관한 지식을 적지 않게 흡수하여 시야를 넓혔다. 1950년대 초, 내가 홍콩에서 『민주혁명론』, 『자유와 평등 사이[自由與平等之間]』라는 책을 썼는데 그 수준이 피상적이어서 볼 만한 것은 없지만, 그 사상적 근원은 1948년 베이핑 한거 생활로 거슬러 올라가야 한다.

베이핑에서 지내던 시절 온종일 사상 문제에만 엄숙하게 관심을 기울였던 것은 당연히 아니었다. 베이핑은 아주 오래된 문화의 도시로서 말로 다 하기 힘든 생활의 정취가 있어서, 이따금 교외에 있는 이허위안[頤和園], 위취안산[玉泉山], 샹산[香山]으로 소풍 갔다. 아직도 잊을 수 없는 즐거웠던 일은 고서점을 돌아다니는 일이었다. 류리창[琉璃廠]은 말할 필요도 없고 룽푸사[隆福寺], 둥안(東安) 시장이나 그 외 지역에 있는 작은 서점은 계속해서 머물고 싶은 곳들이었다. 때로는 찾던 고서를 발견했는데 가격도 아주 싸서 며칠 동안이나 기뻤다.

한밤중에 무료 경극을 관람하는 것도 너무 즐거운 일이었다. 베이핑 극장[戲院]은 보통 저녁 7~8시에 문을 열었다. 요령 있는 친구가 내게 알려주기를, 10시쯤 극장에 가면 그때는 입구에 검표인이 없으니까 당당하게 들어갈 수 있는 데다가 좋은 자리를 차지할 수 있다고 했다. 나는 탄푸잉[譚富英][11]의 『정군산(定軍山)』[12] 같은 경극을 공짜로 본 적이 몇 번 있다. 『정군산』은 늘 가장 후반부에 공연되는 경극[壓軸]이었다. 그것은 너무나 아련히 떠 올라 잊을 수 없는 옛 베이핑의 문화생활이었다. 중국을 떠난 지 29년이 지난 1978년 10월, 이제는 베이징[北京]으로 이름을 바꾼 그곳으로 다시 돌아갔으나 너무나 낯선 곳이라는 느낌만 들었다.

베이핑 시절 나는 어떠한 학생 거리 시위에도 참여하지 않았고 독서회 조직에도 가입하지 않았으나, 흥미로운 강연이 있다면 꼭 가서 들으려 했다. 예를 들어, 양전성[楊振聲][13]이 베

---

11 [역자 주] 탄푸잉[譚富英, 1906~1977]. 중국의 저명한 경극 배우이다. 담씨 문파의 제4대 전수인이자 "신담파"의 창립자이다. 베이징 경극단 부단장을 역임했다.

12 [역자 주] "정군산"은 삼국지에서 황충 장군이 조조군을 물리치는 전투를 묘사한 경극이다. 1905년 촬영된 중국 최초의 영화 "정군산"의 주연 배우는 탄푸잉의 조부인 탄신페이[譚鑫培]였다.

13 [역자 주] 양전성[楊振聲, 1890~1956]. 현대 중국의 저명한 교육자, 작가였다. 국립칭다오[青島]대학(산동대학의 전신) 총장을 역임했다. 1915년 베이징대학 국문과에 입학하여 1918년 동료들과 함께 신조사(新潮社)를 창립하여 『신조(新潮)』를 발간했다. 1919년 미국 컬럼비아대학에 유학하여 교육심리학으로 박사학위를 취득했다. 1924년 귀국 후 여러 대학 교수를 거쳐 1930년에 국립칭다오대학 총장이 되었다. 1930년에는 선충원[沈從文]과

이징대에서 루쉰 선생의 구체시(舊體詩)에 대해 강연했는데 들어보니 흥미진진했다. 그런 강연은 내가 대학 재학생들과 접촉할 기회가 되기도 하여 그 사상적 맥박을 느낄 수 있었다. 책임지고 말하건대, 국민당의 부패와 무능에 대해 당시 청년들은 대체로 만족하지 않았으나, 지하당원을 제외한 학생들 말고는 소련의 무산계급 독재를 인정하는 학생은 아주 소수였다. 이들이 신봉하는 것은 여전히 '오사' 이래의 민주·자유·관용·평등과 같은 보편적 가치였다. 하물며 당시 중국공산당도 신민주주의(新民主主義)의 기치를 들고 있었다. 마오쩌둥의 「인민민주독재론[論人民民主專政]」은 난징과 상하이를 함락한 이후, 즉 1949년 6월 30일이나 되어서야 발표되었다. 지식 청년과 민주당파 인사가 국민당을 반대했던 또 다른 중요 이유는 국민당 일당독재였다. 이들이 국민당 정권을 전복하려 했던 까닭은, 유능한 일당독재가 무능한 일당독재를 대체해 주기를 바랐기 때문이 아니었다. 추안핑[儲安平]은 「중국의 정세[中國的政局]」에서 아래와 같은 명언을 남겼다.

함께 톈진의 『대공보·문예부간(大公報·文藝副刊)』 편집인이 되었다. 1946년에도 역시 선충원과 함께 『현대문록(現代文錄)』을 편집하고, 『경세일보·문예주간(經世日報·文藝週刊)』을 총편집했다. 중화인민공화국 성립 후, 베이징대학 교수로 근무하면서 베이징시 문예 부문에서도 일했다.

지금 우리가 쟁취한 자유는, 국민당 통치 아래에서 그것이 많냐, 적냐가 문제 되지만, 만일 공산당이 정권을 장악하면 그것은 있냐, 없냐의 문제가 되어 버릴 것이다.

추안핑의 이런 말은 지식 청년과 민주당파의 심리를 아주 분명하게 표현해 준다. 어떤 정권을 전복하는 것은 아깝지 않으나, 그것이 민국 시기부터 천천히 나타났던 시민 사회의 싹을 잘라버리는 엄청난 결과를 초래하리라는 점을 당시 지식 계층은 아예 생각지도 못했다.

三. 상하이로

1948년 10월 하순, 우리가 베이핑을 떠나 상하이로 갈 때 북방의 형세는 이미 공산군의 통제 아래에 있었다. 후스는 10월 12일 난징에서 베이핑으로 날라 온 날 일기에 이렇게 썼다. "이번 출장 36일 동안 참으로 상전벽해의 느낌이 든다. 형세가 한 번 무너지다가 여기까지 왔다니!"[1] 이런 상황에서 아버지도 상하이로 잠시 옮겨가기로 곧장 결정했다. 그때 기차는 벌써 불통이었고 비행기는 짐을 실을 수 없어서 우리는 톈진으로 가서 배를 탈 수밖에 없었다. 이것이 내가 처음으로 겪은 항해였다. 개인적 느낌을 말해 보자면 상하이에서 보낸 아홉 달은 상당히 침울하고 답답한 기간이었

---

1 차오보옌[曹伯言] 정리, 『후스일기전집[胡適日記全集]』 제8책, 타이베이[台北]: 렌징출판사업주식유한공사[聯經出版事業股份有限公司], 2004, p.367.

다. 베이핑에 살던 때와 달리 사람도 땅도 생소하고, 게다가 상하이말도 할 줄 몰라서 활동의 여지가 정말로 없었다. 그렇지만 그 몇 달은 하늘과 땅이 뒤집힐 만큼 절체절명의 시기여서 나는 상하이에서 국민당의 붕괴와 공산군의 입성을 목격하게 되었다.

우리가 상하이에 도착한 지 얼마 지나지 않아 화이하이[淮海] 전투[2]가 끝났다. 국민당의 현대식 정예화부대가 이 전투에서 거의 다 소진되었고, 곧이어 평화회담을 하라는 여론이 다시 일어났다. 1949년 1월 장제스가 자리에서 물러나고 리쭝런[李宗仁]이 총통 대리의 신분으로 중국공산당과 다시 담판을 시작했으나 평화회담은 4월에 결렬되었고 중국은 정전 상태에 처하였다. 당시 보통 사람들은 평화가 실현되기를 바랐지만, 두 당의 역사와 그 전제주의적 본질을 잘 아는 사람들은 평화회담에 전혀 기대를 걸지 않았다. 2월 4일, 푸쓰녠[傅斯年]은 리쭝런에게 보낸 편지에서 "공산당은 원래 전쟁당이어서 과거에도 그처럼 호전적이었는데, 이제는 우위를 점하게 되었으니 그들과 평화를 이룰 방법은 없습니다."라고

---

2 [역자 주] 화이하이 전역[淮海戰役]은 제2차 국공 내전 후기에 중화민국 국군에 대항해 중국 공산군이 벌인 3대 전역 중 하나다. "화이하이"는 쉬저우[徐州]를 중심으로 하는 화이하[淮河] 이북과 하이저우[海州; 롄윈강시連雲港 서남쪽] 일대의 지역이다.

말했다.[3] 푸쓰녠은 이어서 다음과 같이 단정했다. 첫째, 중국 공산당은 지방 정권하고만 평화협정을 맺고 중앙 정권은 철저히 소멸시킬 것이다. 둘째, 틀림없이 소련 노선으로 갈 것이다. 셋째, 과거에 군권(軍權)을 장악했던 사람과 지식계 지도자를 최대한 분쇄할 것이다. 사후에 그의 예언이 너무나 정확했다는 것이 증명되었다.

전쟁이 잠시 그치기는 하였으나 일반 민중, 특히 도시에 거주하는 시민의 생활은 급속하게 나빠졌다. 상하이에 있을 때 마주쳤던 매우 특별한 생활 체험 두 가지는 지금 회상해 보아도 마치 이제 막 일어난 일처럼 느껴진다.

첫 번째는 통화 팽창이다. 당시 국민당 정권이 발행했던 금원권(金圓券)은 하루에 수십 차례나 가치가 떨어져서, 상해 시민들은 수중에 지폐가 있기만 하면 곧바로 암시장에 가서 은원(銀元)을 샀다. 민간에 유통되는 은원은 두 가지 종류가 있었다. 하나는 위안스카이[袁世凱]의 얼굴이 찍혀 있는 것으로 "위안대두[袁大頭]"로 불렸고, 다른 하나는 쑨중산[孫中山]의 얼굴이 찍혀 있는 것인데 "쑨소두[孫小頭]"로 불렸다. 암시장의 돈장사꾼들은 손안의 은원을 만지작거리면서 쩌렁쩌렁 소리

3 푸쓰녠[傅斯年], 「리충런에게 보내는 편지[致李宗仁書]」, 『푸쓰녠전집[傅斯年全集]』 제7책, 타이베이[台北]: 렌징출판사업 주식유한공사[聯經出版事業股份有限公司], 1980, p.2495

를 질렀다. 이들은 "대두, 소두, 사고팝니다!"라고 반복해서 외쳤다. 나는 매일 아침 집에서 은원 한두 개를 들고 암시장에 가서 지폐로 바꾼 다음, 시장으로 달려가 그날 필요한 식료품을 샀다. 달려가지 않으면 그 짧은 시간에도 손에 든 지폐의 값어치가 적잖게 떨어졌기 때문이다. 나이가 들어서 기억이 흐릿하지만 샤오빙[燒餅] 하나가 몇만 원은 했던 것 같다. 그것은 경제 붕괴를 명확히 보여주는 현상이었다.

두 번째는 조직폭력배의 창궐이다. 내전으로 도시와 향촌 사이의 교통이 늘 혼란 상태에 있었으므로 물자 운송도 크게 영향을 받았다. 그래서 도시 거주민 생활필수품의 수요에 공급이 따라가지 못하는 사태가 초래되었다. 조직폭력배는 이 기회를 틈타 앞다투어 사재기하여 모든 물자를 수중에 둔 후 비싼 값으로 소비자에게 팔았다. 상하이 사람들은 이처럼 도시 곳곳에서 활약한 조직폭력배를 "황우당(黃牛黨)"이라 칭하고, 국민당과 공산당 이외의 제3당이라고 장난스레 불렀다. 내가 직접 겪은 경험을 사례로 들자면, 상하이에서 영화를 볼 때 영화관 앞 매표소의 표는 절대로 살 수 없었다. 왜냐하면, 황우당이 표를 다 사들였기 때문이다. 매번 표를 살 때마다 영화관 앞에 모여 있는 황우당에게 가서 암표를 살 수밖에 없었는데, 영화관에서 정식으로 규정한 가격보다 몇 배나 가격이 높았다. 이것은 시장과 일반 사회생활이 이미 무질서

하게 되었다는 것을 말해 주었다. 당시 상하이 경찰국 사람들도 아마 조직폭력배들과 한패를 짜고 있어서 질서를 유지할 능력도 없었을 것이다.

위에 서술한 두 가지 사례만 보더라도, 국민당의 통치가 계속될 도리가 없다는 것이 너무나 분명했다. 회담이 결렬하자, 공산군은 4월 21일 강을 건너 속전속결로 난징을 점령했다. 한 달 후 상하이도 같은 운명이 되었다. 중국공산당의 표현에 따르면 나는 상하이에서 "해방된" 것이다. 지금 회상해 보면 그때 나는 무섭지도 않고 흥분하지도 않았다. 정권이 바뀌는 것은 늘 있는 일이라고 여겼기 때문이다. 샤오궁취안[蕭公權]은 상하이를 떠나기 전 다른 사람이 하는 얘기를 들었다. "공산당이 오려 한다고? 겁낼 것 없어!"[4] 나는 그의 말이 사실이라고 입증할 수 있다. 그것이 바로 중국 역사에서 말하는 "민심이 이미 떠났다."라는 상태다. 화이하이 전투 후, 인하이광[殷海光][5]은 『중앙일보(中央日步)』 사설에서 "서둘러 인

---

4 샤오궁취안[蕭公權], 『문학간왕록(問學諫往錄)』, 타이베이[台北]: 전기문학출판사(傳記文學出版社), 1972, p.204.

5 [역자 주] 인하이광[殷海光, 1919~1969]. 중화민국의 철학자, 비평가이다. 1936년부터 베이핑에 건너가 진웨린 집에서 머물면서 '논리 연구회'를 따라다니면서 진웨린, 슝스리, 장둥쑨 등에게서 공부하였다. 1937년에는 『논리의 기본(The Fundamentals of Logic)』을 번역하여 출간하였다. 1946년 가을 난징의 국민당 기관지 중앙일보 주필을 맡았다. 1949년 중앙일보의 이전에 따라서 타이완으로 이주했다. 팡둥메이가 운영을 맡았던 국립 타이완대학 문학부 철학과에 초빙되면서 적잖은 후학을 길러냈다.

심을 수습하라!"라고 질타했지만 이미 그럴 시간이 없었다.

중국공산당이 상하이를 점령하고 두 달 정도 지나자 통제가 점차 강화되었다. 아버지도 벌써 새로운 정권이 당신의 과거 흔적을 캐고 다닌다는 얘기를 듣고 있었다. 동북에 있을 때 두위밍(杜聿明)과 관계를 맺었기 때문이다. 정세가 갑자기 매우 긴장된 국면으로 변해서 아버지는 서둘러 상하이를 떠나야 했다. 평화회담이 진행되던 몇 달 동안, 아버지 역시 타이완이나 홍콩으로 갈 가능성을 놓고 친구나 친척과 몇 차례 토론한 적이 있었다. 하지만 그때 전해 듣기로는 홍콩의 생활 수준이 너무 높아서 우리가 살 수 없다고 했다. 더욱이 타이완은 사람도 낯설고 땅도 낯선 데다가 안전을 보증할 수 없었다. 이렇듯 시간을 끌게 되었다. 이제 형세가 급박해져 떠나지 않을 수 없게 되었으나 남아 있는 길은 험로뿐이었다. 곧, 배를 타고 저장성의 저우산(舟山) 군도(群島)로 갔다가 다시 타이완으로 방향을 꺾는 것이었다. 이 길이 험로인 까닭은 해상의 풍랑을 예측할 수 없거니와 해적이 출몰했기 때문이다. 시간이 촉박하여 아버지는 계모와 어린 동생을 데리고 황급히 길을 떠났다. 나는 아버지를 대신해서 상하이 처소를 정리할 유일한 사람이었으므로 빌렸던 집을 반납하고 보증금을 받아내야 했고, 서적과 적잖은 잡동사니를 상자에 넣어 베이핑으로 돌려보내야 했다. 나는 장자였기 때문에 의

리상 그런 일을 거절할 수 없었다. 양수포[楊樹浦] 부두에서 배에 탄 그들을 송별했던 장면은 정말로 생이별 같아서 지금도 잊히지 않는다.[6]

이들은 6월 초에 떠났고, 나는 6월 말 상하이에서 옌징대학 입학시험을 치러 다행히도 2학년 편입생으로 합격했다. 약 한 달 후 기차를 타고 베이핑으로 돌아갔다.

---

6 계모는 여우야시앤[尤亞賢] 부인이다. 1940년 아버지와 결혼하여 2017년 세상을 떠났다. 향년 106세였다.

四. 옌징대학에서 보고 들은 것

　우리 집은 베이핑에 주택이 한 채 있었는데 그 집은 자오다오커우[交道口] 베이빙마스(北兵馬司) 17호에 있었다.[1] 평소 여러 일족 식구가 함께 살아서 매우 번잡했다. 베이핑에 돌아간 후 당연히 먼저 우리 집으로 가서 일족과 다시 만났다. 그렇지만 옌징대학이 멀리 시자오[西郊]에 있어서 기숙사에 있어야 했다. 그래서 주중에는 옌징대학에 있고 주말에는 성안의 집에서 지냈다. 처음에는 삼륜차를 타고 오갔으나 나중에는 자전거를 타고 다니는 것이 편리하게 느껴졌다.

　베이핑을 떠난 지 아홉 달 만에 돌아와 보니 분위기가 완전히 달라져 있었다. 이때 베이핑이 수도가 되기로 이미 정해져서 중국공산당과 민주당파의 중요 인사들이 다 모여들

---

1 [역자 주] 자금성 바로 북쪽에 있다. 지금도 베이빙마스[北兵馬司] 정류장이 있다.

었다. 이 사람들은 관직에 임명되기를 기다리면서 한편으로는 주택을 쟁취했다. "왕·후(王侯)의 저택이 다 새로 생기고, 문·무의 의관이 옛날과 다르다."[2]라는 두보의 시구를 빌려와서 당시 베이핑을 아주 잘 묘사할 수 있을 것이다. 오래지 않아 관직 배정이 다 정해지자, 베이핑 성 곳곳에 다음과 같은 문구[順口溜][3]가 퍼져갔다. "젊어서 혁명하는 것은 늙어서 혁명하는 것만 못하고, 늙어서 혁명하는 것은 혁명하지 않은 것만 못하며, 혁명하지 않은 것은 반혁명만 못하다." 이렇듯 원한에 가득 찬 말은 당연하게도 늙은 혁명 간부의 가슴에서 터져 나온 것이었다. 사실 이러한 관직 배정은 "통일전선[統戰]"의 필요에 대응해 채택되었던 일시적 책략이었다. 그 책략이란 국민당 소속이되 공산당에 항복한 관리나 장군, 그리고 당외 인사에게 적잖은 고급 관직을 분배해 주는 것이었다. 그렇지만 당내 간부들은 떠들썩하니 불평하고 엄중하게 항의하여, 당 조직은 많은 인원을 파견하여 설득 작업을 벌일 수밖에 없었다. 고종사촌 형인 샹즈밍[項子明]은 내게 몰래 알려주기를, 마오쩌둥이 당내에서 연설할 때 다음과 같은 표현을 썼다고 했다. 곧, 당외 인사가 정부에 들어오지 못하게

---

2 "王侯第宅皆新生, 文武衣冠異昔時."

3 당시에 아직 이런 말은 없었다. [역자 주] "順口溜[순커우류]"는 압운을 넣어 재미있고 감칠맛 나는 구어로 된 문구를 가리킨다.

배척하는 것이 이른바 파벌주의[關門主義]인데 삼국 시대의 관우(關羽)가 바로 전형적 파벌주의자였으니, 관우는 손오(孫吳)와 연합하여 조조(曹操)에게 공동으로 저항하는 것을 꺼린 결과 형주(荊州)를 잃고 맥성(麥城)으로 패주했다고 마오쩌둥은 말했다는 것이다. 이런 표현은 아주 교묘해서 지금껏 잊히지 않는다. 그렇지만 그런 표현은 바로 『시경』의 "생황의 혀처럼 말을 교묘하게 하는 것[巧言如簧]"이나 『논어』의 "말을 교묘하게 하고 낯빛을 꾸미는 것[巧言令色]"과 같은 것이다. 일당독재는 오랫동안 개방적일 수 없다. 그래서 겨우 몇 년이 지나자 파벌주의가 완벽한 승리를 거두었다.

위에서는 권력 세계를 언급하였는데, 아래에서는 일반 사회의 소소한 사건을 이야기해보고자 한다. 첫 번째 이야기이다. 성안에서 삼륜차를 타고 옌징대학으로 가던 중 운전사와 잡담을 나누다가 무심코 "아저씨는 이제 신분이 뒤집혔네요[翻身]."라고 말했다. 그랬더니 뜻밖에도 이 말이 그이의 큰 화를 돋워서, "신분이 뒤집혀? 오늘 아침 침대에서 몸을 뒤집었다가 방바닥으로 떨어졌다네!"라고 했다. 알고 보니 그때 모든 분야가 불경기여서 삼륜차 승객도 많지 않았다. 그이가 "신분이 뒤집혔다."라는 말에 그토록 강렬하게 반응했던 것도 무리는 아니었다. 두 번째 이야기이다. 고종사촌 누이 왕즈화[汪志華: 샹즈밍의 둘째 여동생]가 은행 말단 직원이었는데 어느 날 집(베이빙마스 주택)에 돌아와 화를 내면서 울었다. 무슨 일이 마음대로 안 되었냐고 여러 친족이 물었다. 그이는 말하기를, 그날 은행이 적잖은 돈을 잃어버리자 당 위원회 서기가 모든 직원을 몸수색하였는데 공산당원과 청년단원은 일률적으로 면제받았다고 했다. 서기가 든 이유는 아주 간단했다. 즉, 공산당과 청년단에 가입한 사람은 이미 여러 차례 검증받았으므로 그들의 품성과 덕성이 훌륭하다는 것을 보증할 수 있다는 것이었다. 아직 공산당과 청년단에 가입하지 않은 사람들은 "군중"(이 말은 지금까지 쓰인다)으로 불렸고, 정치의 영역이건 아니면 도덕의 영역이건 간에 공산당 또는 청년단보다 1~2등급이 낮았다.(두말할 필요 없이, 당원이 단원보다 한 등급 더 높았다.) 구제강[顧頡剛]도 상하이에서 공산당 간부로부터 심한 모욕을 당해서, 그이는 당원과 단원이 "정복자로 자처하면서 타인을 피정복자로 여겨 박해했다."라고 썼다.[4] 당시 남쪽이건 북쪽이건 관계없이 "길도 하나이고 바람도 같은[道一風同]" 상황이었음을 알 수 있다. 이 두 가지 사건은 작은 일이었으나 마음속에 아주 깊은 인상을 남겨서 5~60년 동안 잊을 수 없었다. 나중에 구제강, 덩즈청[鄧之誠][5]이 쓴 일기를

---

4 구제강[顧頡剛], 『구제강일기[顧頡剛日記]』 제7권, 타이베이[台北]: 옌징출판문화 주식유한공사[聯經出版事業股份有限公司], 2007, p.253.

5 [역자 주] 덩즈청[鄧之誠, 1887~1960]. 현대 중국의 역사가이다. 1921부터 베이징대학 사

읽을 기회가 있었는데 내 기억과 대체로 잘 들어맞았다. 종합하자면, 베이핑의 보통 사람들은 상하이와 마찬가지로 국민당에 신뢰가 없었으나, 공산당에도 회의와 우려를 하고 있었다. 승리를 거두어 신바람이 난 사람들은 혁명가와 그 동조자였지 보통 사람들은 아니었다. 이것이 내가 직접 본 실정이었다.

내가 옌징대학을 아주 좋아했던 까닭은 그곳이 아버지의 모교였기 때문만이 아니라 교정의 그윽함과 그 품위가 중국에서 몇 손가락 안에 꼽혔기 때문이다. 나는 제2식당에 있는 기숙사 방 한 칸을 배정받아서 다른 신입생 한 명과 같이 살았다. 이 방은 메이밍호[未名湖]에 거의 붙어 있다시피 하여 한가할 때는 호숫가를 돌아다니거나 가만히 앉아 있었다. 겨울에는 수면이 얼어서 나는 밤중에 다른 친구들을 따라 호수에 가서 스케이팅을 배웠다. 그래서 1978년 11월 미국 과학원이 파견한 "한대 연구 현지조사단[漢代硏究考察團]"이 베이징대학을 방문했을 때 마침 메이밍호를 지나가게 되자, 나는 대열에서 벗어나 제2식당을 바삐 둘러보면서 금석지감을 금할 수 없었다.

학과 교수가 되었고, 베이핑사범대학, 베이핑여자문리학원, 옌징대학 사학과 교수도 역임했다. 덩즈청은 수많은 제자를 길러냈는데 그 가운데에서 황셴판[黃現璠], 왕중민[王重民], 주스자[朱士嘉], 탄치샹[譚其驤] 등이 유명하다.

옌징대학교는 미국의 교회들이 자금을 대서 창설된 곳이었으며, 창설자 스튜어트(John L. Stuart)는 2차 대전 후 주(駐)중국대사로 취임하기 전까지 쭉 교무의 실질적 책임자였다. 내가 옌징대학을 다니기 시작할 무렵은, 마오쩌둥이 「안녕, 스튜어트!」(1949년 8월 18일)를 발표한 지 얼마 안 되었을 때였다. 학교의 경제적 상황이 궁핍했던 것 같으나 우리 신입생은 어떤 불안감도 느끼지 않았다. 내가 옌징대학에 들어갔을 때 그곳에는 이미 외국 교회풍의 분위기는 전혀 없었고, 오히려 반대로 중국의 정치적 분위기로 매우 뜨거웠다. 이전에는 대학의 교수와 학생이 가장 혐오했던 것이 국민당과 삼민주의 청년단이라는 양대 조직이어서, 1949년 이전에는 민주자유파 사람들이 그 양대 조직을 학교 밖으로 내보내야 한다고 요구했다. 그랬더니 예상치도 못한 결과로, 각 학과가 표면상으로 배치한 전공 말고 나머지 모든 과외 활동을 공산당과 청년단의 통제 아래에 두었다. 예를 들어, 첸쥔뤼[錢俊瑞][6]나 아이스치[艾思奇]가 와서 강연하거나, 혹은 문제 있는 사람을 향해 "투쟁"을 진행할 때, 모든 수업을 중지하고 교수와 학생 전체가 참가하도록 했다.

---

6 [역자 주] 첸쥔뤼[錢俊瑞, 1908~1985]. 현대 중국의 경제학자이다. 1935년 중국공산당에 가입했고, 1939년에는 신사군(新四軍)에서 정치부 선전부장이 되었다. 중화인민공화국 성립 초기 교육부 부부장, 문화부 부부장을 역임했다.

五. 옌징의 학인들

1949년, 옌징대학의 마지막 나날이 시작되었다. 그로부터 3년이 지나면 그곳은 더는 존재하지 못할 터였다. 나는 과거에 옌징대학의 최후에 관해 다른 곳에 글을 쓴 일이 있으므로[1] 여기서 중복하지 않고 다만 옌징대학의 몇몇 교수와 내가 그곳에서 받은 충격만을 소개하겠다.

내가 처음으로 알게 된 분은 녜충치[聶崇岐] 선생님이었다. 그 1년 전, 온 집안 식구가 이허위안에 놀러 가서 캠핑할 계획이었다. 아버지와 녜 선생님은 동기동창이었기 때문에, 우리는 우회하여 옌징대학으로 가서 그분에게 인사드리고 홑이불과 담요를 빌려달라고 부탁했다. 그런데 그 일이 벌써 1

---

1 위잉스[余英時], 「1949년 가을의 옌징대학 회고-우닝쿤 선생의 『외로운 거문고』에 대한 서문[回憶一九四九年秋季的燕京大學-巫寧坤先生『孤琴』序巫寧坤]」, 『고금(孤琴)』, 타이베이[台北]: 윈천문화실업 주식유한공사[允晨文化實業股份有限公司], 2008, pp.3-27.

년 전이었으므로 이분은 나를 기억하지 못했고, 내가 소개를 하고 나서야 친구 아들인 것을 알아보았다. 녜충치 선생님은 산둥 사람이었고 고학(苦學)을 한 분이었으며 송대사와 역대 관제(官制)에 정통했다. 나중에 하버드에서, 우리 아버지를 가르쳤던 홍웨이롄[洪煨蓮][2] 선생님에게 들으니 하버드-옌칭학사의 색인 편찬 과정에서 녜 선생님의 공헌이 가장 컸다고 했다. 홍 선생님은 특히 녜 선생님의 인품을 칭찬했다. 1948년 가을, 녜 선생님이 하버드대학 방문학자로 1년 동안 와 있었으나, 베이핑의 정세가 긴박하게 변하자 큰형 일가가 걱정되어 그해 12월에 서둘러 귀국했다고 한다. 홍 선생님에 따르면 녜 선생님은 "효도와 우애에서는 따라올 자가 없는 사람[孝友無雙]"이었다. 녜 선생님이 하버드에 있는 동안 양롄성[楊聯陞][3] 선생님이 마침 교직에 있었는데, 양 선생님이 마테오리치의 중국 여행기에 나온 명나라 관제의 명칭에 주석을 달때 녜 선생님으로부터 적잖은 도움을 받았다. 마테오리치는

---

2 [역자 주] 홍웨이롄[洪煨蓮, 1893~1980]. 영문 이름은 윌리엄(William)이다. 푸젠성 허우관[侯官] 사람이다. 1919년 컬럼비아대학에서 문학석사 학위를 취득했다. 1923년 옌징대학 건립에 참여했고, 1924년에는 '하버드-옌칭학사' 설립에 관여했다. 1923년부터 23년 동안 옌징대학 교수로 재임했다. 재임 기간 내내 하버드-옌칭학사 색인편찬처 총책임자로 일했다. 1947~48년 하버드대학 동아시아어문학과 석좌교수가 되었고, 1948년부터 하버드-옌칭학사 연구원으로 근무했다.

3 [역자 주] 양롄성[楊聯陞, 1914~1990]. 원적은 저장성 사오싱[紹興]이지만 허베이 바오딩[保定]에서 태어났다. 1937년 칭화대학 경제학과를 졸업하고 1940년 미국 하버드대학으로 유학하여 1946년에 『진서·식화지』 역주(晉書食貨志譯註)로 박사학위를 취득했다.

관제의 민간 통칭을 서양어 발음으로 적었기 때문에 식별하기가 매우 어려웠다. 만약 명나라 제도와 전고(典故)에 익숙했던 녜 선생님 같은 사람이 아니었다면 아예 복원해 낼 방법이 없었을 것이다. 그래서 양 선생님은 나중에 저술한 영문판 『중국사 해설 개요(Topics in Chinese History)』에서 특별히 녜 선생님에게 감사를 표했다.

1949년 가을, 녜 선생님은 송사(宋史) 과목을 개설하지 않고 전공필수 과목인 "중국근대사"를 열어 아편전쟁부터 강의를 시작했고, 사용한 교과서는 저자가 "우보[武波: 范文瀾]"[4]라고 표기된 『중국근대사』였다.[5] 나는 처음에, 녜 선생님이 당시의 요구에 부응하여 억지로 이 과목을 가르치는 줄 알았다. 최근에 『덩즈청 일기』를 읽고서야, 녜 선생님이 1949년 2월 15일에 이미 이 새로운 과목을 가르치려 한다는 의사를 표명했다는 것을 알게 되었다. 그러므로 중국근대사 강의는 순전히 그분의 주체적 의사에 따른 것이었다. 또 덩즈청은

---

4 [역자 주] 판원란(範文瀾, 1893~1969). 저장성 사오싱[紹興] 사람이다. 역사학자로서 난카이[南開]대학, 베이징대학 등에서 가르쳤다. 베이징대학 국문과를 졸업했으며 차이위안페이의 비서로 일한 경력이 있다. 1926년 중국공산당에 가입했다. 그러나 이후 중앙과 연락이 끊어졌고, 한참 항일활동을 하던 1939년에 다시 중국공산당에 가입했고 옌안에서 혁명 활동을 수행했다. 판원란은 『중국통사간편(中國通史簡編)』의 총편집인이었고 장기간 이 책의 수정 작업에 종사했다. 이밖에도 『중국근대사』, 『문심조룡주(文心雕龍注)』 등의 저서가 있다.

5 최근 사오동팡[邵東方]씨가 스탠퍼드 대학교 도서관에서 이 책을 찾아 그 겉표지를 복사해서 내게 보내주었다.

녜 선생님을 비웃으면서, "발분유신(發憤維新; 과거 견해를 바꾸느라 애쓴다)이라 할 만하다."라고 말했다.[6] 내 추측으로는, 중국 근대사 과목이 갈수록 중요해지리라는 것을 그분은 분명히 인식하고서, 사학 공부가 덜된 사람이 그 과목을 정치적 과목으로 변질시키도록 놔두느니, 차라리 본인이 그 임무를 떠맡아서 학문적 수준을 유지해 나갈 수 있기를 기대했을 것이다. 이런 내 추측에는 근거가 있다. 왜냐하면, 선생님이 강의할 때 교과서의 기본 노선을 위배하지는 않았으나, 어떤 세부 절목은 따로 연구하여 1차 사료를 깊이 파고들었으며 아울러 중요한 객관적 사실을 제시했기 때문이다. 아직 어렴풋하게 기억나는 곳은, 증국번(曾國藩)이 태평천국(太平天國)을 공격한 부분이다. 선생님은 당연히 증국번을 비판했지만, 증국번이 어떻게 지방 무장 세력을 조직하였는지, 그리고 최초의 거듭된 실패로 거의 자살할 지경까지 가게 된 경과에 관해 충분히 설명해 주었다. 녜 선생님은 사건의 시말(始末)을 있는 그대로 다 설명했던 것으로 보아 적잖은 자료를 읽었던 것이 틀림없다. 심지어 어떤 부분은 교과서에도 없는 것이었다. 선생님은 당시 유행하던 "한간(漢奸; 매국노)", "회자수(劊子手; 망나니)" 같은 격정적 용어도 사용하지 않았다.

---

6 『덩즈청일기[鄧之誠日記]』 제5책.

중국근대사 말고도 나는 "역사철학" 수업을 들었는데 사학의 이론과 방법이 주요 내용이었고 웡두젠[翁獨健][7] 선생님이 강의했다. 이분은 옌징대학 사학과의 수재로서 졸업 후 하버드대학으로 가서 몽골어와 원나라 역사를 연구하고 박사학위를 취득했다. 언어를 아주 좋아하여 귀국한 다음에는 다시 만주어를 배웠고, 역사철학을 가르칠 당시에는 혼자서 러시아어를 배우고 있었다.

이 역사철학 수업에서 웡 선생님은 플레하노프(Georgi V. Plekhanov)의 『일원론적 역사관의 발전』 중국어 번역본을 교재로 지정하였는데, 본인은 러시아어 원문으로 읽으려 노력하고 있었다. 플레하노프의 이 저작이 러시아 마르크스주의 역사에서 지니는 중요성과, 플레하노프가 비록 정치적으로 레닌을 반대하였으나 레닌은 오히려 그 저작으로 한 세대에 걸친 러시아 독자를 교육하는 것에 동의했다는 사실을 당시 나는 이미 들은 바 있었다. 이 저작은 마르크스 유물사관의 기원으로 거슬러 올라가서, 18세기 프랑스 유물론(Paul-Henri

---

7 [역자 주] 웡두젠[翁独健, 1906~1986]. 1935년 하버드대학에 유학 가서 3년 후 박사학위를 받았고, 이후 파리대학에서 더 공부하였다. 1940년 9월부터 옌징대학에서 가르치기 시작했다. 중화인민공화국 성립 후 옌징대학 총장이 되었고 베이징시 인민정부 위원을 겸임했다. 이후 옌징대학이 해체되자 중앙민족학원 연구부 주임이 되었다. 문화혁명 동안 박해를 받았으며, 1971년 베이징으로 돌아온 후 『이십사사(二十四史)』 중 『원사(元史)』 부분 표점 작업을 담당했다. 저자 위잉스는 웡두젠이 문화혁명 시기에 박해를 당하지 않았다고 하므로 이 부분은 검토가 필요하다.

T. d'Holbach 등), 게르만 철학(헤겔의 역사필연성), 유토피아적 사회주의 말고도, 프랑스 사학자 귀조(François Guizot), 띠에리(Augustin Thierry), 그리고 미네(François Auguste Mignet)의 공헌을 특히 강조했다. 이들에 따르면, 역사의 진보는 각종 사회 계급이 서로 다른 물질적 이익을 위해 투쟁한 결과 일어난다. 이러한 설명은 마르크스의 계급 투쟁설을 위해 미리 발판을 마련해 준 것이었다. 그렇지만, 마르크스는 앞서 기술한 여러 가지 사상적 자원을 충분히 흡수했을 뿐 아니라, 그 가운데 있던 모든 결점을 제거하여 사회과학의 기초를 놓았다고 플레하노프는 인정하고, 마르크스를 코페르니쿠스나 다윈에 비유하였다. 플레하노프의 이 책과 웡 선생님의 강독은 내게 새로운 사상 세계를 열어 주었고 호기심을 불러일으켰다. 특히 프랑스 사학자 부분이 그러하였다. 당시 나의 이해는 상당히 모호했다는 것은 여기서 인정해야겠다. 그렇지만 매우 흥미 있었던 것은 확실하다. 그 후 내가 늘 유럽 근대 사상사를 공부하게 된 기원이 바로 이 수업이었다.

웡 선생님은 이 수업에서 러셀(Bertrand Russell)의 『서양철학사(*A History of Western Philosophy*)』 원서도 강의했다. 선생님은 이 책에 두 가지 장점이 있다고 했다. 첫째, 책 이름을 '서양' 철학사라고 한 것이 겸손의 표시라는 것이다. 곧, 그 책은 서양 중심론의 오만한 입장에 서지 않았다고 했다. 둘째, 철학과 사회·정치적 배경 사이의 관계에 주의를 기울인 것이야말로 이 책의 특징이라고 했다. 나는 이 수업 때문에 역사유물론자나 일원론자가 되지는 않았으나, 이후 사상을 연구할때 추상 관념만 중시하지 않고 그런 관념 배후의 정치·사회·경제·문화 등 복잡한 요소를 탐구하게 된 것은 아마도이 수업으로부터 얻은 깨달음 때문일 것이다. 학기 말에는 논문으로 기말고사를 대체했다. 내가 썼던 「묵학의 쇠퇴에 관한 고찰[墨學衰微考]」은 전국시대에서 진한(秦漢)에 이르는 시기의 사회적 변동에 초점을 맞춘 글이었다.

학기가 아직 끝나지 않았는데도 웡 선생님이 베이징시(市) 문교국장(文交局長)으로 임명된 것은 조금 뜻밖의 일이었다. 선생님은 자신을 따라서 문교국에 가서 일하고 싶은 사람이 있는지 같이 수업 듣는 동료들에게 물었다. 아무도 적극적으로 반응하지 않았던 것 같다. 내가 '뜻밖'이라고 말한 까닭은, 선생님이 수업에서 아무런 정치적 경향도 드러낸 적이 없었고 정치를 선전하는 말을 한 번도 하지 않았기 때문이다. 그러니 선생님과 공산당이 정치적으로 그렇게 서로 신뢰하는 수준까지 도달했다는 것을 우리는 전혀 몰랐다. 『덩즈청 일기』를 읽고 나서야 선생님이 국민당을 싫어하고 좌파 지식인과 학생을 오랫동안 동정해 왔다는 사실을 알았다. 그런데 웡 선생님은 아주 현명하게 처신하는 요령을 알고 있었던 것 같다. 국민당 시대에는 남의 이목을 끌지 않다가 공산당 아래에서 관직에 나아갔으며, 조금 있다가 그 자리에서 완전히 물러났기 때문에 문화혁명이라는 특별한 재난을 당하지 않았다. 그분은 내가 옌징대학을 떠난 다음 다시 만나 뵌 유일한 선생님이었다. 1980년대, 선생님이 미국을 방문했을 때 당신의 딸과 사위 차를 타고 보스턴에서 예일대학을 가다가 우리 집에 들러서 오후 내내 머물렀다. 이때, 현실 정치에 대한 선생님의 태도는 상당히 의기소침했다. 선생님은 최근에 공산당에 가입했다고 내게 알려주었다. 그렇게 한 까닭은 노년 생활이 꽤 편해질 수 있기 때문이었다.

내가 선택한 세 번째 과목은 "대학교 2학년 영어"였고 서양어과 자오뤄뤼[趙蘿蕤][8] 교수가 강의를 담당했다. 나는 우닝쿤[巫寧坤][9] 선생의 『눈물 한 방울[一滴淚]』과 『외로운 거문고[孤

---

[8] [역자 주] 자오뤄뤼[趙蘿蕤, 1912~1998]. 저장성 더칭현[德淸縣]에서 태어났다. 여성번역가이자 비교문학가이며 T. S. 엘리엇의 "황무지"를 중국어로 처음 번역한 사람이다. 1928년 옌징대학에 입학했다가 1930년 같은 대학 영문과로 전과했다. 졸업 후 칭화대학 외국문학연구소 연구생이 되었다. 연구생 졸업 후, 1935년부터 옌징대학 서양어과에서 교편을 잡았고, 1936년에 천명자와 결혼했다. 1946년 미국 시카고대학으로 유학가서 영어영문학을 전공했고 1948년에 박사학위를 취득했다. 귀국 후 다시 옌징대학 서양어과에서 교편을 잡았다. 1952년 옌징대학이 해체된 후 베이징대 서양어과 교수가 되었다.

[9] [역자 주] 우닝쿤[巫寧坤, 1920~2019]. 장쑤성 양저우[揚州] 사람이자 중국계 미국인 번역가, 영미문학 비평가이다. 1939년부터 1941년까지 시난[西南]연합대학 외국문학과에서 공부하다가 "플라잉 타이거" 비행대의 통역 요원에 지원하여 그곳에서 근무하기 시작했다. 미국에서 훈련받던 중국인 조종사의 통역을 위해 1943년 미국으로 건너갔고 1946년에는 인디애나주의 맨체스터대학에 입학했다. 2년 후 시카고대학 박사과정에 입학했는데, 이 기간에 자오뤄뤼와 친교를 맺게 되었다. 1951년, 자오뤄뤼의 요청에 응하여 미국에서 옌징대학

琴』」 두 책 서문 각각에서 자오 선생님과 그녀의 스승인 천명자[陳夢家]의 만남에 관해서 상당히 할애했으므로 많이 얘기하지는 않겠다. 여기서 한 가지만 보완하겠다. 자오 선생님은 영어로 수업했고, 강의실 안에서는 영어로 말하고 영문만 쓰라고 학생에게 요구했다. 나로 말하자면 이것은 파천황 같은 일이어서 수업 초기에는 전혀 적응하지 못했다. 그렇지만 한 달여 정도 지나자 영어 회화, 독해, 영작 능력이 뚜렷이 향상되었다. 유창한 수준과는 아직 거리가 멀었지만 말이다. 바로 이 학기에 영어의 진정한 기초를 다졌기 때문에 아직도 고마워서 잊지 못하고 있다.

네 번째 수업은 "유럽사 독서 지도[歐洲史導讀]"였고, 이 수업을 맡은 선생님은 여자 강사(또는 조교였는지 확실하지 않다.)였다. 이 수업은 일대일 지도여서 서양의 "튜토리얼(tutorial)"에 상응했다. 나는 『덩즈청 일기』를 읽고서야 이 선생님의 존함이 리원진[李文瑨]이라는 것을 알게 되었다. 리원진 선생님은 너무나 온화하고 선하여서 매우 인내심을 갖고 나의 독서를 지도했다. 나는 편입생이었기 때문에, 선생님은 지도하다가 시

으로 가 교편을 잡았다. 하지만 이후 극우분자로 몰려 수감되었고, 문화혁명 시기에는 "비판 투쟁"과 "하방"을 당했다. 1991년 퇴직 후 미국으로 이주했다. 1993년 영문으로 발간한 *A Single Tear*[一滴泪]가 센세이션을 일으켜 세계 각국에서 번역되었으나, 우닝쿤이 몸담았던 국제관계학원 인사들이 책 내용에 문제제기하고, 급기야 우닝쿤의 퇴직연금 지급을 중지하기도 했다. 이 책은 2002년 타이완에서 출간되었고, 2007년에는 증정판이 타이완의 윈천[允晨] 출판사에서 발행되었다. 위잉스는 2007년 판에 서문을 써주었다.

간이 남으면 학교와 사학과에 관한 이야기를 많이 해주었다. 젠보짠[翦伯贊][10]이 경자년(庚子年) 의화단(義和團) 사료를 편집하다가, 결국 시대가 맞지 않는 청나라 초기 기록 서화인 『경자소하기(庚子銷夏記)』[11]를 펼쳐 놓고 참고서로 삼았다는 사실은 바로 리 선생님이 내게 알려준 것이었다. 또, 선생님에 따르면 옌징대학에는 "4대 진공관"이 있는데 젠보짠이 그 가운데 한 명이라고 했다. "진공"이란 학문이 비었다는 말이었다.

『덩즈청 일기』에서 젠보짠에 관한 자료를 적잖게 찾았으므로 말이 난 김에 몇 마디 더하고자 한다. 1949년 2월 12일, 사학과 학과장 치쓰허[齊思和][12]는 "우리 학교 사회학과가 젠보짠을 교수로 임용하려나 본데, 이제부터 사학과에 많은 일이 일어날 것이다."라고 덩즈청에게 말했다고 한다. 1950년 4월 19일, 치쓰허는 또 덩즈청과 얘기하다가, "젠보짠은

---

10 [역자 주] 젠보짠[翦伯贊, 1898~1968]. 일찍이 오사운동과 북벌전쟁에 참가했다. 중화인민공화국 성립 후, 중앙인민정부 정무원 문화교육위원회 위원, 옌징대학 사회학과 교수, 베이징대학 사학과 교수 겸 학과장, 부총장 등을 역임했다. 젠보짠은 마르크스-레닌주의 사학의 "5대 명가"(郭沫若, 范文瀾, 翦伯讚, 呂振羽, 侯外廬)로 칭해진다. 주요 저작으로 『중국사강(中國史綱)』, 『중국사논집』, 『역사문제논총(中國史論集)』 등이 있다. 문화혁명 시기에 박해를 받아 1968년 12월 수면제를 먹고 자살했다.

11 [역자 주] 『경자소하기(庚子銷夏記)』는 청나라 손승택(孫承澤, 1592~1676)이 중국 역대의 서화, 석각 등을 모아 놓고 비평을 가한 책이다.

12 [역자 주] 치쓰허[齊思和, 1907~1980]. 1931년 옌징대학 사학과 졸업 후 미국의 하버드 대학으로 유학 가서 서양사를 전공했다. 1935년 박사학위를 취득한 후 귀국하여 여러 대학에서 강의하였고 옌징대학 사학과 교수가 되었다. 1952년 옌징대학이 해체되자 베이징대학 사학과 교수로 임명되었다.

안분지족(安分知足)을 모르는 사람이므로 그이를 경계해야 한다."라고 말했다.[13] 사학과 사람들이 쳰보짠을 깊이 의심하고 있었음을 알 수 있는데, 치쓰허는 쳰보짠이 필시 어떤 정치적 배경을 업고 옌징대학에 왔다는 것을 알았던 것 같다. 1952년 6월 30일 일기에서 덩즈청은, 쳰보짠의 부인(이름은 半雲이다)이 그이에게 "빈대"라는 별명을 붙였다고 썼다. 왜냐하면, 쳰보짠의 "눈썹과 눈이 한 군데 몰려 있어서" 빈대처럼 생겼기 때문이라는 것이다.[14] "빈대"라는 말이 일기에 쓰인 것을 처음 읽을 때는 이해하지 못했으나 결국 그 기원을 밝힌 이 글을 읽고 깨달았다.

문화혁명 때 쳰보짠 부부는 동반 자살하였으므로 그들의 운명은 비참했다. 여기서 결코 그이를 비난하려는 것은 아니다. 내가 지적하려는 점은, 그이가 옌징대학에 온 것은 개인 행동이 아니라 당을 대표해서 "자산계급 사학자들"을 정리하러 왔다는 사실이다. 그런데 이 "자산계급 사학자"들도 바보는 아니어서 일찍부터 눈치는 채고 있었다. 『덩즈청 일기』의 사료적 가치는 바로 여기에 있다. 이 일기를 자세히 읽어보면, 쳰보짠이 반우파 운동 때 했던 흉악무도한 말, 예를 들

---

13 『덩즈청일기[鄧之誠日記]』제5책.

14 위의 책, 제6책.

어 "우리가 베이징에 들어가자마자 자산계급 교수들은 홍문연(鴻門宴)을 준비해 놓고 우리를 영접할 것이다."라는 말이 저절로 이해된다.[15]

이미 『덩즈청 일기』의 사료적 효용을 말했으므로 덩즈청 자신에 대해서도 좀 설명해야 할 것 같다. 덩즈청(1887~1960)의 원적(原籍)은 장쑤[江蘇] 장닝[江寧]이지만 태어난 곳은 청두[成都]였으며, 11살 이후 쿤밍[昆明]에서 18년간 살았다. 그이는 젊은 시절 반만(反滿) 혁명운동에 참여했고, 그 후에는 다시 위안스카이의 군주제에 반대했던 일로 천이(陳宧, 호는 二庵)[16]와 매우 깊은 관계를 맺었다. 그이의 일기에는 베이핑에서 천이와 왕래했던 일이 아주 많이 나온다. 정치적 배경을 말하자면, 그이는 처음부터 장제스 지도하의 북벌에 반대하였고, 난징의 국민당 정부에 대한 적대심도 강했다. 학술 사상의 측면에서는 후스와 신문화운동을 경멸했다. 베이핑에 정착한 후 베이징대학, 베이핑사범대학 등에서 학생을 가르쳤고, 1930년부터 옌징대학 사학과에서 진한사(秦漢史), 위진

---

15 졘보짠[翦伯贊], 「역사과학 전선 상 두 가지 노선의 투쟁[歷史科學戰線上兩條路線的鬪爭]」, 『역사문제논총(歷史問題論叢)』 증정본, 베이징[北京]: 인민출판사(人民出版社), 1962, p.32.

16 [역자 주] 천이[陈宧, 1870~1939]. 자(字)는 양셴[养铦]이고 후베이성 안뤼[安陆] 사람이다. 1912년, 리위안홍[黎元洪]과 위안스카이[袁世凱]를 도와 장전우[張振武]와 팡웨이[方維]를 살해했다. 1913년에는 역시 위안스카이를 도와 각지의 2차 혁명을 진압했다. 1915년에 쓰촨 장군[四川將軍]이 되었다. 1916년, 쓰촨의 독립을 선포 후 위안스카이가 황제를 참칭하는 것에 반대했다.

남북조사(魏晉南北朝史), 명청사(明淸史) 같은 과목을 담당했다. 덩즈청은 공산당을 잘 알지도 못했고 또 옹호하지도 않았지만, 국민당의 패색이 짙어졌을 때 원수를 갚아서 통쾌하다는 심정을 일기(日記)에 여러 차례 나타냈다. 그이는 문화보수파의 노학자라 할 수 있으나, 국민당 또는 자유주의적 반공 의식은 없었다. 바로 이런 이유로 그이의 일기는 오히려 수많은 객관적 사실을 보존해 낸 것이다.

나는 옌징대학에 있을 때 덩즈청을 한두 차례 보았을 뿐이다. 『덩즈청 일기』 1949년 12월 19일 일기에 "저녁에 사학과 신입생 열 명 정도가 집에 와서 물만두를 먹었다."[17]라는 구절이 있는데, 바로 내가 그 속에 있었다. 또한, 그 아들 덩커[鄧珂]가 나처럼 편입 2학년생이었던 데다가 둘 다 바둑을 좋아해서 가끔 그 집에 가서 바둑을 두곤 했기 때문에, 그 사이에 덩 선생님을 여러 차례 봤을 테지만 확실한지는 모르겠다. 여하튼 그이와 얘기를 나눠 본 기억은 없다. 이분이 남 욕하는 것은 너무 유명해서, 이분에 대한 나의 존경심 속에 사실 두려움도 있다는 점을 여기서 솔직히 인정해야 할 것이다.

---

17 『덩즈청일기[鄧之誠日記]』 제5책.

六. 신민주주의 청년단 입단의 경과

마지막으로, 신민주주의 청년단에 가입한 경과를 얘기해야겠다. 그 이전까지 정치조직에 가입하려는 생각이 내게는 전혀 없었다. 아버지가 이런저런 말을 하다가, 항일전쟁 시기 고시원(考試院) 참사로 근무할 때 국민당에 가입하라는 요청을 거듭 완곡하게 거절했다고 언급한 적이 있다. 나는 아버지의 이런 태도로부터 보이지 않게 영향받았다. 상하이에서 베이핑으로 돌아와 샹즈밍과 만났을 때 부지불식중에 거리감을 느꼈던 까닭은, 아마 권세에 아부한다는 혐의를 피하려는 생각이 잠재의식으로부터 일어났기 때문일 것이다. 더욱이, 새로 들어선 정권 아래에서 당이나 단에 가입하는 것은 꿈에도 생각해 보지 않은 일이었다. 그래서 1949년 10월 1일 천안문에서 건국 기념식[開國大典]이 거행되었을 때도 나는 그 야단법석에 가지 않았다. 그렇지만 뜻밖에도, 11월 말 사학과의 단 조직이 나의 입단을 적극적으로 추진하기 시작했다. 처음 한두 번은 내게 자격이 충분하지 않다는 것을 이유로 들어 에둘러 거절했다. 생각지도 못하게 그들은 내게 바짝 다가오면서 점차 공세를 맹렬하게 퍼부었다. 이들이 든 구실은 젊은이의 마음을 아주 잘 동하게 했다. 예를 들어, 입단은 개인에게 아무런 실제 이익이 없고 오히려 큰 희생을 할 것을 요구한다는 둥, 조직안에 있는 개인은 단체의 도움을 받아 개인의 역량을 더욱 잘 발휘할 수 있다는 둥 나를 설득했다.

나중에 나 자신을 분석해 보니 입단 신청에 동의하게 된 두 가지 주요 요소가 있었다는 것을 알았다. 첫 번째는 인정만을 생각하여 타인의 요구를 한마디로 칼같이 거절할 수 없는 내 성격상의 큰 약점이었다. 남에게는 늘 호의가 조금은 있게 마련이므로 그들이 난처하게 되는 일을 있는 힘껏 피해야 한다고 나는 늘 생각했다. 그래서 상대방은 언제나 내 빈틈을 엿볼 기회를 노리게 된다. 두 번째는 허영심이다. 입당이나 입단을 영광으로 생각해 본 적은 없으나, 단 조직이 이처럼 나를 끌어들이려고 하는 것은, "인민을 위해 복무"할 만한 뛰어난 잠재력이 내게 있다는 점을 그들이 인정했기 때문이라고 생각했다. 아무래도 이런 자아도취의 심리가 마음속에서 나도 모르게 자라나고 있었을 것이다. 기억하건대, 설득당한 후 나는 며칠 동안 기숙사 복도에서 왔다 갔다 하며 머리를 숙이고 고심했다. 나를 아는 동료들은 내게 고민이 많다는 것을 알았을 것이다. 사실 나는 그때, 이른바 "사상투쟁"을 내 마음속에서 진행하고 있었다. 중국 전통 용어로 말하자면 그것은 "천인교전(天人交戰)"이었으나, 결국 어느 쪽이 "천"이고 어느 쪽이 "인"인지 구분하기가 너무 어려웠다.

입단 신청에 동의한 후 나에 대한 대규모 조사가 시작되었다. 이 또한 전혀 예상 못 한 일이었다. 왜냐하면, 조직이 이미 나를 충분히 알고서 입단을 추진했으리라 생각했고, 게다가 조직 쪽에서도 입단 신청의 복잡한 절차를 미리 언급한 적이 없었기 때문이다. 조사는 두 가지 영역을 포괄했다. 첫째, 나를 잘 아는 선생님과 동료에게 개별적으로 물어서 내 말과 행동에서 어떤 결점이 있는지 조사했다. 둘째, 개별 조사를 취합한 후 단 조직이 학과 전체 교수·학생 대회를 여는데, 나는 반드시 그 자리에 출석하여 여러 사람의 질문과 평가를 듣고 그 자리에서 하나하나 답하고 소명해야 했다. 그 대회의 이름이 무엇이었는지 기억이 잘 나지 않는다. 그때는 그저, 오로지 나 한 사람을 겨냥해서 여는 비판 회의라고만 생각했다. 다행히도 내가 옌징대학에 있었던 시간이 짧았기 때문에 그다지 많은 결점을 지적받지 않았고, 그나마 가장 엄중했던 비판은 내게 지적 오만이 약간 있다는 것뿐이었다.

그래서 나는 그 관문을 가볍게 통과했다. 약 두세 달 후 홍콩에 있었을 때야, 신청이 통과되었으니 학교로 돌아와서 정식으로 입단 절차를 밟으라는 통지를 받았다.

옌징대학에 있을 때는 아직 정식으로 입단하지 않았으므로, 자연스럽게도 조직의 위세를 업고 군중을 업신여길 기회는 내게 없었다. 그러나 입단 신청을 하던 시기에 내게 변화가 일어났다(이 사실은 당시에는 전혀 자각하지 못했고, 사후에 나 자신을 분석하면서 깨달았다.). 이 변화는 서로 관련된 두 가지 모습으로 나타났다. 하나는 종교적 열광의 정서에 감염된 것이었고, 다른 하나는 '좌익소아병'이었다. 이 두 가지 정신적 변이체는 상호 상승 작용을 일으켰고, 기회만 만나면 즉각 발현하여 개인의 허물을 만들어 냈다.

여기서 이전에는 아무에게도 말한 적 없는 얘기를 하나 하고자 한다. 1949년 12월 하순, 안후이의 동향 사람 하나가 베이빙마스(北兵馬司)에 있는 우리 일가의 주택을 찾아와서 당형(堂兄)을 만나보고자 했다. 마침 집에 아무도 없어 내가 그 사람을 접대했다. 그이는 기독교 목사로서 안후이의 우후[無湖]에서 선교 활동을 벌이고 있었다. 우후에도 위씨[余氏] 종친이 꽤 많았다. 그이는 내게 안후이의 근황을 알려주었는데, 주로 살인하고 약탈하는 지방 간부의 잔인하고도 가혹한 행위, 그리고 가난한 사람의 생활에 개선이 없을뿐더러 오히려 더욱 어려워지고 있는 상황에 관한 것이었다. 그이의 얘기가 채 끝나기도 전에 내 좌익소아병과 열광증(熱狂症)이 동시에 발작했다. 나는 험악한 목소리로 그이가 얘기한 사실을 반박하였다. 내가 들었던 근거는 이제 막 주워들었던 상투적 선전 문구였다. 그이는 너무 갑작스러워서 미처 내 얘기를 막지 못하고 대경실색한 표정을 지었으며 당황해하며 떠나갔다. 그때 나는 마치, 마시면 미친다는 물[狂泉]을 마신 듯하여 전혀 자제할 수 없었다. 이성을 잃어버렸을 뿐 아니라 인간성도 왜곡되어 거의 상실되었다. 십몇 일 후 홍콩으로 가다가 상하이의 친척 집에서 2~3일 머물면서, 남쪽 상황은 그 목사가 말했던 것보다 훨씬 거칠고 반인륜적[無禮]이라는 얘기를 들었다. 시간이 갈수록 후회하는 마음이 더 깊어진다. 60여 년이 지났지만, 이 일을 생각할 때마다 부끄러워 어쩔 줄 모르겠다. 만일 그 사건이 내게 어떤 교훈의 역할을 했다면, 그것은 사람 마음속에 여러 가지 사악함이 숨어 있다가 일거에 풀려 나왔을 때 그 사람은 반드시 그것에 의해 씹어 삼켜진다는 사실을 알게 되었다는 점이다. 바로 이런 체험이 있었기 때문에 나는 문화혁명 시기의 홍위병(紅衛兵) 현상에 대해 꽤 깊이 이해하게 되었다.

4

홍콩과 신아서원

옌징대학에서 신아서원(新亞書院)으로 전입한 것, 베이징에서 홍콩으로 이주한 것은 내 인생사에서 가장 중대한 전환점이었다. 그 일로 내 인생은 철두철미하게 변했다. 그러나 이것은 우연 중의 우연이었으나 그때 나는 그 사실을 조금도 의식하지 못했다.

제3장에서 이미 말했다시피, 돛단배를 타고 저우산[舟山]의 딩하이[定海]로 갔다가 다시 타이완으로 가려던 부모님과 어린 동생을 1949년도 상하이의 양수푸[楊樹浦] 부두에서 송별할 때, 생이별의 고통을 느끼면서 평생 다시는 만나지 못하리라 생각했다. 며칠 후, 무사하게 당도했다며 부모님이 딩하이에서 선편(船便)으로 보내준 편지를 친척 집에서 받아 보고 펑펑 울었던 기억이 아직도 생생하다. 그런데 11월 말, 전혀 뜻밖에도 아버지가 갑자기 편지를 보내서 당신 일행은 타이베이에서 다시 홍콩으로 건너갔으니 겨울방학 때 찾아오라고 했다.

우리 식구가 타이완에 정착하지 않은 이유는 한참 지나서야 아버지에게 직접 들었다. 알고 보니 1949년 하반기 타이완의 정세는 극히 혼란하였고 심지어 국제적 지위도 아직 확정되지 않은 상태였다. 미국 대통령 트루먼은 늦어도 1950년 1월 5일까지는 카이로 회담과 포츠담 선언에 근거하여 타이완이 중국으로 귀속된다는 성명을 발표할 예정이었다.

그런데 그는 또 말하기를, 내전 중인 국민당과 공산당 중 타이완이 장차 어느 쪽에 속할지는 미국이 간섭하지 않겠다고 했다. 그뿐 아니라, 1950년 1월 12일에는 미국 국무장관 딘 애치슨(Dean Acheson, 1893~1971)이 외교부 정책을 발표하는 연설에서, 미국의 동아시아 방어선은 타이완을 포함하지 않는다고 공식 언급했다. 그래서 대륙에서 타이완으로 도망갔던 적잖은 난민들은 안전 보장에 문제가 있다고 느꼈다. 타이완과 비교하면 홍콩은 더 안전할 뿐 아니라 동남아나 서양에 이민 갈 기회를 자신들에게 제공할 수 있겠다고 그들은 생각했다.

그렇지만 겨울방학 때 홍콩으로 가서 부모님을 뵙겠다고 결정하자마자 어려운 문제에 부딪혔다. 홍콩은 영국 식민지인데 국경을 벗어날 합법적 문서를 얻을 수 있을까? 여러 친구와 상의했는데 주민등록 업무를 담당하는 경찰 분국(分局)으로 가서 출국 공문을 신청해야 한다고 했다. 그러는 과정에서 재미있는 상황이 생겨 여기서 기록해 둘 만하다. 부모님이 내게 보낸 편지에는 그분들의 거주지가 가우룽[九龍] 칭산다오[靑山道]로 되어 있고 "홍콩[香港]"이라는 지명은 빠져 있었다. 그래서 어떤 선배가 아주 신중하게 제안하기를, 신청서에 "가우룽"에 가서 부모를 만난다고만 쓰고 "홍콩"이라는 글자를 쓸 필요는 없다고 했다. 그이 생각으로는, 일선 경찰이 "홍콩"이라는 말을 듣자마자 감히 직접 결정하지 못하고 필시 상부에 보고할 것이고 그리되면 시일을 끌게 되어 일을 그르치리라는 것이었다. 선배의 가르침에 따랐더니 과연 즉각 허가서를 얻을 수 있었다. 그 허가서는 베이징에서 가우롱으로 이주할 수 있다는 정식 문건이었으므로 나는 한참이나 곁에 두어 희귀한 기념품으로 삼았으나, 나중에 너무 자주 이사를 하게 되어 끝내 잃어버렸다.

비록 수많은 우여곡절 끝에 홍콩에서 부모님을 뵐 수 있었지만, 그때는 겨울방학 한 달여만 부모님과 함께 지내다가 다시 옌징대학으로 돌아가 공부하려고만 생각했지, 장기간 홍콩에 체류할 생각은 전혀 없었다. 1949년 12월 마지막 날 밤, 그 이튿날(1950년 1월 1일) 로우교[羅湖橋]를 넘어 홍콩으로 들어가려고 여러 사람과 함께 선전[深川] 땅에 앉아서 기다리던 장면이 생생히 기억난다. 당시, 나는 부모님을 다시 만난다는 흥분으로 가득 차 있었지 다시 자유를 얻으리라는 기대는 전혀 없었다. 그렇지만 로우교를 지나는 찰나에 극히 기이한 경험이 내 몸에서 일어났다. 나는 갑자기 긴장이 풀리면서 모든 사람이 마치 자유롭게 소요하는 상태에 있는 것처럼 느꼈다. 이런 정신적 변이(變異)는 극히 순간적이어서 채 1초도 안 되었을 테지만, 그 느낌은 너무나 깊고 절절하여 일평생 중 겪어 보지 못한 것이었다. 그 후로 아무리 해도 그 비슷한 경험을 하지 못했다. 어째서 내게 그런 정신적 변화가 일어났을까? 그때는 해답을 찾으려 하지 않았으나, 몇 년 이후 나 자신을 거듭 분석하면서 비교적 실정에 가까운 해석을 찾아낼 수 있었다. 1949~50년 사이, 나는 표층 의식의 차원에서 중국공산당의 정치적 강령(이른바 "신민주주의"적 연합 정부)을 받아들여, 대륙에서 내가 압박을 받았다는 사실을 인지하지 못했다. 1950년 2월 26일, 구제강[顧頡剛]의 친구 왕수디[汪叔棣]가 홍콩으로 가려 했는데, 작별이 다가오자 서로 긴 이야기를 나누었다. 그날 밤 구제강은 잠을 자지 못했다. 『일기』에 이렇게 썼다.

그이는 홍콩으로 가서 자유의 공기를 마실 것이다.

이것이 당시 수많은 사람의 보통 감각이었으나, 홍콩이 자유를 상징한다는 의식이 내게는 전혀 없었다. 그러므로 내 정신적 변화는 필시 잠재의식 차원에서 일어난 일일 것이다. 원래 1948년 이전부터 나는 부지불식중에 '오사' 신문화의 여러 가치, 특히 과학과 민주를 받아들였다. 왜냐하면 『후스문존[胡適文存]』은 젊은 시절 애독했던 책 중 하나였기 때문이다. 항일전쟁 승리 후 당시 유행했던 간행물, 예컨대 『관찰』, 『신로(新路)』 역시 강한 흡인력이 있었다. 후스가 1947~48년에 『독립시론(獨立時論)』에 발표했던 「현대 '양대 세계'의 출현 [眼前「兩個世界」的明朗化]」, 「현대 세계문화의 추세[眼前世界文化的趨向]」, 그리고 「자유주의란 무엇인가?[自由主義是什麼?]」는 내가 가장 애독했던 글들이었다. 대강을 말하자면 당시 내 사상은 개인의 자유와 민주사회주의(영국과 북유럽식)에 기울어 있었다. 그렇지만 내가 옌징대학에서 공부하던 시기에, 마침 미국의 『중국백서(白皮書; the China White Paper)』를 겨냥해서 중국공산당이 전력을 다해 공격하던 사상적 전투와 마주쳤다. 『중국백서』는 1949년 8월 발표된 것으로, 미국 정부는 여기서 중국이 공산 진영으로 함몰된 책임은 국민당에 있다고 표명했다. 왜냐하면, 미국은 이미 최대한의 역량을 다했기 때문이라는 것이다. 그리고 중국에 대한 미국의 최후 희망은 중국에 있는 "민주적 개인주의자들"에 달려 있다고 했다. 18세기 이래 서양의 계몽 사조를 받아들인 중국 지식인들이 장차 중국을 민주와 자유의 길로 이끌고 갈 것이라고 미국 정부는 인식했다. 당시 중국공산당의 공격 중점은 바로 "민주적 개인주의"라는 관념이었다. "민주적 개인주의자"에 대한 중국공산당의 여러 가지 묘사를 보면 나도 그중 한 사람인 것처럼 느껴졌다. 그렇지만 그때 나는 이성의 차원에서 그런 느낌을 결코 인정하려 들지 않았다. 잠재의식 속에서 원래 있던 여러 가지 가치와 관념을 극도로 억압하면서 그것들이 조금이라도 머리를 내밀고 노출되지 않도록 했으리라고 나는 지금 믿고 있다. 이런 잠재의식의 자아 통제와 억압이 몇 개월 동안이나 축적되어 있다가, 하루아침에 구속이 없는 사회로 돌아오자 마음속의 압력이 갑자기 사라져 정신적 변화가 발생했을 것이다.

베이징을 떠날 때 원래 계획은 부모 방문 기간을 한 달 남짓으로 잡았다. 그러나 홍콩에서 부모님, 어린 동생과 함께 지낸 후 계획한 대로 베이징에 돌아갈 수 없겠다는 생각이 들었다. 그런 생각이 들게 한 첫 번째 원인은 겨울방학이 너무 빨리 지나갔기 때문이다. 부모님은 내가 며칠 더 머물기를 바랐고 나 역시 차마 곧바로 떠날 수 없었다. 하물며 이번에 대륙으로 돌아가면 나중에 자유롭게 홍콩에 올 수 있을지도 그 전망이 아주 모호했다. 두 번째 이유는, 그때 아버지에게 아주 촉박한 일이 있어서 내가 도와서 일을 마무리 지어야 했기 때문이다. 전년도에 상하이를 떠날 때 아버지는 방대한 서적(『청실록(淸實錄)』도 들어 있었다.)과 수년간 소장했던 골동품 및 서화를 어떤 친척 집에 맡겼다. 그런데 친척이 이사하려 했고 그 시기가 촉박하여, 나는 계모를 모시고 상하이로 가서 이 일을 처리하느라 2주간이나 시간을 썼다. 나는 상하이에서 고서점 몇 군데를 찾아 책 대부분을 염가로 팔아넘겼고, 골동품 일부와 서화를 짊어지고 홍콩으로 돌아와서 아버지께 드렸다. 그때 나는 한 학기를 휴학하고 가을 학기에 복학한다는 새로운 결정을 내렸다.

반년 동안 더 머물기로 하자 아버지는 매우 기뻐하면서 내가 전혀 예상하지 못했던 제안을 즉시 내놓았다. 우리 집으로부터 멀지 않은 구이린가[桂林街]에서 첸무[錢穆] 선생님이 신아서원(新亞書院)을 이제 막 창설했다고 아버지가 내게 알려준 것이다. 이미 이번 학기에 옌징대학에 돌아가지 않기로 했으니, 잠시 첸무 선생님을 따라 중국사를 좀 배워도 무방하지 않겠냐는 말씀이었다. 첸무 선생님은 내가 일찍부터 존경해 마지않았던 사학의 대가였으므로 당연히 나도 흔쾌히 동의했다. (첸무 선생님에 관한 상세한 내용은 아래에서 다루겠다) 아버지의 제안은 나를 홍콩에 남도록 하려는 방법의 하나라는 점을 나는 당연히 잘 알고 있었지만, 옌징대학으로 돌아가려는 내 뜻은 이미 확고해서 조금도 흔들리지 않았다. 그래서 마침내 7월 말에 여장을 꾸리고 길을 나섰다.

홍콩을 떠나기 약 한 달 전은 내 감정과 이성의 충돌이 가장 격렬했던 시기였던 것이 아직도 분명히 기억난다. "천인교전(天人交戰)"은 아마 이런 상황을 가리키는 전통적 용어일 것이다. 부모님 마음은 무척 괴로웠을 테지만 내 의견을 존중하느라고 어떤 감정적 압력도 가하지 않았고 홍콩에 남으라고 더는 권유하지 않았다. 감정적 측면에서는, 이런 상황에서 부모님을 저버리는 것을 절대 원하지 않았다. 하지만 이성적 측면에서는, 홍콩이라는 식민지가 내 장기 거류지가 된다는 사실을 받아들일 수 없었다. 그때 나는 중국 본토야 말로 안심입명(安心立命)의 땅이요, 학술 연구는 내가 가장 바라던 인생의 길이라고만 생각하고 있었다. 신아서원에는 첸무 선생님 같은 대가가 있었지만, 개학하고 두세 달이 지나자 심각한 경비 부족 문제가 발생하여 과연 학교를 계속 운영해 나갈 수 있을까 하는 커다란 의문이 교수와 학생 사이에서 떠올랐다. 하물며 홍콩 교육사(教育司)는 홍콩대학만이 유일한 대학이라고 인정하여, 신아서원은 법률적으로 고등학교 정도의 자격만 가졌으며 졸업생은 초등학생만 가르칠 수 있었다. 종합하자면, 내 인생은 중국 본토와 한 덩어리라는 것이 흔들릴 수 없는 신념이었다. 이런 신념에 의해 움직여서 결국 나는 마음을 독하게 먹고 광저우[廣州]로 가는 기차에 탔다.

하지만 전혀 예상할 수 없었던 사건이 일어났다. 내가 탄 홍콩 기차는 원래 광저우에서 북상하는 기차와 연결되므로, 일단 광저우에 도착하기만 하면 곧바로 기차를 바꿔 타서 출발할 수 있었다. 뜻밖에도 기차가 중국 국경에 들어선 지 얼마 안 되어 스룽[石龍]이라고 불리는 조그마한 역에서 고장 나서 멈추고 수리를 받아야 했다. 그런데 일단 수리를 시작하면 네다섯 시간이 걸리므로 광저우에서 내가 탈 열차의 출발 시각에 맞춰 도착할 수 없어 그 이튿날 출발하는 기차를 탈 수밖에 없었다. 그래서 아주 불쾌해졌다. 그런데 스룽에 있던 그 몇 시간 동안 내 사상에 갑자기 거대한 변화가 일어나서, 베이징으로 돌아가기로 한 결정이 잘못된 것 아니냐는 근본적 회의감이 들기 시작했다.

먼저 내가 너무 이기적이라고 생각했다. 단지 내 흥미만 위해서 생각했을 뿐 부모님의 처지는 전혀 고려하지 않았다. 이분들의 연세도 이제 많아서 홍콩에서 적당한 일을 찾을 가능성이 별로 없었다. 그래서 부모님은 부지불식중에 미래 생활에 대한 걱정을 토로하곤 했다. 홍콩을 떠나기 전에 확실히 그런 느낌이 있었으나 미처 깊이 생각하지는 않았다. 그때 스룽 역에서 과거 반년 동안 부모님과 함께 지냈던 일을 기억하면서 부끄럽고 후회되는 일이 너무 많아서 한 편으로는 진땀도 나고 한편으로는 눈물이 흘렀다. 만약 내가 홍콩에 남는다면, 필요할 때 어쩌면 집안에 도움이 될 수 있고 부모님은 틀림없이 크게 안심하리라는 것을 그제야 깨달았다. 그다음, 내가 오로지 중국 본토로 돌아가려는 것은 중국을 위해 진력하기 위해서였으나, 그런 생각은 외적 형식을 너무 중시하고 구체적 내용은 결여하여 결국 일종의 추상적 관념으로 흐르고 있었다. 내 부모도 중국의 일부분이며 내 돌봄이 절박하게 필요한데, 만일 이분들을 방치한다면 중국을 위해 마음과 힘을 다한다고 말할 수 있을까? 마지막으로, 이 때 한국전쟁이 일어난 지 벌써 한 달이 지난 때여서 홍콩과 대륙 사이의 출입은 날이 갈수록 엄격해졌다. 베이징으로 돌아간 다음 다시 홍콩을 방문할 기회는 거의 잡기 힘들 것이다. 부모님 및 어린 동생하고 이번에 이별하는 것은 말 그대로 생이별이 될 터였다. 이 점을 생각해 보니 후회하는 마음이 생겼다.

스룽에 있던 몇 시간 동안 매우 많은 것을 반성했으나, 위에 든 세 가지가 가장 중요한 것이어서 아직도 기억 속에 있다. 종합하자면, 반복해서 검토한 결과 명확한 결론을 하나 얻었다. 곧, 베이징으로 돌아가는 것은 하나도 옳은 결정이 아니라는 것이었다. 기차가 아직 다 수리되기 전, 나는 결연하게도 완전히 상반된 새로운 결정을 하였다. 광저우에 도착한 후 북쪽으로 가지 않고 다시 홍콩으로 돌아오기로 했다. 이렇게 말하면 믿지 않겠지만, 이렇게 새로운 결정을 내리자 그 전 몇 달 동안 계속해서 나를 곤란하게 했던 "천인교전"이 갑자기 사라져 버렸고 마음에는 평정과 온화만 남았다. 그렇지만 좋지 않은 생각도 들었다. 나는 이미 입단한 상태여서 신민주주의를 중국에서 실현해야 한다는 책임감이 있었으나 홍콩에서는 그런 일을 할 수 없었다. 그러나 나는 신속하게 자기변명의 길을 찾아냈다. 신민주주의 단원은 숫자가 엄청나게 많았고 계속 증가 추세에 있었으므로 나 하나 빠진다고 영향이 있을 것 같지는 않았다. 나로서는 그 새로운 결정이 이성과 감정을 겸비한 것이었으나, 당시 중국공산당의 언어로 표현하자면 에누리 없이 "소자산계급의 온정주의"였다.

기차가 광저우에 도착한 후 나는 여관에 들어가서 홍콩으로 돌아가는 방법을 물어보았다. 그때 마침 홍콩 측이 대륙 난민의 입국을 금지했기 때문이다. 내가 지닌 출국증이 아직 유효하였으나 홍콩에 들어가는 허가증을 어떻게 얻느냐 하는 것이 큰 문제였다. 다행히도 어떤 사람이 알려주기를, 광저우 조직폭력배인 "황우당(黃牛黨)"이 홍콩 국경의 경찰과 내통하고 있으므로 돈을 조금 내면 곧바로 홍콩에 들어갈 수 있다고 했다. 이튿날 나는 이 경로를 따라서 다시 홍콩으로 돌아왔다.

이 시기는 내 평생의 운명을 결정한 것이어서 영원히 잊을 수 없다.

一. 신아서원으로 전학하다

1947년, 아버지는 선양의 둥베이중정대학에서 문과대학을 운영하다가 첸빈쓰[錢賓四; 錢穆] 선생님을 중국사 교수로 초빙한 일이 있다. 그때 첸 선생님은 학생운동이 일어나는 대도시(예를 들어, 베이핑, 상하이, 난징, 텐진)에서 가르치지 않고 차라리 학생이 소동을 일으키지 않는 변두리로 가고자 했다. 그래서 선양에 올 수 있겠다고 알려 왔다. 아버지가 아주 흥분된 목소리로 "중국사에서 손꼽히는 교수 첸무 선생이 오려고 한다!"라고 내게 외치던 것이 기억난다. 그때 처음으로 빈쓰[賓四] 선생님의 이름을 들었다. 이분이 결국 선양으로 오지 않고 쿤밍[昆明]으로 가서 우리는 매우 실망했다. 중정대학의 중국통사 과목은 『국사대강(國史大綱)』을 교과서로 삼았기 때문에 내가 최초로 선생님의 저작을 접했던 시기는 1947년 가을이었다. 2년 후, 옌징대학 웡두졘[翁獨健] 선생님의 "사학연구법" 수업에서 나는 기말고사 대신 논문을 한 편 쓰려고 했다. 일찍이 선진(先秦) 사상에 관한 량치차오·후스 등의 연구를 읽고 나서 묵자 일파가 어찌하여 진한(秦漢) 이후 갑자기 사라졌는지 충분히 이해되지 않았기 때문에, 「묵학의 쇠망에 관한 고찰[墨學衰亡考]」이라는 제목의 논문 계획서를 먼저 제출했다. 웡 선생님은 장타이옌[章太炎]의 『국고논형(國故論衡)』, 쳰무의 『선진제자계년(先秦諸子繫年)』을 읽으라고 지시했고, 그때 나는 비로소 가장 정밀하고 심오한 쳰무 선생님의 학술 논저를 읽게 되었다. 당시 내 수준으로는 『선진제자계년』을 읽기가 너무 힘들어, 대단히 큰 노력을 쏟아붓고 나서야 그 대강을 간신히 이해할 수 있었다. 그래서 내게는 쳰 선생님이 추앙의 대상이었다.

아버지는 나를 신아서원에 보내면서 쳰 선생님을 뵙고 찾아온 뜻을 말하라고 했다. 쳰 선생님은 내게 말하기를, 신아서원이 처음 설립되어 1학년 밖에 없지만 일종의 특별 시험에 통과한다면 2학년 2학기에 들어갈 수 있다고 말했다. 쳰 선생님은 그 자리에서, 나의 학문 이력과 현재의 학문적 흥미 사항을 중국어와 영문으로 각각 서술하라고 시켰다. 그런 다음 쳰 선생님은 아버지를 당신의 방으로 모셔 한담을 나누었고 나 혼자 사무실의 긴 탁자에 앉아 글을 썼다. 대략 한 시간 정도에 걸쳐 글 두 편을 다 썼다. 쳰 선생님이 나와서 먼저 중국어로 된 글을 보고 그다음에 영어로 된 글을 보았다. 그 후 빙긋 웃으면서 아버지에게 '아드님이 시험에 통과했으니 내일 바로 입학할 수 있습니다.'라고 말했다. 그때 나는 무척 놀랐다. 왜냐하면, 내가 알기로 첸 선생님은 온전한 현대식 학교 교육을 받지 않고 독학을 한 분이었기 때문이다. 영어에도 통달했으리라고는 생각지 못했다.

신아서원의 첫 학기에 첸 선생님의 "중국학술개론" 과목을 수강했는데 사용한 교과서는 선생님이 젊은 시절에 썼던 『국학개론』이었다. 그때 첸 선생님은 시국과 망명 생활의 영향으로 심정이 그다지 고르지 않았다. 게다가 학교 경비 때문에 수시로 곤혹을 겪어서 종종 수업에 온 신경을 집중할 수 없었다. 첸 선생님이 베이징대에서 행했던 강연은 생동감 있기로 특히 유명했는데, 류춘런[柳存仁] 선생님이 1940년대에 썼던 글인 「베이징대 사람들[北大사]」은 그 강연을 아주 생생하게 묘사하여 학계에서 널리 읽혔다. 그렇지만 당시 수업을 들을 때는 그분에게 숨어 있던 울분이 수시로 분출하는 것처럼 느꼈다. 아직도 기억나는 사건이 하나 있다. 한 번은 미국 대통령 트루먼이 하와이식 꽃무늬 셔츠를 입고 손님을 맞이하는 사진이 신문에 실렸다. 첸 선생님은 이 사진을 가리키면서 트루먼에게 아무런 위엄이 없다고 큰 소리로 욕했고, 교실 입구에 있던 개 두 마리를 가리키면서 그 개가 트루먼보다 훨씬 낫다고 했다. 첸 선생님이 이렇게 사람 욕하는 것은 처음 보았기 때문에 나는 무척 놀랐다. 왜냐하면, 그것은 선생님이 평소 사람을 대할 때 보여주었던 품위와 전혀 어울리지 않았기 때문이다.

첫 번째 학기 동안, 내가 신아서원을 다니는 것은 잠시 휴식을 취하는 것이며 여름 방학 후 옌징으로 돌아가리라고 늘 생각해서 서원에 그다지 주의하지 않았을뿐더러, 첸 선생님과도 수업 이외에 따로 만나지 않았다. 신아서원의 성격을 진정으로 이해하고 아울러 첸 선생님을 평생의 스승으로 받들었던 것은, 홍콩에 장기간 거주할 것을 결정한 1950년 가을 이후의 일이었다. 이 얘기를 아래에서 하려 한다.

신아서원은 1950년 3월에 창설되었으나, 그 전신은 1949년 가을에 설립된 아시아 문과·상과 학원[亞洲文商學院]이었다. 신아의 '신'은 '아시아 문과·상과'에 대응하여 붙여진 글자였다. 알고 보니, 1949년 5월 이후 국민당 정부가 실제로 광저우로 옮겨 와서, 당시 국민당과 관계가 깊었던 학자, 예컨대 장치윈[張其昀, 역사지리][1], 추이수친[崔書琴, 정치학][2], 셰요

---

1 [역자 주] 장치윈[1901~1985]. 중국의 사학자이자 지리학자이다. 난징고등사범학교를 졸업했다. 졸업 후 상하이 상무인서관에서 일하면서 『본국지리(本國地理)』라는 책을 편찬했는데 이 책은 전국에 통용되는 중·고등학교 교과서가 되었다. 1927년부터 국립중앙대학 지리학과에서 가르치기 시작했다. 현대 중국 인문지리의 개창자로 여겨진다. 1941년 중화민국 교육부 초빙 교수가 되었고, 1943년에는 미국 국무부의 초청으로 하버드대학에서 1년간 강학했다. 1949년 국민당 정부를 따라 타이완으로 건너갔다.

2 [역자 주] 추이수친[崔書琴, 1906~1957]. 1926년 난카이중학[南開中學]을 졸업하고

우웨이[謝幼偉, 철학][3] 등과 인문사회과학 분야의 대학을 창설
하기로 계획하였다. 광저우에서 교육부가 입안했고 홍콩에
서 교육사가 창설을 허락해 주었으며, 학교 이름은 "아시아
문과 · 상과 학원"이었다. 추이 · 셰 두 사람이 먼저 홍콩에
와서 창설을 준비하였는데 첸 선생님의 명망이 매우 높았으
므로 선생님을 원장으로 등록했다. 첸 선생님은 여러 차례
거절했으나 결국 원장직을 맡기로 했다. 그러나 추이 · 셰 두
사람이 오래지 않아 홍콩을 떠나 버려서 첸 선생님은 탕쥔이
[唐君毅] 선생님(철학)과 장피졔[張丕介] 선생님(경제학)[4]을 초빙하
여 공동으로 이 학교를 유지했다. 이 세 분은 곧이어 신아서
원의 개교 원로가 되었다.

1927년 중국국민당에 입당했다. 1934년 하버드대학에서 정치학으로 박사학위를 취득
했다. 이후 동북외교위원회 연구주임, 중앙정치학교, 베이징대학, 시난연합대학에서 근
무했다. 장포취안[張佛泉]과 독립시론사(獨立時論社)를 창설하기도 했다. 이후 타이완으
로 가서 국립타이완대학, 국립정치대학에서 교편을 잡았다. 저서로 『국제법』, 『조약론』,
『삼민주의신론(三民主義新論)』 등이 있다.

3 [역자 주] 셰요우웨이[謝幼偉, 1905~1976]. 둥우[東吳]대학을 졸업한 후 하버드대학으
로 유학 가서 화이트헤드의 지도로 철학 석사학위를 취득했다. 귀국 후 황포군관학교 광
저우 분교, 육군대학, 보병학교 등에서 교편을 잡았고, 저장[浙江]대학 철학과 학과장이
되었다. 1949년 인도네시아로 갔다가 1953년 타이완으로 갔다. 중앙일보 주필, 국민당
중앙당에서 일했고, 타이완정치대학, 타이완사범대학, 푸런대학에서 가르쳤다. 또한, 홍
콩 중원[中文]대학의 초빙을 받아 당 대학 철학연구소 소장을 역임했다. 이후 중국의 효
(孝) 윤리를 집중적으로 연구했다.

4 [역자 주] 장피졔[張丕介, 1905~1970]. 산둥성립제3사범학교에 재학하던 시절 국민당
에 가입했다. 1928년 독일의 프라이부르크대학으로 유학 가서 경제학 박사학위를 취득
했다. 항일전쟁이 일어나자 국민당 정부 교육부 농업교육위원회에서 근무했다. 1949년
부터 홍콩에 거주하기 시작했고 쉬푸관과 함께 『민주평론(民主評論)』을 창간했다.

'아시아 문과 · 상과 학원'은 실제로는 채 1년도 존재하지 않았고, 1950년 3월에는 벌써 신아서원으로 변모해 있었다. 그것은 아시아 문과 · 상과 학원의 창설자가 다 떠나버렸거니와, 시작부터 경비가 너무 모자라서 몇몇 개인의 기부에 거의 의지했기 때문이다. 학교는 건물조차 갖추어지지 않아서 고등학교의 교실 하나를 빌려서 야간에 수업할 수밖에 없었다. 그런데 1950년 봄, 어렵게 학교를 운영해 나가는 첸 선생님의 정신을 존경한 상하이의 기업가 왕웨핑[王岳峯]이 자금을 대서, 가우룽[九龍]의 빈민 지역인 구이린가[桂林街] 신축건물 3 · 4층에 세 들어 교사(校舍)로 삼았다. 창설자 세 사람과 학생 일부분이 거기에 거주할 수 있었고, 학교 이름도 신아서원으로 바꾸었다. 그 뜻은 '신아시아 문과 · 상과 학원'이었다.

아시아 문과 · 상과 학원은 아무런 자료나 기록을 남기지 않았다. 첸 선생님이 작성했던 「아시아 문과 · 상과 학원 개학식 강연 요약[亞洲文商學院開學典禮講詞摘要]」 한 편만 남아 있을 뿐이다. 첸 선생님은 이 글에서 두 가지 중요 구상을 제시했다. 첫째, "중국의 전통 교육제도에서 서원 제도만큼 좋은 것은 없다." 둘째, "독서 범위는 넓어야 한다. ··· 중국의 문화적 지식을 갖추면서 동시에 세계의 각종 문화를 이해해야 한다. 중국의 문화를 떨치려면 중국과 서양의 문화를 소통시켜야 한다."[5] 신아서원은 이 양대 중점을 계승했고 또 한 걸음 더 북돋웠다. 첸 선생님은 1950년 3월 신아서원의 「학생모집요강[招生簡章節錄]」에 이렇게 썼다.

본 서원은 민국 38년(1949년) 가을에 창립되었으며, 송·명대 서원의 강학 정신으로 거슬러 올라가고 이에 겸하여 서구 대학의 지도교수 제도를 채택하고, 인문주의적 교육 종지로써 중국과 서양의 문화를 소통시키면서 인류 평화와 사회 복지를 위해 전진할 것을 도모한다.[6]

첸 선생님은 신아서원의 창립 일시를 1949년 가을까지 거슬러 올라가 잡았는데, 문과·상과 학원과 신아서원이 하나이자 둘이며, 둘이자 하나라고 당신이 생각했다는 것을 알 수 있다. 그러므로 신아서원의 종지는 문과·상과 학원과 더불어 연속적으로 일관되는 것이다. 따라서 중국과 외국 문화를 둘 다 중시하며 세계의 문화를 소통한다는 두 가지 중점은 처음부터 신아 정신의 핵심이었다고 할 수 있다. '송·명대 서원의 강학'과 '서구 지도교수 제도'의 융합이 바로 그

---

5 『첸빈쓰선생전집[錢賓四先生全集]』(台北: 聯經出版事業股份有限公司, 1998.) 제50책, 『신아유탁(新亞遺鐸)』, pp.1-2.

6 『신아유탁(新亞遺鐸)』, p.3.

정신의 구체화였다.

위에서 신아서원의 기본 성격에 관한 내 인식을 대략 진술했다. 나의 인식은 1950년 가을 이후로 점차 발전된 것이었다. 왜냐하면, 신아에서 대학 학업을 마치기로 마음먹은 이후로는 첫 번째 학기처럼 막연하게 학교를 대할 수 없었기 때문이다. 나중에 내가 중국 역사를 연구할 때 택했던 주요 방법은 서양과 비교해 나가면서 중국의 문화적 특색을 탐구하는 것이었는데, 이것은 분명히 신아의 교육·연구 취지로부터 오랫동안 영향을 받았기 때문이다. 1999년, 나는 신아 50주년 기념 학술토론회에서 「신아의 정신과 중국문화[新亞精神與中國文化]」라는 제목으로 강연하면서 모교에 대한 나의 전체적 인식을 총정리하였다.[7]

자연스럽게도 학교의 정신은 교수 개인을 통해서 내게 전해져 왔으므로, 이어서 신아의 교수-학생 관계를 얘기해야겠다. 쳰빈쓰 선생님은 내게 가장 중요한 지도교수였으므로 윗글에 이어서, 1950년 가을 이후로 펼쳐진 쳰 선생님의 학문 이력을 좇아가 보자.

---

7 이 글은 현재 나의 『회우집(會友集)』 증정판(台北: 三民書局, 2010), pp.136-152에 수록되어 있다.

첸 선생님 문하에 처음으로 들어가다

　수업 이외에 첸 선생님을 개별로 만나 가르침을 받기 시작한 것은 1950년 가을부터였다. 이 얘기는 앞에서 이미 꺼냈다. 그래서 정식으로 첸 선생님 문하에 들어간 시기는 바로 이때부터라고 나는 여기고 있다. 기억하기로, 수업 후 선생님의 작은 방에 들어가서 가르침을 청했던 것은 당신이 쓴 『국사대강』을 정독하기 위해서였다. 비록 일찍이 그 책을 읽었다 하더라도 내용이 너무 풍부해서 일시에 소화하기는 쉽지 않다고 생각했다. 그것은 이 책이 강목체(綱目體)를 택하였는데 강(綱) 부분이 간단명료한 단언(斷言)이었기 때문이다. 그러한 정밀하고 확실한 단언을 어떻게 얻었을까? 그 근거는 목(目)에 있다. '목'이 다루는 사실은 너무 복잡하므로, 저자는 지면의 제한을 고려하여 상세한 내용까지 다 언급하지 못하고 그 대략만 얘기할 수밖에 없다. 당시 내 배움으로 『국사대강』을 충분히 이해할 수 없는 까닭이 바로 그 때문이었다. 그래서 첸 선생님에게 과외로 가르쳐 달라고 간청하였다. 내가 『국사대강』을 맨 처음부터 끝까지 정독하면서 각 장·절의 요점을 최대한 간략하게 적어서 보여드릴 테니 지적과 논평을 해주었으면 좋겠다고 부탁했다. 선생님은 매우 기뻐하면서 요청을 받아들여, 나는 『국사대강』을 요약하며 필기하는 것을 그 학기의 주요 과업으로 삼았으며 전체를 다 요약할 때까지 그 공부를 계속했다. 한편으로는 쓰고 다른 한편으로는 첸 선생님과 토론을 했으므로(선생님은 주로 책의 중요 부분을 그렇게 저술한 배경을 내게 설명해 주었다.) 그 작업은 전후로 몇 달이나 걸렸다. 두말할 나위 없이 첸 선생님의 강의와 논평은 내게 한없이 유익하였으니, 내가 『국사대강』의 내적 세계로 들어갈 수 있게끔 해 주었기 때문이다. 이 점과 관련하여 1990년 9월에 썼던 추도문인 「아직도 기억하지, 바람 불자 수면에 비늘 일던 것을[猶記風吹水上鱗]」에서 사례를 들어 설명했으므로 여기서 중복할 필요는 없겠다.

그렇지만 당시 가장 인상 깊었던 것은 『국사대강』의 실제 내용이 아니라, 오히려 학문을 추구할 때 보여준 첸 선생님의 기본적 태도였다. 두 가지 측면에서 그 태도를 설명할 수 있다. 첫째, 선생님은 처음으로 내가 쓴 노트를 돌려줄 때 이렇게 말했다. "한 페이지를 다 쓴 다음 바로 다음 페이지에 쓰는 식으로 노트 한 권을 다 채우면 안 된다. 새로운 노트로 바꿔서 한 페이지를 썼으면 그다음 페이지는 비워 놓고 거기다 한 글자도 쓰지 말아야 한다. 왜 그럴까? 내가 책(『국사대강』)에서 논했던 문제는 다른 학자도 연구와 분석을 했던 것인데 왕왕 의견이 다르고 심지어 상반되기도 한다. 비워 놓은 페이지에 앞으로 그런 이설(異說)을 기록해 넣으면 참고도 되고 비교도 될 것이다."(이것은 선생님이 했던 말 그대로가 아니나 취지는 같다.) 이것은 전혀 예상하지 못했던 가르침이었다. 『국사대강』이 근거가 있고 합리적이며 체계를 갖추었다고 선생님이 비록 자부했더라도 당신과 견해가 다른 연구성과를 경시하지 않았다는 것을, 그러한 가르침을 통해 비로소 깨달을 수 있다. 그뿐 아니라, 이분이 그토록 신중하게 신신당부했던 까닭은, 내가 처음부터 당신의 견해에 의해 구속된 나머지 다른 스승을 찾는 노력을 등한시할까 봐 걱정했기 때문이었다. 당시 나는 선생님의 고심(苦心)에 크게 감동했다.

둘째, 첸 선생님의 자상한 가르침 덕분에 『국사대강』은 직접 1차 사료를 요약하여 정리한 책에서 그치지 않고, 동시에 당대 중국의 제1급 사학자, 예를 들어 왕궈웨이[王國維], 량치차오[梁啓超], 샤청유[夏曾右][8], 천인췌[陳寅恪], 구제강[顧頡剛] 등이 발굴해 낸 참신한 성과를 충분히 흡수했던 것임을 인식하게 되었다. 그 대강을 말하자면, 첸 선생님은 당대 학자들이 최신 연구성과를 수시로 채택했을 뿐 아니라, 『국사대강』을 지을 때 통사의 관점에서 다시 그 성과를 숙고하여 조정을 거

---

8 [역자 주] 샤청유[夏曾佑, 1863~1924]. 진사(進士) 출신으로 예부주사(禮部主事)를 역임했다. 금문경학(今文經學)과 불학(佛學)에 깊은 조예가 있었고 청대의 건가(乾嘉) 고증학에도 상당한 소양이 있었다. 이밖에도 외국의 역사와 지리, 그리고 자연학적 지식에 주의를 기울였다. 1897년 톈진에서 옌푸[嚴復]와 『국문보(國聞報)』를 창간하여 신학(新學)과 변법(變法)을 고취했다.

친 후 책에 반영했다. 그래서 『국사대강』은 청나라 말의 연구성과는 물론이요, 1930년대 중국 신사학(新史學)의 성과까지 관통한 책이라고 나는 줄곧 여겨왔다. 첸 선생님은 「저자후기[書成自記]」에서 "당대의 글과 근래 학자의 연구성과를 많이 채택했다."라고 말했는데, 이것은 결코 상투어가 아니라 책의 저술 방법을 있는 그대로 보여준 말이었다.

위에서 든 두 가지 측면을 보면, 역사적 지식에 관한 열린 태도가 첸 선생님의 본바탕에 있었다고 할 수 있다. 『국사대강』은 사마천(司馬遷)의 표현대로 "일가지언(一家之言)"에 부합하였으나, 이 책은 결코 "문을 닫아걸고 수레를 만드는[閉門造車]" 식의 폐쇄 체계가 아니었다. 그것은 중국의 문화사·사상사를 연구하는 그의 일대 특색으로서, 『선진제자계년(先秦諸子繫年)』과 『중국근삼백년학술사(中國近三百年學術史)』에도 그런 특색이 잘 나타나 있다. 나는 이런 선생님으로부터 깊이 영향을 받아서 학문에 대한 인식을 정립하게 되었다.

첸 선생님으로부터 개인 지도와 가르침을 받으면서 가장 유익했던 점은 중국 문학·사학·철학 분야 전적의 독해법을 익힌 것이었다. 선생님은 본문 안팎에 대한 철저한 인식에 독해의 중점을 놓았다. 본문 안에 있는 글자를 하나도 놓치지 않아야 했던 것은 청대 학자가 강조했던 훈고학에 대응한다. 그리고, 해당 본문 하나만 고립시켜 놓고 이해하면 안

되고, 본문 밖에 있는 동류(同類)의 본문을 가져와서 양자의 차이를 비교한 다음에야 전체 역사 맥락에서 그 본문이 차지하는 진짜 위치를 분명히 인식할 수 있다고 했다. 세부적 가르침을 여기서 다 이야기할 필요는 없겠고, 선생님은 내 독서와 연구의 기본 능력을 기르기 위해 있는 힘을 다했다고 얘기하는 데서 그치고자 한다.

다른 한편으로, 첸 선생님에게는 명확한 가치관(그분은 유가의 가치 체계를 신봉했다)이 있었으나 당신의 가치 체계(옛사람이 말한 '도' 또는 '도통'에 해당한다)를 내게 직접 주입하지 않았다. 한유(韓愈)의 「사설(師說)」에 있는 용어를 빌려 표현하자면, 첸 선생님 교육의 구체적 착수점은 "과업 부여[授業]"와 "의문 해명[解惑]"에 있었으되 "도의 전파[傳道]"도 그 속에 깃들어 있었다. 하지만 일반 종교가의 선교 방식을 채택하는 것은 피했다. 내가 독서와 연구의 기본 능력을 갖추어야만 마침내 도(道)를 스스로 찾아낼 수 있다고 선생님은 여겼던 것 같다. 이 점에서 선생님은 맹자의 신도였다. 맹자는 "군자가 도로써 깊이 나아가는 까닭은 스스로 체득하고 싶기 때문이다."[9]라고 말했고, 또한 "도는 큰길 같으니 어찌 알기 어렵겠는가? 사람들의 잘못은 그것을 구하지 않는 것일 뿐이다. 그대가 돌아

---

9 "君子深造之以道, 欲求自得之也."

가서 도를 추구한다면 곳곳에 그것을 가르쳐 주는 스승이 있을 것이다."[10]라고 말했다. 첸 선생님은 시종일관 나를 격려하여 중국의 문화 전통을 깊이 이해하고 또 그 전모를 이해할 수 있게 했으며, 유구한 역사를 지닌 중국 문명 체계의 특징이 어디 있는지 찾게 했다. 사실, 중국의 문화 전통과 그 문명 체계의 특징이야말로 선생님이 마음속에 있던 '도'였으나, 나는 "깊이 나아가서 스스로 체득해야 했기[深造自得]" 때문에, 선생님이 '도'를 추구하여 체득했던 것을 그대로 받아들여 마치 내 것인 것처럼 여길 수는 없었다.

1950년 3월에 전학하여 1952년 6월에 졸업하기까지 신아서원에서 재학했던 2년여 시간은 바로 신아서원의 살림살이가 가장 궁핍했던 시기여서, 학교의 일상 경비조차 나올 곳이 없었다. 첸 선생님은 어쩔 수 없이 여러 곳을 바삐 다니면서 최저한도의 경비를 모금해 왔다. 선생님은 1950년 연말, 그리고 1951년 연말에 두 차례 타이완에 갔는데, 갈 때마다 오랫동안 그곳에 머물렀다. 두 번째 타이완행은 운도 따르지 않았다. 1952년 4월 타이베이에서 강연할 때 건물 지붕이 무너져 머리를 다쳤고 퇴원 후에도 타이베이에서 요양해야 했으므로 8월이나 되어 홍콩으로 돌아왔다. 그래서

---

10 "夫道若大路然, 豈難知哉. 人病不求耳. 子歸而求之, 有餘師."

7월 12일에 열린 내 졸업식을 선생님이 주관하지 못했고, 나는 그때 크게 실망했다.

이런 상황을 서술하면서 하나 해명해야 할 점은, 졸업하기 전 첸 선생님에게 홀로 배우는 시간에 매우 제한이 있었다는 사실이다. 기억하기로는 오히려 졸업 이후 선생님에게 여유롭게 배울 기회가 더 많았고 특히 1953~54년도에 그러했다. 1953년 가을, 첸 선생님은 미국 아시아 기금회(Asia Foundation)의 지원을 받아 연구소를 설립했다. 연구소는 가우룽[九龍] 에드워드 길[太子道]에 있는 건물 한 층에 세 들었고 선생님과 연구생 세 명이 그곳에서 거주했다. 나는 우리 집에 살았으나 매일 연구소에 가서 공부했다. 그 1년간 나는 거의 매일 선생님과 만났다. 여기서 더욱 중요한 사실은, 내가 선생님의 직접 지도 아래에 정식으로 중국사 연구를 시작했다는 것이며 일생의 학문 방향이 바로 이 단계에서 정립되었다고 할 수 있다는 점이다. 그래서 그 과정을 간략하게 돌아보고자 한다.

첸 선생님은 내 지도교수였으나 내게 어떤 연구 제목도 주지 않았다. 나는 스스로 제목과 논지를 정한 다음에 그분과 논의해야 했다. 이것 역시 "깊이 나아가고 스스로 체득한다."라는 맹자 원칙의 실천이었다.

당시 나는 마르크스주의 사학의 도전을 받고 있었기 때문에 연구 방향은 중국 사회경제사로 기울었다. 20세기 전반 중국과 일본의 사학계는 위진남북조 시기를 아주 활발하게 연구하여 매우 훌륭한 성과를 거두었다. 그래서 나는 문벌[門第] 사회의 기원과 발전, 그리고 유가와 도가의 상호 투쟁(즉 名教와 自然의 투쟁)과 문벌의 관계를 추적하기로 마음먹었다. 이는 '토대'와 '상부구조' 사이의 관계를 경험적으로 검토해 보는 작업에 대략 상응했다.

첸 선생님은 내 구상을 알게 된 후 공감과 긍정의 태도를 보여주었으나, 곧바로 극히 중요한 가르침을 주었다. 곧, 내 전체 계획은 반드시 한대(漢代)까지 거슬러 올라가야 근원의 소재를 찾을 수 있으리라는 것이었다. 이 가르침을 받고 나는 본래 연구계획을 수정했다. 원래 준비했던 계획은, 먼저 『삼국지』 열독(閱讀)부터 시작하고 최종으로는 『후한서』를 정사(正史) 정독(精讀)의 시점으로 삼는 것이었다. '정독'은 두 가지 사항을 포함했다. 첫째, 처음부터 끝까지 책 전체를 통독하는 것이며, 둘째, 책에 있는 모든 관련 자료를 체계 있게 정리하고 기록함으로써 향후의 조사와 운용에 도움이 되게끔 하는 것이었다. 두 번째 사항에 관해 조금 더 설명해야겠다. 연구 취지에 상응하여, 사회·경제·정치·사상 각 분야에 관한 『후한서』의 모든 언급을 수집하되, 그것이 직접적이든 간접적이든, 아니면 중대하건 대수롭지 않건 간에 모두 하나

하나 수집해서 카드에 정리하고 표지를 달아, 이후 분야별로 검토할 때 사용하려 했다. 비교적 간단한 원문은 다 베낄 수 있었으나 좀 긴 것은 요점을 적었다. 그러나 원문 내의 핵심 어휘나 경구(警句)는 최대한 카드에 다 남기려 했다.

가우룽의 에드워드 길에 있는 연구소는 겨우 1년만 유지되었고, 이듬해(1954~1955) 그램피안 길[嘉林邊道]에 있는 새로운 교사(校舍)로 병합되었다. 바로 이 해부터 미국의 예일 협회(Yale-in-China)가 신아서원에 자금 지원을 시작했기 때문이다. 계속해서 나는 연구소에서 1년 더 연수했다. 정독 작업은 『후한서』에서 시작하여 위로는 『한서』로 거슬러 올라갔고 아래로는 『삼국지』까지 이르렀다. 작성한 카드는 1천여 장을 헤아렸고 그것은 내 중국사 연구의 기초를 놓아주었다. 거의 2년에 이르는 정독과 기록을 거쳐 1955년 늦봄부터 논문을 쓰기 시작했다. 논문의 최초 제목은 "전·후한 교체기 정치 변동의 사회적 배경[兩漢之際政治變動的社會背景]"이었으며, 1956년 1월 미국 하버드대학에서 탈고한 후에는 제목을 "동한 정권의 건립과 사족 대성의 관계[東漢政權之建立與士族大姓之關係]"로 정했다. 이것은 내가 저술한 첫 번째 사학 논문(monograph)으로 전문은 약 6만 자였고 1956년 출판된 『신아학보(新亞學報)』 제1권 제2기에 수록되었다. 1959년 간행된 『신아학보』는 첸 선생님의 65세 기념호였는데, 나는 또 카드에 수록된 1차 사료에서 출발하여 10만 자에 이르는 논문 「한·진 교체기 사의 새로운 자각과 신사조[漢晉之際士之新自覺與新思潮]」를 썼다. 그뿐 아니라, 1958년 가을에는 하버드대학 양롄성[楊聯陞] 선생님의 "중국경제사연구"반에서 「한대의 국제경제적 교류[漢代中外經濟交通]」를 영어로 썼는데, 역시 카드 자료에서 전통적 문헌 증거를 찾은 다음 국내외 고고학계에서 발굴한 자료를 널리 참고하였다. 그런데 내 연구 중점은 사실을 많이 수집한 후 그것을 서사의 방식으로 나타내는 데 있지 않았다. 내가 특별히 중시했던 것은 한나라 왕조와 외족(당시 '蠻夷'로 칭해진 부류) 사이의 경제적 교섭 배후에 있는 제도적 구조, 특히 "조공(朝貢)" 체제였다. 그것은 『한서』와 『후한서』 중 관련된 서술을 모아서 여러 층위에 걸쳐 분석과 종합을 해낸 후에 비로소 정확한 인식에 도달할 수 있는 것이었다. 그래서 내가 원래 갖고 있던 카드가 그 글에서 아주 중요한 위치를 차지했다. 몇 년 후 이 논문을 연구 저서로 확장했으니 이 책이 바로 『한대 중국의 무역과 확장(漢代中國的貿易與擴張, *Trade and Expansion in Han China-A Study in the Structure of Sino-Barbarian Economic Relations*, 1967)』이었다.

 이상, 사학 연구의 초기 경력과 성과를 돌아보았는데, 1953~55년 사이 만 2년 동안 첸 선생님의 지도에 따라 한대 사서(史書)를 정독했던 것이 이후의 내 학문 인생에 헤아릴 수 없는 영향을 끼쳤다는 것을 독자는 즉각 알아차릴 수 있을 것이다.

그렇지만 나와 첸 선생님의 관계는 학술 분야에만 한정되지 않았고, 스승과 제자의 정서라는 측면에서 볼 때 더욱 기억할 만한 일이 있다. 첸 선생님은 감수성도 풍부했거니와 유머 감각도 뛰어나서 그분과 오랫동안 함께 있으면 아주 자연스럽게 친밀감이 생겨나고 그것이 오랫동안 그침 없이 계속 유지된다. 이분이 제자들에게 보낸 편지를 읽어보면 그런 인상이 매우 뚜렷해진다. 여기서는 다만 나와 선생님 사이의 스승-제자 관계만 얘기할 수 있지만, 사실 우리 아버지와 첸 선생님 사이의 교류부터 얘기해야 한다. 아버지는 항일전쟁 시기에 『국사대강』 국난판(國難版)[11]을 읽었는데 종이 질이 극히 조악했고 페이지 위에는 수많은 주석이 붙어 있으나 그 책을 크게 칭찬했다.(내가 처음으로 읽었던 책도 아버지의 이 판본이었다) 그래서 1946년 6월에 아버지는 마음을 다하여, 첸 선생님에게 둥베이중정대학으로 와서 학생을 가르쳐달라고 부탁했으나 안타깝게도 성공을 거두지 못했다. 홍콩에 온 이후 아버지와 첸 선생님은 늘 왕래가 있었고 내가 신아서원에

---

11 [역자 주] 중일전쟁으로 상무인서관의 총관리처, 인쇄소, 편역소가 일본군에 의해 파괴되어 출판사업을 더는 할 수 없게 되었다. 상무인서관은 그 반년 후 인쇄소를 다시 복권하여 책을 출판할 때 "X판"이라고 표기하는 대신 "국난판 N판"으로 표기했다.

들어간 다음에는 더욱 빈번해졌다. 1951년 가을, 신아서원이 타이베이로부터 원조를 받게 되자 첸 선생님은 아버지를 초빙하여 1년간 서양통사를 가르치게 했고, 1953~54년에는 에드워드길 연구소의 전임 지도교수로 1년간 초빙하기도 했다.[12] 1951년부터 1955년 사이, 첸 선생님은 우리 가족과 여러 차례 함께 즐거운 모임을 하기도 하고, 케이블카를 타고 타이핑산[太平山] 정상까지 올라가기도 했으며, 해변 카페에서 즐겁게 한담을 나누기도 했다. 가장 인상 깊었던 장면은 섹오[石澳] 해변에서 온종일 산책했던 일이다. 이때 첸 선생님은 당신이 겪었던 여러 가지 학문적 사건을 얘기해 주었는데, 그중에는 당시 유명했던 학자의 학문과 사람됨이 포함되어 있어 정신없이 들었다. 몇 년 후 선생님은 『스승과 동료에 관한 여러 가지 기억[師友雜憶]』을 썼다. 비록 이 책이 과거 여러 사건을 망라하고 있으나, 우리에게 직접 말로 해 주었을 때의 그 세밀함과 생동감에는 끝내 미치지 못했다. 첸 선생님 90세 생신 때 내가 지었던 송축시 중 "해변에서 고개 돌리니 앞을 가로막은 안개. 아직 기억하노니 바람 불자 비늘이 된 바다."[13]는 특히 섹오의 산책을 가리켰던 구절이다.

---

12 『신아유탁(新亞遺鐸)』, pp.18-48.

13 "海濱回首隔前塵, 猶記風吹水上鱗."

이렇듯 함께 어울리는 일은 선생님의 방미(訪美) 시기에도 있었다. 1960년 하순, 첸 선생님이 예일 대학을 떠나기 전, 아버지는 그 이웃 주(州)인 뉴햄프셔(New Hampshire)의 경치 좋은 호숫가에서 오두막을 한 채 빌렸고, 첸 선생님 부부를 그곳으로 초청하여 우리 가족과 일주일 동안 즐겁게 시간을 보냈다. 그것은 실로 잊기 어려운 여행이었다. 20여 년 후 첸 선생님은 감정이 충만한 회고록을 한 편 썼는데 여기서 인용할 만한 가치가 있다.

우리 부부는 케임브리지(Cambridge)에서 1주일 동안 머물렀다. 만나는 사람도 많았고 할 일도 많았다. (인용자 주: 1960년 4월, 첸 선생님은 하버드에서 강연하기 위해 왔다.) 미국을 떠날 때가 되자 셰중[協中: 위잉스의 부친]이 강권하기를, 우리 부부가 뉴헤이븐(New Haven, 예일 대학 소재지)을 떠나기 전에 케임브리지에서 자신의 일가족과 함께 1주일 동안 즐겁게 지내자고 했다. 우리 부부는 응낙했다. 그래서 뉴헤이븐을 떠나기 전에 다시 케임브리지로 갔다. 셰중 선생은 어떤 경치 좋은 휴가지의 집 한 채를 빌렸고, 그들 부부와 두 아들 잉스[英時], 잉화[英華], 그리고 우리 부부 도합 여섯 명이 함께 그 집으로 갔다. 지명은 이미 잊어먹었다. 호수 둘레를 산이 감쌌는데 산은 높지 않았고 호수도 크지 않아서 경치가 그윽하고 아름다웠다. 두 집안 사람들은 배를 타고 노를 저으며 호수를 이리저리 다니기도 하고, 집 밖의 숲 속과 풀밭에서 걷기도 하고 앉아 있기도 하였다. 이런 칠일간의 정경이 아직도 뇌리에 남아 있다. (중략) 셰중 부부가 홍콩을 떠나기 전, 우리 부부는 그 두 사람과 그 아들 잉화와 함께 바다 건너 란터우산[大嶼山]으로 놀러 간 적이 있다. 밤중에 산에올라 어떤 절에서 하루 묵었다가 이튿날 새벽에 돌아왔다. 셰중은 이 여행을 잊지 못했기 때문에 우리 부부를 초청하여 이호수에 오게 한 것이다. 마침 호수에 온 사람은 우리밖에 없었다. 우리 부부는 미국에 여덟 달 가까이 체재했는데 이번 7일이 가장 유쾌하고 평화로웠다. 이제 셰중이 세상을 떠났으니, 그 호수는 참말로 "눈 녹아 질척한 땅"[雪泥] 같고 "기러기발자국"[鴻爪]은 겨우 우리 부부 마음속에 남아 있는 듯하다.[14]

아버지가 세상을 떠난 해는 1980년이며 첸 선생님이 이여행을 회고한 것은 바로 그 직후였으므로 그 사무치는 느낌이 각별한 것 같다. 첸 선생님과 우리 가족 사이의 우정이이러했으므로, 평소 선생님은 마치 당신의 자제를 대하는 것처럼 내게 관심을 쏟았다. 극히 자연스럽게도 선생님과 나의관계는 일반적 스승-제자 관계 이상이었다. 때로 선생님과

---

14 첸무[錢穆], 『사우잡억(師友雜憶)』, 전집본 51책, pp.346-7.

단독으로 얘기를 나눌 때, 선생님이 내 정신과 신체의 건강, 심지어 학문의 득실에 대해 매우 주의를 기울이고 있다는 것을 깊이 느낄 수 있었다. 1960년 5월 28일, 선생님이 예일대에 머물 때 내게 보낸 장문의 편지 끝부분에 아래와 같은 구절이 있었다.

> 또 생각건대 자네[弟]의 생활은 마치 양임공(梁任公; 량치차오)과 비슷하네. 양임공이 일본에 있을 때 생활에 절도가 없어서 밤새글을 쓰다가 해가 뜨면 비로소 잠자리에 들었고 오후 네다섯시 경 일어났지. 자네가 멀리 나아가려면 힘껏 경계해야 하네. 정신을 소모하면서 밤새우면 안 되고, 마음이 풀어져 아침에 늦게 일어나면 안 되네. 자네는 마음으로 내가 아끼는 사람이다 보니 별 얘기를 다 했네. 진실로 바라건대 자네는 이상하게 생각지 말게나.[15]

내가 량치차오의 뒤를 따라 제 명대로 살지 못할까 봐 그분은 정말로 걱정했다. 그때 이 몇 구절을 읽고 느꼈던 감동을 문자로 묘사할 수 없다. 첸 선생님에 관한 이야기는 여기서 잠시 멈추고 뒤에서 다시 언급하겠다.

---

15 『소서루여심(素書樓餘瀋)』, 전집본 53책, p.430.

탕쥔이 선생과 신유가의 발흥

첸 선생님이 비록 신아서원의 주요 원동력이기는 하였지만, 만일 장피졔와 탕쥔이 두 분의 개교 원로가 합심 협력하면서 고난을 함께 하지 않았다면 신아서원은 계속 유지될 수 없었을 것이다. 홍콩에서 5년 동안 있었던 기억에 따르면, 장 선생님은 학교의 일체 실무를 담당하여 총무과장에 해당했고, 탕 선생님은 교무를 총괄하여 교무과장에 해당했다. 장 선생님의 전공은 경제학이었는데 일찍이 독일에서 몇 년이나 연구하였으므로, 신아서원이 창립된 이래 퇴직할 때까지 줄곧 경제학과 학과장을 맡았다. 나는 장 선생님의 "중국경제문제", "토지경제학" 등 과목을 수강한 적이 없다. 그렇지만 장 선생님은 개교 원로로서 중국의 문화 전통을 중시하는 점에서 다른 두 분과 일치하였고 또 신아의 학생들을 아주 자상하게 돌보아 주어서 나는 선생님과 늘 아주 친근하게 지냈다.

그리고 탕 선생님이 내게 끼친 사상적 영향이 첸 선생님의 그것과 버금가기 때문에 여기서 조금 소개하지 않을 수 없다. 나는 선생님의 서양철학사 수업은 들었으나 선생님을 따라 중국 철학사를 공부한 적은 없다. 아마도 내 흥미가 학술사와 사상사 분야에 치우쳤기 때문일 터인데, 그 당시 어째서 중국철학과 관련된 선생님의 수업을 듣지 않았는지 지금은 기억이 흐릿하다. 나는 탕 선생님으로부터 수업에서만 영향을 받은 것이 아니라, 끊임없이 솟아 나오는 연구서, 학술논문 등 선생님의 논저로부터도 영향을 받았다. 그 밖에 선생님이 여러 차례 행한 공개 학술강연회 역시 내게 큰 깨우침과 동시에 도전 과제를 주었다.

먼저 지적해야 할 점이 있다. 탕 선생님이 신유가의 대가가 되는 과정은 신아서원이 유학의 중심이 되는 과정과 발맞추어 진행되었다는 사실이다. 이런 측면에서 말하자면, 이분과 첸 선생님은 전혀 다른 상황에 있었다고 할 수 있다. 첸 선생님은 1949년 홍콩으로 이주할 때 이미 전국에서 유명한 사학 대가였고, 그 주요 저작인 『선진제자계년』과 『중국근삼백년학술사』는 상당히 오랜 기간 널리 읽혀 왔으며, 『국사대강』은 인구에 회자되던 상황이었다. 그래서 신아서원의 창립자들은 첸 선생님의 명망을 빌려서 각처에 호소해야 했다. 이에 비해 탕 선생님은 당시 겨우 마흔 살이어서, 비록 중국과 서양철학에 조예가 깊고 여러 저작을 출판하기는 하였으나 아직 일가를 이룬 상황은 아니었다. 탕 선생님에게 붙여진 일대(一大) 유학 종사(宗師)의 지위는 신아서원이라는 특수 기지 위에서 구축된 것이다. 2008년에 나는 탕 선생님의 동상을 위해 찬(贊)을 써서 가장 정확하고 간단한 방식으로 그분의 일생과 학문을 요약하였다. 이 짧은 글을 아래에 기록

하고 몇 마디 덧붙이고자 한다.

탕쥔이 선생(1909~1978)은 쓰촨 이빈[宜賓] 사람으로, 어릴 때 가
정에서 교육을 받으며 유가 전적을 통해 지혜를 깨우쳐 나갔
다. 자라나서 남북으로 유학을 다니다가 어우양젠[歐陽漸], 슝스
리[熊十力] 등 대가에게 배워 마침내 유가와 불교의 허물을 꿰뚫
었다. 선생의 정밀한 사유와 명쾌한 분석력은 천부적이어서
처음에 서양철학 이론을 배울 때 천성에 매우 잘 맞았다. 조예
가 깊어 독일의 변증법적 사유를 묵묵히 이해해 내는 경우가
많았다. 일평생 중국 인문 정신의 진작을 임무로 삼아 구학문
과 신학문을 하나의 화로에서 용해하고, 한 단계 한 단계 체
계 있게 구축해 나가서, 경계가 트임과 동시에 위계가 조밀하
였다. 도덕적 자아의 정립이 그 기초였고, 중국문화의 정신적
가치가 그 전모를 드러냈으며, 영혼의 아홉 번째 경지인 천덕
(天德)이 흘러나오는[流行] 경지는 궁극적 귀의처였다. 이것이 바
로 선생님의 학문이 나이가 들수록 원숙해졌다는 것에 대한
명확한 증거이다.

　1949년, 선생은 신아서원의 창건에 참여하였고 철학과를
창설하였으며, 1974년 중원[中文] 대학 석좌교수직에서 퇴임
할 때까지 25년 동안 홍콩의 철학계를 주도했다. … 수많은 학
자가 문하에서 배출되어 일세를 풍미했다. 시국이 어수선하

고 중국 문화가 쇠락하였으나 그래도 신주(神州: 중국)의 철리(哲理)가 해안 한 귀퉁이[인용자 주: 홍콩]에서 명맥을 이어갈 수 있었던 것에는 선생의 공이 막대했다.

선생은 강학할 때도 늘 정세를 염두에 두었으니, 몸소 세상의 변화를 겪으면서 현실을 깊이 걱정했다. 그리하여 분연히 근본으로 돌아가 새로운 경지를 열었으며, 공자의 가르침을 견지하고 천하에서 주창했으니 이것이 바로 국내·외의 신유가(新儒家)가 발흥한 연유이다. 신유가의 종지와 규모는 선생이 찬술한 문화선언으로 정해졌다. 수십 년 동안 국내·외에 전해지면서 점차 세계의 운명과 호흡을 같이 했으니 참으로 탁월하지 않은가!

도를 밝히고 세상을 구제하면서 위로는 선철(先哲)을 계승하였고, 진실한 그의 어짊은 후대를 위해 모범이 되었다. 동상을 우러러보며 영원히 기억하고 잊지 않으리!

윗글에서 언급한 『중국문화의 정신적 가치[中國文化之精神價值]』는 1951년에 간행되었는데 타이완·홍콩 및 해외의 화교 지식인이 거의 다 사서 읽었고, 그 후로도 몇 년이나 중간(重刊)을 거듭하였다. 그 영향의 범위는 량수밍의 『동서문화와 그 철학[東西文化及其哲學]』(1921)을 훨씬 넘어선다. 1950년대 이래, 중국과 해외의 학자들이 중국·서양 문화의 문제를 논할 때 어떤 관점을 지녔건 간에 탕쥔이 선생님의 이 책에 나오는 관찰과 분석을 언급할 수밖에 없었다. 그 밖에도 1949년부터 탕 선생님은 또 장편 논문을 다수 저술하여 인문 정신을 선양하였는데, 이들 논문이 학술지에 실리면서 선생님의 영향은 더욱 깊고 넓어졌다. 이분의 논문은 민족적 정서가 강렬하고 독창적 사유가 풍부했거니와 종종 독일식 변증법을 원용하였기에 독자에게 가하는 충격이 대단했다. 이 논문들은 홍콩에서 출판되었던 『민주평론(民主評論)』, 『인생』, 그리고 『조국주간(祖國週刊)』 같은 간행물에 주로 발표되어 타이완, 동남아, 일본, 심지어 미국까지 널리 퍼졌다. 탕 선생님의 명성은 그에 따라 하루하루 높아만 갔다. 1950년부터 1970년대에 이르기까지 해외 중국 인문학계에서 창조적 정신이 가장 풍부한 지도자 중 한 명으로 탕 선생님을 꼽는다고 해도 무리는 아닐 것이다.

다음, "신유가의 종지와 규모는 선생이 찬술한 문화선언으로 정해졌다."라는 윗글의 배경에도 큰 사건이 있었다. 여기서 말한 "선언"이란 「삼가 중국문화를 세계인에게 알리는 선언[爲中國文化敬告世界人士宣言]」을 가리킨다. 이 선언의 최초 발의자는 장쥔마이[張君勱] 선생님인데 탕쥔이, 머우쭝싼[牟宗三], 쉬푸꾸안[徐復觀] 세 선생님의 동의를 신속히 받아 공동으로 서명하여 『민주평론』 9권 제1기(1958년)에 발표하였다. 그런데 이 「선언」은 탕 선생님이 초고를 잡았기 때문에, 나중에 「중국문화와 세계[中國文化與世界]」라는 글로 개작하여 당신의 문집에 수록했다. 만약 『중국문화의 정신적 가치』를 꼼꼼하게 읽는다면 「선언」의 주요 논점이 그 책에서 다 해명되어 있다는 것을 즉각 알아차릴 수 있을 것이다. 「선언」이 탕 선생님 한 사람의 손에서 다 나왔다고 말하는 것은 당연히 아니다. 사실 서명자 네 사람의 문화적 관점은 본래 매우 유사했으며, 특히 머우쭝싼 선생님과 탕 선생님의 사상은 거의 일치했다. (이 두 분은 만년이 되어 의견이 나뉘었는데 여기서는 논하지 않겠다.) 여기서 특별히 강조하려는 바는, 탕 선생님이 주동하여 「선언」을 썼던 것은 동지들과 연합하여 서명한 사상적 보루를 의식적으로 세우려 했음을 보여준다는 사실이다. 그 사상적 보루가 바로 오늘날 세계에 퍼져 있는 "신유가(新儒家)"이다. 이 새로운 학파의 명칭은 「선언」이 발표된 이후 점차 형성되었다. 1959년 5월 6일, 첸 선생님이 내게 보낸 편지는 이렇게 말한다.

얼마 전 장쥔마이, 탕쥔이 등 네 명이 연명하여 「중국문화선언」을 쓰면서 내게도 서명해 달라고 부탁하였으나 나는 거절하였네. 내가 장쥔마이에게 보낸 편지가 한 통 있는데 홍콩의 『재생(再生)』에 발표되었지. 나는 그런 방법을 좋아하지 않거니와 그것이 학술계에 의미 없는 장벽을 세울까 걱정되네.

첸 선생님은 그 문화적 관점이 장·탕 선생님 등과 대동소이한데도 「선언」에 서명하기를 거부했던 까닭은, 사상적 차이 때문이 아니라 학문 분과 사이에 분쟁 일으키는 일을 피하기 위해서였다. 선생님이 이처럼 분명하게 우려를 나타냈으나 네 분 선생님은 흔들리지 않았다. 새로운 깃발을 내걸어 군중에게 호소하고 영향력을 확대하려는 용의주도한 계획이 네 사람 마음에 미리 자리 잡고 있었다는 것을 알 수 있다. 탕 선생님은 「선언」을 쓰는 중요 임무를 의연하게 떠맡았으므로 이분의 태도가 더욱 적극적이었던 것이 분명하다.

마지막으로, '신유가'가 하나의 정식 학파로 형성되는 과정에서 탕 선생님이 가장 핵심 역할을 했다는 점을 특별히 지적하고자 한다. 사례 하나를 들어 이 주장을 뒷받침하겠다. 해외 신유가에는 대표적 인물이 세 사람, 즉 탕쥔이, 머우쭝싼, 쉬푸관이 있는데 모두 슝스리의 제자이다. 이 중에서 탕·머우 두 선생님은 전업 철학자로서 일평생 강단을 떠나지 않았으나, 쉬 선생님은 "학술과 정치 사이"에 있었고 중년 이후에야 비로소 정치계를 떠나 학계로 들어왔다. 그래서 문화계 인사들은 "이성(二聖: 탕쥔이·머우쭝싼)" "일현(一賢: 쉬푸관)"이라고 즐겨 불렀다. 이 세 사람은 처음부터 두 곳으로 나뉘었다.

즉, 탕 선생님은 홍콩 신아서원으로 갔고, 머우·쉬 선생님은 타이완의 둥하이[東海] 대학에서 교편을 잡았다. 비록 피차 간에 뜻은 일치했으나 아침저녁으로 함께 절차탁마하고 진리를 논할 수는 없었다. 그래서 몇 년 후, 탕 선생님은 신아서원과 홍콩 학술계에서 갖고 있던 거대한 영향력을 활용하여 먼저 머우 선생님을 홍콩대학 중문학과로 초빙했고, 이어서 다시 중원[中文] 대학(즉, 신아서원) 철학과로 초빙했다. 쉬 선생님도 둥하이 대학을 퇴직한 후 홍콩으로 이주하자 탕 선생님은 이분이 신아서원 연구소에서 연구를 할 수 있게 안배했다. "이성일현"이 한곳에 모이자 '신유가'는 마침내 신아서원에서 그 기지를 세운 것이었다. 1960년대 말부터 1978년 탕 선생님의 서거 때까지, 신아서원을 중심으로 하는 '신유가'는 최고 절정에 도달하여 국제 학계의 주목을 받았다. 1975년 5월 중순, 나의 하버드대 동료 슈왈츠(Benjamin I. Schwartz) 교수가 케임브리지 대학에서 가르친 후 홍콩으로 가서 신아서원에 방문했던 일을 분명히 기억한다. 그이는 '신유가'의 여러 선생과 얘기를 나누고 싶다고 특별히 의사를 표명했다. 조정을 거쳐, 그이는 탕쥔이·머우쫑싼·쉬푸관 선생님, 그리고 그 제자들과 신아서원 연구소에서 오후 토론회를 진행했다. 나는 학교 일이 많아서 이 모임에 참가할 수 없었다. 그런데 이튿날 슈왈츠 선생이 아주 흥분한 어투로 내게, 이토록 독특하고 또 고도로 독창적인 사상 유파("a unique and highly original school of thought")가 신아서원에 있다는 것은 영광으로 여길 만한 일이라고 했다. 슈왈츠 선생은 원래 인사치레 말은 안 하는 사람이어서 이런 평가는 그이의 진정에서 나온 것이었다. 그이의 말은 내게 깊은 인상을 남겼고 오래도록 잊히지 않는다.

이상으로 '신유가'의 발흥과 발전에 이바지한 탕 선생님의 공적을 약술했다. 위의 내용은 내가 직접 보고 들은 것이므로, 비록 사실에 다 맞지 않는다고 해도 그리 틀리지는 않을 것이다. 마침 탕·머우·쉬 세 분은 모두 일기와 편지를 많이 남겨서 앞으로 연구자들이 면밀하게 검토해서 관련 내용을 발굴할 터이므로 여기서 더 많은 말은 하지 않겠다.

종합하자면, 나는 신아서원에서 5년 동안 공부하여, 중국과 서양 문화의 정신적 가치에 관한 탕 선생님의 비교와 요약은 귀에 익을 정도로 들었다. 비록 선생님의 형이상학적 사유의 길을 내가 따라가지는 않았으나, 선생님의 논저를 읽을 때마다 여러 문제에 대해 반복해서 탐색하고 사유하지 않을 수 없었다. 그래서 첸 선생님을 제외하면, 탕 선생님이야말로 학술과 사상의 두 분야에서 내게 가장 깊은 깨우침을 주신 분이었다.

二. 학교 밖에서 추구한 지적 활동

쳰 선생님 문하에 들어가서 전통 중국사를 필생의 전공으로 선택하는 것은 더 주저할 여지가 없었다. 그런데 전공은 장기간의 준비와 방대한 독서가 필요하므로 즉각 성과를 거둘 수 없는 것이었다. 사실, 신아서원에서 공부하던 시기 내가 가장 긴박하게 여겼던 문제는 결코 전공을 어떻게 잘할까 하는 것이 아니라, 마르크스주의 유물사관을 어떻게 극복할까 하는 문제였다.

옌징대학에 있을 때 한 학기 동안 "정치학 공통과목" 수업을 들었는데, 이 수업은 마르크스주의를 학생의 의식에 주입하는 것이 목적이었다. 당시 마르크스주의 "고전"으로 받들어지던 책은 1938년 소련이 출판한 『소련 공산당사 요약강의[聯共黨史簡明教程; *History of the Communist Party of the Soviet Union(Bolsheviks) : Short Course*)』였다. 그중 제4절이 「변증유물론과 역사유물론」이었는데 스탈린이 직접 쓴 것이어서 한 글자 한 글자 모두 지고무상한 진리로 인정되었다. 스탈린은 토대(생산력과 생산관계)가 상부구조(사회구조와 사상, 의식 등)를 결정한다는 마르크스의 학설을 근거로 삼아 역사 발전 공식, 즉 '5단계론'을 제시했다. 그것은 모든 민족 또는 지역이 반드시 다섯 가지 단계, 곧 원시공산제, 노예제, 봉건제, 자본주의, 그리고 사회주의(이것은 공산주의로 귀결된다.)를 거친다는 것이다. 스탈린은 이것을 과학 법칙이라고 불렀다. 왜냐하면, 그것은 어떤 개인의 의지에 따라 이행하지 않고 토대에 의해 결정된다고 보았기 때문이다. 중국공산당의 어용 학술계도 처음부터 5단계론을 온전히 받아들였다. 궈모뤄[郭沫若], 판원란[范文瀾], 허우와이루[侯外廬], 젠보짠[翦伯贊] 등의 저술과 그 이후 중국사 시기 구분에 관한 논쟁이 모두 그 증거이다. 이들 사이의 차이는 겨우 시기 구분의 시간 선후에 있을 뿐이었다.

나는 정치학 공통과목을 수강하는 동시에 윙뚜졘[翁獨健] 선생님의 수업에서 플레하노프(Georgi V. Plekhanov)의 『일원론적 역사관의 발전』을 읽었기에 5단계론이 너무 간소하다고 생각했다. 특히 눈에 띄었던 것은, 동양 고대, 예를 들어 중국, 인도, 이슬람 지역에는 "아시아적 생산양식"이 있어서 서양의 그리스, 로마와 다르다고 마르크스가 주장한 부분이었다. 그러나 스탈린의 5단계론은 이에 대해 한 글자도 언급하지 않았다. 그러므로 옌징대학의 "정치학 공통과목"은 내가 역사유물론을 신봉하게끔 만들지 못하였으나, 내게도 이 중요한 문제에 어떠한 논리적 판단을 제시할 능력이 없었기 때문에 그 문제를 한쪽에 처박아두고서 당분간 보류할 수밖에 없었다.

하지만 신아서원에 들어가서 중국사를 전공으로 삼기로 한 이후, 유물사관을 명확히 인식하지 않으면 안 된다는 사실을 곧바로 자각하게 되었다. 이유는 아주 간단했다. 위에서 말했다시피 5단계론은 이미 중국 대륙의 사학계를 석권하였으므로, 어째서 역사유물론을 기꺼이 받아들이지 않는지를 설명해 낼 수 없다면 이후의 내 역사연구는 필시 곤경에 처할 터이며, 내가 써낸 글들 역시 주류 사학계에 의해 유심론(唯心論)으로 몰려 전부 부정당할 것이 틀림없었기 때문이다.

그때 내게는 정면으로 대응할 만큼 충분한 학문적 능력이 없었으므로, 거듭 생각해 본 후 다음과 같은 두 가지 계열의 지적 추구 활동을 진행해야만 비로소 곤경에서 벗어날 수 있겠다고 생각했다. 첫째, 나는 유럽사(특히 문예부흥 이후의 역사)의 최신 연구 동향을 알아야 했다. 그것을 알아야지 그로부터 100년 전에 제시된 마르크스 · 엥겔스의 역사론이 이미 수정되었는지, 어느 정도까지 수정되었는지 판단할 수 있었기 때문이다. 특히, 자본주의가 오랫동안 발전하면 반드시 무산자 계급혁명을 거쳐 사회주의로 변화되는지에 주목했다. 마르크스 · 엥겔스 사후로부터 1950년대에 이르기까지 서양의 자본주의 사회는 내용과 형식 양 측면에서 매우 복잡한 변화를 일으켰다. 서양의 일반적 사학자는 그 6~70년에 걸친 역사적 발전을 어떻게 서술하는지 이해하고 싶었다. 그래서 첫 번째 계열의 지적 추구 활동은 주로 서양 사학계 최신의 종합적 서술과 전문적 연구를 가능한 한 많이 읽는 것이었다. 둘째, 마르크스와 엥겔스는 모두 19세기 유럽 학술 사상이라는 커다란 환경 속에서 성장해 나간 사람들이다. 변증법적 유물론, 역사유물론, 과학적 사회주의 등을 포함한 이들의 중요 학설은 당시의 각종 사조 및 학풍과 밀접하게 교류하면서 성립하지 않은 것이 없다. 예를 들어, 헤겔의 철학, 영국의 정치경제학(특히 애덤 스미스와 데이비드 리카도), 프랑스의 유토피아 사상에서 인류학자 모건(Lewis H. Morgan)의 『고대사회(Ancient Society)』는 마르크스와 엥겔스가 사유를 구축하고 이론을 정립하는 데에 기반이 되었다. 그래서 20세기 중반 서양 학술 사상의 전반적 상황에 대해 두루 배울 필요가 있다고 나는 느꼈다. 이렇게 해야만 마르크스주의의 현대적 위치와 그 의의에 관해 판단을 내릴 수 있을 터였다. 이런 요구에 따라, 당대 사회과학 및 정치·문화 사조와 관련된 저술을 읽지 않을 수 없었다.

독서 계획이 정해지자 어디에서 책을 찾을까 하는 문제가 곧바로 생겨났다. 당시 신아서원에는 도서관이 없었고 홍콩 대학 도서관은 대외에 개방하지 않았다. 여러 군데 수소문해서 미국 정보국(United States Information Service)이 공공열람실을 설립했다는 것과 영국 문화협회(British Council)에도 소규모 도서관이 있다는 것을 알게 되었다. 이 두 곳에 있는 책은 대출할 수 있었으므로 두 가지 계열의 지적 추구 활동이 진행될 장소를 마침내 찾았다고 할 수 있다. 그 두 군데에 있는 장서는 풍부하지 않았으나 나 같은 초학자가 인문·사회과학의 첫 번째 관문을 넘어서도록 인도하는 데에는 충분했다.

첫 번째 계열의 지적 추구 활동(특히 문예부흥 이래 유럽사)과 관련하여, 나는 아버지의 가르침을 받고서 그에 관한 현대의 저술을 재빨리 찾아낸 후 최대한 정밀하게 읽어 나가면서 동시에 필기했다. 그 후(1953년)에 쓴 『민주제도의 발전[民主制度的發展]』과 『근대문명의 새로운 추세[近代文明的新趨勢]』는 이런 기초 위에서 작성된 것인데, 당시 읽으면서 필기했던 것을 요약했던 글이므로 저작이라고 할 수는 없다.

두 번째 계열의 지적 추구 활동을 위해 다방면으로 모색하던 나는, 당시 홍콩과 타이완의 각종 잡지에서 소개했던 번역물과 논쟁 속에서 당시 가장 유행하던 서양의 연구서를 택하여 시야를 넓혔다. 이것은 "스승이 많을수록 유익은 더 크다."라는 방식이었다. 이런 모색 과정은 너무나 복잡해서 여기서 다 말할 필요도 없고 그렇게 할 수도 없으나, 그것은 나의 사유와 학문 연마를 틀 잡는 역할을 하였으므로 세 가지 측면에서 약간 설명해 보겠다. 첫째, 현대 사학에서 마르크스주의의 공헌과 그 지위에 대해 마침내 비교적 정확한 인식을 얻게 되었다. 생산력과 생산관계라는 특수한 관점으로부터 역사 변화를 관찰했던 마르크스와 엥겔스가 사학 연구에 새로운 국면을 열었던 것은 틀림없으며, 그 영향으로 인해 20세기에 사회 경제사 분야가 일어나고 확립될 수 있었다. 그렇지만 마르크스주의 학파의 유물사관을 하나의 전체 체계 안에 놓고 본다면, 그것은 여러 사학 이론 가운데에서 "한 학파의 학설[一家之言]"일 수밖에 없었다. 스탈린의 교조(이른바 5단계설)에 이르면 그것은 그저 웃음거리였을 뿐이다. 둘째, 앞서 말했다시피 나는 1948년 이전에 '오사' 이래의 '민주'와 '과학'이라는 새로운 문화를 내 기본적 정체성으로 삼고 있었으나, 그 당시에는 겨우 피상적 의미만 알고 원리는 알지 못했다. 그래서 옌징대학에 있었을 때 "민주적 개인주의"에 대한 중국공산당의 강력한 공격에 대해서 그것을 옹호할 능력이 없었으며, 마침내 당시 유행하던 신민주주의에 영향받았다. 하지만 20세기 중엽의 정치 및 사회사상과 전문 연구서를 체계 있게 읽은 다음에는, 민주, 자유, 인권 등 보편가치가 진정으로 내 마음속에 깊이 들어와서 인생 신념이 되었다. 동시에 한 걸음 더 나아가, 사회의 개혁이 이런 가치를 실현하게 하며, 좌우 양극화가 지향하는 "한꺼번에 일을 다 해치우는[畢其功於一役]" 방식은 피해야 하고 점진적 방식을 취해야 한다고 이해하게 되었다. 그때 내게 가장 깊은 인상을 남겼던 책이 두 권이 있었다. 철학의 대가 포퍼(Karl Popper)가 지은 『열린 사회와 그 적들(The Open Society and Its Enemies)』과 미국의 사학자 슐레진저 주니어(Arthur M. Schlesinger, Jr)의 『왕성한 중도(The Vital Center; 旺盛的中道)』였다. 포퍼의 책은 1945년에 출판되어 진작에 고전이 되어 있었고 당시 학자들의 논저에 늘 인용되곤 했다. 슐레진저의 책이 내 시야에 들어온 일은 우리 아버지와 관련 있다. 아버지가 1926~27년 사이 하버드 대학원에서 공부할 때 당신의 미국사 지도교수가 바로 노(老) 슐레진저(Arthur M. Schlesinger, Sr.)였고 귀국한 다음에도 꾸준히 연락을 주고받았다. 당시 아버지는 어떤 미국인 친구로부터, 그 아들 슐레진저(1917년생)가 부친을 이어서 미국사의 저명학자가 되었고, 게다가 부자가 동시에 하버드대 사학과에서 교수로 재직하고 있다는 소식을 들었다. 그래서 아버지는 내게 시간이 있으면 아들 슐레진저의 저작을 한 번 살펴보는 것도 괜찮을 것 같다고 말했다. 미국정보국 열람실의 책임자는, 슐레진저 주니어의 출세작이 『잭슨의 시대(Age of Jackson)』(1945)이지만 그이가 1949년 출판한 『왕성한 중도』가 사상계로부터 주목받고 있어 영향력이 굉장하다고 알려주었다. 만일 이런 복잡한 사정이 없었다면 혼자 힘으로 그 책의 존재를 발견할 가능성은 거의 없었을 것이다.

셋째, 문화인류학을 통해, 상술한 보편가치와 중국문화 사이의 관계를 새롭게 인식했다. '오사' 이후 보편가치가 중국에서 정식으로 인정받자 적잖은 지식인이 자신의 문화 전통에 대해 회의적 태도를 보이기 시작했다. 처음에는 유교를 "명교(名教)"라고 하며 그것을 겨냥했으나, 시간이 한참 지나자 상당히 전면적인 반(反) 전통 운동으로 발전하여, 민주와 과학이 순조롭게 실현되지 못하는 까닭은 2~3,000년의 중국문화 전통에 의해 저해되기 때문이라고 여겼다. 이런 견해가 널리 유행하였는데 당시 타이완 『자유중국』의 인하이꽝[殷海光]이 바로 있는 힘을 다해 그런 학설을 펼쳤다. 이런 견해 때문에 나는 아주 곤혹스러웠다. 제1장에서 설명했다시피, 항일전쟁으로 인해 나는 안후이의 본향에서 꼬박 9년 동안 (1937~46) 살면서, 겪었던 것은 종법적 사회생활이요 받았던 것은 전통적 사숙교육이었다. 그래서 열여섯 살이 되기 전에 받아들였던 기본적 인생 가치는 주로 중국 전통문화에서 온 것이었다. 1946년 향촌에서 도시로 오면서 비로소 '오사'의 신문화와 신사상을 정식으로 받아들였다. 그렇지만 『후스 문존[胡適文存]』에 있는 민주·자유·인권 등 기치 관련 저술을 읽을 때 아주 합리적이라고 느꼈고 정서에 저촉되는 점은 하나도 없었다. 그래서 인하이광 같은 반전통론자가 비록 고전을 인용하고 얘기하는 것이 하나하나 다 사리에 맞기는 하였으나, 내 마음 깊은 곳은 늘 그것에 다 승복할 수 없었다. 그렇지만 나 역시 그것에 반박할 어떠한 이론도 제시하지 못했다. 그 이후 문화인류학의 영역에 들어서고 난 다음에야 그런 곤혹감에서 벗어날 수 있었다.

당시 내게 가장 유익했던 책 두 권이 있다. 하나는 베네딕트(Ruth Bebedict)의 『문화의 유형(Patterns of Culture)』이었고, 다른 하나는 크로버(Alfred L. Kroeber)의 『문화 성장의 여러 형태(Configurations of Culture Growth)』였다. 두 사람은 똑같이 문화적 총체성을 강조했다. 곧, 각 민족의 문화는 하나의 독특한 체계를 형성한다고 인식한 것이다. 우리는 서로 다른 문화를 비교하기만 할 뿐이다. 예를 들어 토인비(Aronold J. Toynbee)의 『역사의 연구(A Study of History)』가 보여주다시피, 그런 비교는 눈에 잘 들어온다. 이에 비해 베네딕트는 일본 연구로 저명한 학자로서, 일본 문화의 총체성에 관한 그이의 분석과 종합은 극히 선명하고 생생하여 학계에서 영향력이 컸다. 크로버는 베네딕트의 총체론을 매우 높이 평가하였으되, 한 걸음 더 나아가 인류학 연구는 해당 문화의 현재 상태에 머물면 안 되고 반드시 그 역사적 기원으로 거슬러 올라가야 한다고 주장했다. 왜냐하면, 총체성은 시간 속에서 점차 응결되어 나가는 것이기 때문이다. 그래서 한 민족의 문화적 역사는 기원이 오래된 것일수록 그 총체성은 더욱 두텁다고 크로버는 말했다.

이 두 책을 읽고 그와 관련된 논저를 더 찾아 읽어 나가면서, 중국에서 민주·자유·인권 등 보편적 가치의 앞날이 더는 과거처럼 비관적이지 않으리라고 나는 생각하게 되었다. 한 민족의 문화 전통은 시간을 통과하여 성장해 온 총체적 체계이므로, 신문화 건설이라는 명목을 위해서 그것이 아무 때나 인간에 의해 말끔히 일소될 수 있는 것은 아니다. 만일 어떤 황당무계한 사람이 그런 시도(예를 들어 문화혁명 시기의 "破舊入新")를 한다면, 그 결과는 전통을 파괴하고 왜곡함으로써 악화할 뿐 그것을 아예 소멸할 수는 없을 것이다.

문화 전통의 총체성으로 인해, 어떤 문화가 외래의 가치와 관념을 받아들여 최후로 그것과 하나로 융합하는 일은 반드시 여러 가지 어려움을 겪어야지 단번에 이루어지지 않는다. 왜냐하면, 문화의 교류라는 것은 머리털 한 올을 잡고서 온 몸을 이끌기처럼 어려운 일이기 때문이다. 불교의 중국 편입이 그 분명한 예증이다. 민주·자유·인권 등의 가치가 정착하려면 사상과 신앙의 전환이 필요할 뿐 아니라 사회 구조의 변동도 끌어낼 수 있어야 하므로, 그 어려움은 불교의 중국 전래보다 훨씬 더하다. 그렇지만, 불교의 사례로 인해 나는 현대의 보편적 가치가 중국에 전래할 수 있으리라는 신념을 더욱 굳건하게 했다. 불교가 마침내 중국문화와 하나가 되는 데에 핵심 역할을 했던 것이 바로 도가 사상의 매개였으며, 이로 인해 장기간의 "격의(格義)" 단계가 있게 되었다는 것은 주지의 사실이다. 불교의 사례로부터 우리가 발견할 수 있는 것은, 중국문화 안에는 민주 체제를 받아들일 만한 요소[1]가 매우 많이 있다는 사실이다. 그러므로 청나라 말기의 사대부(예를 들어, 왕도[王韜], 곽숭도[郭嵩燾], 옌푸[嚴復], 캉유웨이[康有爲] 등)로부터 '오사' 이후의 지성계 지도자들까지 모두 유럽과 미국의 민주적 정치체제에 매우 관심을 기울여 왔다.[2] 심지어 1940년대 이후 수많은 지식 청년들이 방향을 전환하여 정치적으로 중국공산당을 지지했던 까닭은, 중국공산당

---

1 후스의 "민주 중국의 역사적 기초(historical foundations for a democratic China)"에 해당한다.

2 나의 영문 논문 "The Idea of Democracy and the Twilight of the Elite Culture in Modern China"를 참고할 것.

이 그때 "신민주(新民主)"를 기치로 내걸었기 때문이었다. 한마디로 말하자면, 중국문화 안에는 민주적 정치체제를 받아들일 만한 요소가 그것을 배척할 만한 요소보다 훨씬 많다는 것이며, 이것은 그때 내가 믿어 의심치 않던 역사적 판단이었다. 내가 1955년에 간행한 『자유와 평등의 사이』와 『문명논형(文明論衡)』은 그런 판단을 부연 설명하고 있으니 관심 있는 독자에게 일독을 권한다. 그 당시 나의 실제 지식은 피상적 수준을 면치 못했으나 정신적 추구의 큰 방향만은 거기서부터 정해졌다.

따라서, 그때 학교 밖에서 추구했던 지적 활동은 내 사유와 학문 연마를 틀 잡는 역할을 했다고 나는 생각하는 것이다.

三. 자유지식인의 정치문화적 동태

홍콩에서 보낸 5년(1950~1955) 동안 줄곧 망명 지식인의 작은 세계 안에서 생활하여 영국 식민지인 홍콩의 공업·상업 사회와 접촉할 기회가 전혀 없었다. 그러나 지금 회고해 보니 그 작은 세계의 독특한 성격을 공개할 만한 것 같다. 그것은 실로 중국의 자유파 지식인이 모여서 이루어진 집단으로, 이 집단은 가장 자유로운 사회에서 생활하며 활약하고 있었다. 영국이 홍콩 식민지에서 채택했던 정책은 철저한 법치여서 법에 저촉하지만 않으면 모든 사람이 언론·결사·출판의 자유를 누릴 수 있었다. 그래서 망명 지식인들은 이구동성으로 "홍콩에는 민주가 없으나 자유는 있다."라고 말했다. 사실 그랬다. 역사적 관점에서 보자면, 이 시기의 홍콩은 중국 자유파 지식인에게 미증유의 기회를 제공하여, 이들은 아무

거리낌 없이 자신의 정신적 가치를 추구할 수 있었다. 더욱이 지적할 만한 점은 당시 홍콩에 망명했던 자유파 지식인의 숫자가 1만 명을 헤아렸으며, 비록 서로 배경은 달랐으나 중국이 민주와 자유의 길을 가야 한다고 믿었다는 점에서는 다들 일치했다. 이것은 매우 중요한 지식 집단이었으며 이루 헤아리기 불가능한 사상적 잠재력을 품고 있었다. 그래서 이 집단의 주요 정신적 동태를 간략하게 소개할 필요가 있다고 나는 느끼는 것이다.

그때 이 집단은 "중국 제3세력"이라고 불렸다. 중국인이든 미국인이든 다 그렇게 불렀다. 그렇지만 "중국 제3세력"과 당시 국제적으로 유행하던 "제3세계"가 혼동되면 안 된다. 후자는 인도네시아가 제창한 것으로, 미국과 소련으로부터 독립한 여러 국가가 "국제적 제3세력"을 형성함으로써 미국과 소련 양대 강국의 통제를 받지 않으려는 것이었다. 중국 제3세력은 국민당과 공산당이라는 양대 전제적(專制的) 정권으로부터 독립하여, 민주·자유·인권 등 보편적 가치를 궁극 목표로 세우려 했던 정신적 역량이었다. 그렇지만 홍콩의 제3세력은 온전한 정당 조직을 만들지 못했고, 다만 각기 다른 배경의 개별 지식인들이 모인 집단에 불과했다. 그 가운데에는 국민당·민사당(民社黨)·청년당 출신도 있었으나, 무당파(無黨派) 출신이 가장 많았다. 게다가 출신 배경이 어떠하든 간에 모두 개인 자격으로 활동했다. 사례를 하나둘 들어서 이 상황을 설명해 보겠다.

1949년 11월 초, 광저우에서 홍콩으로 도망 왔던 국민당 고급·중급 관원은 이렇게 단정했다.

공산당 전제정치는 참을 수 없으며 절대로 성공할 수 없다고 국내외가 인식하는 것이 현재의 정세이다. 국민당과 국민정부는 이미 절망적 상태에 빠져 버려 민주와 자유를 옹호하는 새로운 세력이 출현하기를 갈망하고 있다.[1]

이것과 제3세력의 정치적 관점은 일치한다. 이런 국민당 내 자유주의자는 구멍위[顧孟餘, 1888~1972][2]를 정신적 지도자로 받들었다. 이들이 나중에 "새로운 세력"을 형성하지는 못했으나 보통 이들을 제3세력으로 간주했다. 구멍위의 영향력은 매우 빨리 국민당 밖으로 확장되어 그이는 제3세력의 지도자 중 한 명이 되었다. 당시 그의 수하에는 리웨이천[李

---

1 『천커원일기, 1937~1952[陳克文日記, 1937~1952]』 하책, 타이베이[台北]: 중앙연구원 근대사연구소(中央研究院近代史研究所), 2012, p.1277.

2 [역자 주] 구멍위[顧孟餘, 1888~1972]. 중국 국민당 좌파의 중요 인사였고, 천공보[陳公博]가 이끄는 "개조파"의 중심인물이었다. 국민당 정부의 철도부 부장, 교통부 부장을 역임했다.

微塵]³이라는 유력한 활동가가 있어 매우 능숙하게 조직 활동을 시작했으나 나중에는 물러났다. 나는 이 사람을 본 적은 없다.

또 하나의 사례 역시 홍콩 내 제3세력의 동태를 아주 잘 보여준다. 『후스 일기』 1952년 5월 7일 조목은 이렇게 기록한다.

오전 8시, 장쥔마이[張君勱] 선생이 와서 함께 아침 식사를 하며 한 시간 반가량 얘기했다. 그이는 제3세력 문제를 위해서 온 것이다. 나는 그이에게 이렇게 말했다. 현시기는 공산당 국제 세력과 반공 세력만 있을 뿐 제3세력의 가능성은 전혀 없으며, 홍콩의 제3세력은 다만 미국 국무부의 '작은 악마들[小鬼]' 손아귀에 있는 한 줌 닭 모이(chicken feed)만 먹고 말 뿐이라고 말이다. 이런 닭 모이를 내미는 '작은 악마들'은 아무 힘도 없고 어떤 일도 해낼 수 없으며 정책에 영향을 끼칠 수도 없다!⁴

---

3 [역자 주] 리웨이천[李微塵 , 1903~1977]. 젊었을 때 캉유웨이[康有爲]에게서 배웠다. 캉유웨이의 죽음을 곁에서 지켜본 인물이기도 하다. 1930년대부터 40년대 초까지 홍콩에 거주하면서 『중국만보(中國晚報)』 주필로 일했다. 1950년대 초 홍콩에서 창간출판사(創墾出版社)를 운영하면서 『열풍(熱風)』을 발행했다. 1956년부터 75년까지 싱가포르 리콴유(李光耀) 총리의 비서로 일했다.

4 『후스일기전집[胡適日記全集]』 제8책, 타이베이[台北]: 롄징출판사업 주식유한공사[聯經出版事業股份有限公司], 2004, p.9.

후스는 홍콩의 제3세력을 국제 제3세계의 한 분파로 오인했을뿐더러 그것이 틀림없는 반공 세력이라는 사실을 몰랐다. 후스는 공산주의에 반대하려면 반드시 무력이 뒷받침되어야 한다고 믿었기에 그이는 장제스와 국민당 정권을 옹호하는 태도를 시종일관 보였고 홍콩의 제3세력을 받아들일 수 없다는 철저한 부정의 관점을 받아들였다. 제3세력에 대한 후스의 경시와 그이의 저러한 뿌리 깊은 편견은 서로 관련이 있었던 것 같다. 그렇지만 제3세력이 "어떤 일도 해낼 수 없으며 정책에 영향을 끼칠 수도 없다."라는 그이의 예언은 불행히도 적중하고 말았다. 여기서 내가 위 일기를 인용하는 목적은 후스의 견해를 소개하기 위해서가 아니라, 제3세력을 세우는 이 대사건에서 장쥔마이가 보여준 노력과 그 공헌을 특별히 부각하기 위해서이다.

장쥔마이는 아주 일찍부터 량치차오를 따랐으므로 중국문화와 사상을 드높이고 경외했다. 그렇지만 그이는 동시에 서양의 민주적 헌정(憲政)을 신봉하고 특히 영국의 페이비언(Fabian)식 민주사회주의를 높이 평가했기에 그이가 창건한 당의 이름이 "민사당(民社黨)"이었다. 더욱 주목할 만한 사실은, 항일전쟁에서 승리한 후 국민당·공산당과 기타 당파가 평화로운 통일을 논의하던 시기, 장쥔마이가 헌법을 기초하는 중요 임무를 담당했다는 점이다. 헌법이 국민당의 의식 형태로 함몰되지 않으면서도 국민당에 의해 받아들여질 수 있게 하려고 그이는 엄청난 심혈을 쏟았다. 예를 들어, 국민당은 "삼민주의(三民主義: 민족 · 민권 · 민생)"를 헌법에 집어넣어 입국의 기본 원칙으로 삼아야 한다고 고집했다. 결국, 장쥔마이는 "인민의 정치[民有], 인민에 의한 정치[民治], 인민을 위한 정치[民享]"로써 본래의 삼민주의를 대체하였다. 쑨중산[孫中山]이 링컨의 이 명언을 널리 알린 적이 있었으므로, 국민당은 다른 당파와 합작을 이루기 위해 결국 "겉은 그대로 두고 내용만 바꾸었던[偸梁換柱]" 장쥔마이의 조치를 묵인할 수밖에 없었다. 그래서 1946년 12월 25일 국민대회에서 통과된 중화민국 헌법은 대체로 장쥔마이의 기초 위에서 제정되었으며, 오늘날에 이르기까지 그것은 여전히 타이완에서 여전히 실행되고 있다. 비록 부분적 변경은 있었지만 말이다.

1949년 이후, 대륙의 강권 통치라는 새로운 정세를 직면하여 장쥔마이는 민사당에만 의지하여 중국에서 민주와 자유의 실현을 추진하기는 불가능하다는 것을 깊이 깨달았다. 그래서 그이는 폭 좁은 당파적 관념을 넘어서 모든 반공 지식인을 모아 제3세력을 형성할 것을 결심했다. 장쥔마이는 후스를 향해 여기에 참여해 달라고 설득했을 뿐만 아니라, 정치에 나서지 않으려 하는 첸빈쓰[錢賓四] 선생님에게 가담해 달라고 간절히 청했다. 첸 선생님은 『사우잡억(師友雜憶)』에서 이렇게 회상했다.

오랫동안 알고 지내던 장쥔마이를 또다시 홍콩에서 만났다. …그이는 민사당·청년당 및 홍콩에 망명한 기타 인사를 모아서 신당을 창당하려 하였으며 내게 가입을 힘써 권했다. 나는 말했다. "당신이 여러 해 정치 활동에 종사하고 국가에 공헌을 한 것에 대해 저는 반대한 적이 없습니다. 다만 현재 정세가 크게 변했으니 국민당·공산당 외에 새로운 정당을 별도로 창당하려는 일은 황급히 해서는 성사될 수 없습니다. 제 생각으로는, 몇 분을 초빙하여 합동으로 정밀하고 상세한 계획을 세우는 것이 마땅할 것 같습니다. 즉, 국가를 구하고 민족을 구원할 백년대계를 근본적으로 기초(起草)해야 합니다. 먼저 새로운 정강을 작성한 다음, 이 정강에 바탕을 두고 다시 동지들을 규합하며 신당을 창건하는 것입니다. …만일, 먼저 이 회의를 소집하려는 뜻이 당신에게 있다면 저 역시 말석을 차지하여 조금이나마 공헌하고 싶습니다." 어느 날 갑자기 찻집에서 장쥔마이를 만났는데 자신은 최근 인도로 갈 계획이며, 내뜻은 이미 여러 친구에게 전해 주었으니 그동안 언제든지 그들과 백년대계를 같이 상의했으면 한다고 말했다. 나는 대답했다. "이전에 말씀드린 것은 신당을 창건하는 근본 계획이었는데, 제가 비록 당신과 깊이 사귀지는 못하였으나 당신의 인

격을 대략 알기에 감히 경솔하게 고하였습니다. 그렇지만 이
것은 이 사람 저 사람에게 물어서 될 일이 아닙니다. 저를 잘
모르는 사람이 제가 우둔하다고 비난하지는 않는다고 하더라
도, 제가 어디에서부터 말을 꺼내겠습니까? 당신이 인도에서
돌아온 다음에 다시 얘기하는 편이 좋겠습니다." 그 후, 홍콩
에서 제3당의 창당이 준비되고 있으나 미국 측의 재정적 지원
은 받지 못했다는 얘기를 들었다. 여러 차례 사람이 와서 내
게 회의에 출석해 달라고 요청했으나, 나는 끝내 그 회의에 감
히 가지 못했다.[5]

   첸 선생님이 위 일기에서 말한 "신당" 혹은 "제3당"은 바
로 제3세력을 가리킨다. 장쥔마이 선생님에 대한 신뢰감으
로 인해, 제3세력의 취지가 "국가를 구하고 민족을 구원하는
백년대계"라는 점을 첸 선생님은 인정했다. 그래서 장쥔마이
가 직접 주재하는 회의에 참석해서 견해를 제시하기를 원했
다. 하지만 선생님은, 평소 알지 못하던 정치계 인물들과 신
당 창건 문제를 상의할 수 없어서 끝내 제3세력과 다른 길을
가게 되었다. 바로 위에서 인용한 첸 선생님의 회고는 장쥔
마이와 제3세력 운동에 관한 직접적 기록으로서 후스의 『일

---

5 『첸빈쓰선생전집[錢賓四先生全集]』, 제51책, pp.296-7.

기』와 맞먹는 사료적 가치가 있다.

의심의 여지 없이, 장쥔마이는 제3세력 내에서 가장 크게 활약했고 또 가장 영향력이 컸던 지도자 중 한 명이었다. 그렇지만, 그이의 세대 가운데에서 저명한 정치적 인물 다수가 제3세력 운동에 열심히 참여하여 지도적 임무를 수행했다. 예를 들어, 청년당의 쭤순성[左舜生][6]과 리황[李璜][7]이 그런 사람들이었다. 그뿐 아니라, 청년당의 40세 이상 고급 간부로서 홍콩에 망명한 사람들은 민사당보다 훨씬 많았다. 이들은 간행물이나 서적을 출판하여 제3세력 운동을 추진했는데 그 공헌이 상당했다(뒤에서 다시 언급할 것이다). 민사당과 청년당 말고도, 공산당에서 탈출한 장궈타오[張國燾][8], 심지어 장제스

---

6 [역자 주] 쭤순성[左舜生, 1893~1969]. 후난성 창사[長沙] 출신이다. 중국의 정치활동가이자 역사학자이다. 상하이 전단[震旦]대학 법학과를 졸업했다. 1920년 중화서국에 근무하면서 『신문화총서(新文化叢書)』 출판 작업을 담당했다. 1923년 쩡치[曾琦], 리황[李璜] 등과 중국청년당을 조직하기 시작하여 1925년에 정식으로 입당했다. 항일전쟁이 일어나자 창사로 돌아가서 후난성 문화계의 항일후원회를 조직했다. 1947년에는 국민당 정부의 농림부장으로 근무했다. 1949년 홍콩으로 이주하여 반공 간행물인 『자유진선(自由陣線)』을 창간했다. 1969년에는 타이완으로 가서 총통부 고문으로 일했다.

7 [역자 주] 리황[李璜, 1895~1991]. 쓰촨성 청두[成都] 출신이다. 중국청년당의 창시자이자 국가주의자이다. 리황 역시 전단대학 출신이다. 1918년 소년중국학회에 가입하였다. 리다자오[李大釗], 마오쩌둥이 사회주의를 지지한 데 반해 리황은 국가주의를 지지했다. 항일전쟁이 일어나자 중국청년당 소속으로서 국민당 정부와 협력했고, 항일전쟁 승리 이후 국민당 정부의 행정원 정무위원 겸 경제부장을 역임했다.

8 [역자 주] 장궈타오[張國燾, 1897~1979]. 1920~30년대 중국공산당의 창립 멤버였다. 베이징대학 철학과 출신이다. 대장정 초기에 저지른 오판 및 마오쩌둥과의 불화로 1938년 중국공산당을 탈퇴했다.

의 옛 상사(上司)였던 쉬충즈[許崇智][9] 노인도 제3세력의 조직 활동에 참여했다.

당시 나는 일개 청년 학생인데다가 정치조직에 흥미가 없는 성격이었는지라 제3세력의 크고 작은 모임에 한 차례도 참석한 적이 없다. 앞서 서술한 제3세력의 지도적 인물 구멍위·장쥔마이와도 만난 일이 없었다. 그렇지만 정치사상의 측면에서 나는 제3세력을 동정한다. 그것은 중국이 개방과 관용의 민주적 체제 위에 세워질 때만이 현대화의 길로 달려갈 수 있다고 나는 깊이 믿기 때문이다. 그 운동을 누가 밀고 나아갔는가, 누가 이끌었는가 하는 것은 '사람'에 관한 문제여서 부차적이다. 당시 나는 지도적 인물을 몰랐기 때문에 이들을 좇을 필요성을 느끼지 못했다. 내 진정한 흥미는 사상과 문화에 있었으므로 결국 저술과 편찬의 길로 나아갔다. 이상은, 당시 홍콩 망명 지식인 집단의 주요 동태에 관한 이야기였다.

---

9 [역자 주] 쉬충즈[許崇智, 1887~1965]. 중국 국민당 초기 군사지도자 중 한 명이자 우파의 대표적 인물이었다. 이후 국민당 내 권력 투쟁에서 왕징웨이[汪精衛]에 밀려 1939년 홍콩으로 이주했으나, 홍콩이 일본에 함락당하자 왕징웨이를 지지하라는 일본군의 압력을 받았다. 그러나 끝내 굴하지 않았다. 항일전쟁 승리 후 장제스가 홍콩으로 전용기를 보내 쉬충즈를 초빙하려 했으나 결국 홍콩에 남았다.

홍콩에 유행한 반공 간행물

1949년 이후 홍콩에서 유행한 반공 간행물은 매우 많았으나 관점과 입장은 각기 달랐다. 큰 틀에서 말하자면 그것들은 20세기 후반 해외 중국 사조의 주류를 대표했다고 할 수 있다. 내가 말하는 '해외'란 홍콩, 타이완, 동남아, 그리고 미국을 포괄한다. 여기서 그 모든 간행물을 상세하게 소개할 수는 없고, 내 개인적 느낌에 따라 간략히 소개하기로 한다.

내가 홍콩으로 가서 신아서원에 전학한 후 얼마 지나지 않아 격월간지 두 종류에 매료당했다. 하나는 홍콩에서 출판되던『민주평론』이었고 다른 하나는 타이완에서 출판되던『자유중국』이었다. 두 가지 가운데에서 내가『자유중국』에 더 흥미를 느꼈던 까닭은 그 발행인이 후스였고, 민주와 자유의 중국 내 실현을 추진하는 것이 그 '취지'였기 때문이다. 그렇지만, 나는『민주평론』도 매우 중요시했다. 그 편집자와 주요 저자가 바로 신아서원의 개교 원로였기 때문이다. 장피제 선생님이 편집책임자였고 첸빈쓰 선생님과 탕쥔이 선생님은 고문이었다.『민주평론』의 기본 입장은 유학을 중심으로 하는 중국문화를 옹호하는 것이었다. 그분들이 반공일 수밖에 없는 이유가 바로 거기에 있었다. 주지하다시피, 중국 공산당은 현대 유학을 "봉건 잔재"로 간주하였고, 그 "반동성"은 "자산계급의 사상"보다도 심하므로 철저하게 소멸해야 한다고 주장했다.

이상 양대 간행물의 배경, 차이, 그리고 교류에 관하여 나는 이미 「『민주평론』의 신유가적 정신[『民主評論』新儒家的精神取向]」이라는 글에서 분석·논의하였으니 흥미 있는 독자는 참고하기를 바란다.[10] 『자유중국』과 『민주평론』은 당시 최고교양 수준의 중국어 간행물을 대표하여 홍콩의 망명 지식인이 거의 다 사보았으며, 적어도 나는 한 회도 놓치지 않았다. 특기할 만한 점은, 자유민주 이상의 추구(『자유중국』)와 유학의 현대적 의의 탐색(『민주평론』)이 그 이후 몇십 년 동안의 주요 사조가 되어 부단히 발전했을 뿐 아니라, 1980년대 이후에는 그 두 사조가 앞서거니 뒤서거니 중국 대륙으로 전파되었고 지금까지 큰 파장을 일으키고 있다는 사실이다. 이 두 간행물이 평등과 자유에 관한 내 논문을 각각 실어주어 당시 내게 큰 격려가 되었다. 다만 그 두 편이 전부였다. 아래에서는 나와 밀접하게 관련이 있는 다른 간행물을 소개하려한다. 이들 간행물은 내 학문과 사상의 성장에 직·간접으로 영향을 끼쳤다.

---

10 이 글은, 펑궈샹[彭國翔]의 『현실에 대한 현자의 관심-머우쭝싼의 정치·사회사상[智者的現世關懷-牟宗三的政治與社會思想]』에 썼던 서문이었다. 타이베이[台北]: 렌징출판사업 주식유한공사[聯經出版事業股份有限公司], 2016.

『인생』과『자유전선(自由陣線)』

먼저『인생』이 있었다. 이것은 왕다오[王道, 字는 貫之][11] 선생이 개인 자격으로 혼자서 창간한 간행물이었다. 이분은 푸젠[福建] 출신으로 북벌 시기에 국민당에 가입했고 쭉 군대 안에서 당무(黨務)에 종사했는데, 중국의 인문 학술에 줄곧 애정을 지녔으며 평소 중단 없이 자아 수양을 했다. 1948년에서 49년에 이르는 대변동의 시기에 당무 직위를 버리고 필리핀으로 가서 화교 신문에 취직했다. 하지만 그이는 중국의 문화 전통이 대륙에서 체계적으로 손상되는 것을 차마 보지 못하여, 1951년 결연히 홍콩으로 돌아와서 얼마 안 되는 자기 돈을 털어『인생』잡지를 출판했다. 그런데 이듬해 경비가 고갈되자 첸빈쓰 선생님과 다른 선배들이 아시아기금회에 이 잡지를 연명(聯名)으로 추천하면서 출판 보조금을 신청하였고,『인생』은 계속 유지될 수 있었다. 빈쓰 선생님은 왕다오의『인생』이 처한 상황을 아래와 같이 묘사했다.

관즈[貫之, 왕다오의 字]는 극도의 분발과 열정으로 그 얼마 안 되

---

11 [역자 주] 왕다오[王道, 1909~1971]. 자(字)는 관즈[貫之]이다. 현대 신유가의 대표적 인물 중 한 명이며 동방인문학회 발기인이다.『인생』잡지와 인생출판사 설립인이며 신아서원 중문과 강사를 역임했다.

는 보조금을 잘 운영했다. 그이는 매 호(號)의 원고를 본인이 직접 쓰는 것 말고도, 편집·교열·인쇄·발행의 모든 일을 부부가 직접 분담해서 처리했다. 그래도 돈이 조금 남으면, 당시의 망명 지식인을 초청하여 그 일에 참여시켜서 그것으로 생활해 나갈 수 있게 했다. 관즈의 모든 정력과 활동은 모두 『인생』 잡지를 위한 것이었다. 교제도 없었고 사교 활동도 없었으며 오락도 없었고 휴식도 없었다. 검소하게 먹고 입으면서 고통스러운 가운데 가장 청렴한 생활을 했다.[12]

내가 직접 보았던 상황과 위 묘사는 전적으로 일치하며 한 점 과장도 없다.

왕다오가 『인생』을 간행한 유일한 목적은 유학을 중심으로 하는 문화 전통을 옹호하는 것이었다. 그래서 그이는 홍콩에 도착하자마자 신아서원과 관계 맺고 첸 선생님과 탕 선생님을 스승으로 모셨다. 비록 이분의 나이가 탕 선생님과 얼마 차이 나지 않았지만 말이다. 첸 선생님과 탕 선생님의 문장은 『인생』의 거의 모든 호(號)에 실렸으므로 내게 『인생』은 신아서원의 기관지처럼 여겨졌다. 이런 관계로 인해 왕다오 선생은 처음부터 나를 자신의 후배로 간주하였고, 내게

---

12 『사우잡억(師友雜憶)』 부록(附錄) 10, 「왕관즈 애사[王貫之哀辭]」, 『전집』 51책, p.453.

『인생』에 원고를 쓰라고 격려하는 한편 조금 후에는 나를 편집위원으로 초빙하여 투고 논문의 선별 작업에 참여시켰다. 나는 『인생』에 적잖은 글을 발표했는데 대체로 문화 평론의 범위에 속하는 것들이었다. 그 가운데 가장 주목을 받았던 것은 「천인췌 선생의 『《재생의 인연》을 논하다』에 부쳐[陳寅恪先生『論再生緣』書後]」였다.

간행물의 성격에 대해 말하자면 『인생』은 『민주평론』과 아주 가까웠으나 전자는 대중성에 좀 더 초점을 맞추었다. 그래서 전략적으로 중요 주제를 제시하는 『민주평론』과 잘 호응할 수 있었다. 다만 『인생』이 멀리까지 퍼진 까닭은 그 대중성에 힘입었기 때문이었다. 『인생』 10주년 때(1961년) 첸 선생님은 이를 기념하는 글을 지었다.

일 년 또 일 년이 흐르면서 독자와 투고자가 증가하였으며 독자 토론도 증가하였다. 멀리 타이완, 일본, 필리핀, 싱가포르, 남태평양 각지, 더 멀리는 미국, 유럽에 이르기까지, 한자가 쓰이는 지역이면 어디나, 그리고 한문을 읽을 수 있는 사람이 있는 곳이면 어디나 퍼져 나갔다. 우리의 조국인 대륙을 제외하고, 거의 모든 곳에서 『인생』을 찾아볼 수 있었다.[13]

---

13 「글로 벗을 만나고, 벗으로 어짊을 보완하다-『인생』 잡지 창간 10주년을 위해 짓다[以文會

당시 상황은 확실히 이러했다. 나는 타이완, 싱가포르 등의 독자로부터 내 글에 대해 논의하는 편지를 받았다. 1955년에 미국으로 간 후 뉴욕에서 『인생』 독자 몇몇을 만났는데 이들은 내 글에 비평을 가했다. 정말로 뜻밖이었다.

1971년 2월, 『인생』은 20주년 특집호를 간행하였으나 그로부터 십몇 일 후 왕다오가 세상을 떠났다. 20주년 기념호가 가장 마지막 호(號)였으며, 창간인과 『인생』이 동시에 한 시기를 마감한 것이다. 이것은 홍콩 망명 지식인의 출판 역사에서 가장 감동적인 이야기였다.

그다음, 주간지 『자유전선[自由陣線]』을 소개하고자 한다. 이 주간지는 홍콩 제3세력의 대표적 출판물 중 하나로서 자유출판사가 간행했다. 자유출판사의 설립자는 셰청핑[謝澄平] 선생이었는데 이분은 원래 청년당의 제2대 지도자 중 한 명이었다. 그이는 일찍이 미국 컬럼비아대 대학원에서 국제정치학을 전공한 정치학자였다. 1947년 4월, 청년당이 국민정부에 참여하여 쭤순성[左舜生]이 농림부 부장으로 입각하자 셰청핑은 그이의 정무차장(政務次長)이 되었다. 1949년 홍콩으로 망명한 다음에는, 셰청핑의 부인이 미국계 화교였으므로

友以友輔仁-爲『人生』雜誌創刊十年作」, 『중국문화총담(中國文化叢談)』에 수록. 『전집』, 44책, p.346.

그이는 신속하게 미국인의 신임을 얻었다. 그래서 꽤 일찍부터 미국 정부 내 어떤 기관의 강력한 지원을 받아서 제3세력의 발전을 추진했다.

자유출판사는 1950년대에 꽤 많은 서적을 출판하였는데, 그 가운데에는 민주와 자유의 이념을 드높이는 책과, 중국 전통문화와 '오사' 이후의 신사조에 대한 중국공산당의 훼손을 다루는 책이 들어 있었다. 이러한 출판 운동은 당시에 두 가지 작용을 일으켰다. 첫째, 제3세력이 추구하는 이상과 그 운용 방식이 출판물을 통해 부단히 알려졌다. 둘째, 출판사의 원고료는 망명 지식인들에게 최저한도의 생활 자금을 제공하여 이들이 계속해서 싸워나갈 수 있게끔 했다. 내가 가장 일찍 썼던 두 권의 책, 곧 『근대문명의 새로운 추세』(1953)와 『민주 혁명론』(1954)도 자유출판사에서 간행되었다.

영향력의 측면에서 말하자면 『자유전선』이 책들보다 훨씬 위였다. 이 간행물의 종지는 대체로 타이완에서 출판된 『자유중국』과 유사하였으나 후자보다 대중성을 더 강조하였으므로 학술성은 조금 약했다. 나는 최초로 『자유전선』에 투고했던 연고로 이 잡지와 초보적 관계를 맺었는데, 편집책임자 장바오인[張葆銀] 선생과 점차 잘 알고 지내게 되었다. 이분은 동북(東北) 출신으로 나보다 스무 살가량 많았다. 일본의 침략을 몹시 증오하며 국가주의를 신봉하였기에 청년당에 가입했다. 이분은 사람됨이 진지하고 책임감이 뛰어나, 오로지『자유전선』을 잘 만들어 내는 데 진력했다. 1951년 가을에서 겨울로 넘어가던 시기에 장바오인 선생은 내게 정식으로 편집부에 들어와서 '청년 특집란'을 책임지라고 요청했고, 조금 후에는 다시 '과학지식' 특집란을 첨가했다. 선생은 내가 신아서원에서 공부하는 것을 방해하고 싶지 않았기 때문에, 매주 3일만 그것도 저녁에 잡지사로 와서 일하고 4일째 저녁에는 인쇄창으로 가서 각 호(號)의 전체 조판을 검토하기만 하면 된다고 했다. 조판 검토는 밤 9시에 시작해서 심야에 끝났다. 편집부도 가우룽에 있었고 우리 몇몇 편집위원도 가우룽에 살았으나 인쇄창은 바다 건너에 있었다. 자정에는 바다를 건너는 페리선이 없었으므로 우리는 작은 모터보트를 타고 집에 돌아와야 했다. 모두 매우 재미있는 경험이라고 느꼈지 절대 고생이라고 생각하지 않았다. '청년 특집란'을 위해 나는 늘 사상 문제에 관한 단편을 썼는데 각 편이 1,000자를 넘지 않았다. 나중에 이 단편을 묶어서『사유의 길[到思惟之路]』을 펴냈다.

나는『자유전선』에서 2년 동안 일하다가 1953년 가을에 첸빈쓰 선생님의 한 연구 단체에 참여하여("첸 선생님 문하에 처음으로 들어가다" 절 참조) 비로소『자유전선』의 편집 업무를 사직했다. 그것은 아시아협회의 지원을 받는 연구원은 매월 생활비를 받는 대신 전임으로 연구해야 했고 겸직할 수 없었기 때문이다. 돌이켜보면, 편집 일을 하던 2년간은 아주 유쾌한 나날이었다. 나, 저자, 그리고 독자 사이의 일상적 소통으로 인해 나는 순수한 책의 세계로 들어가서, 일반 사회의 사상·문화와 한 덩어리가 되었다. 내 시야가 학원의 범위 안으로 제한되지 않았던 것은 아마도 그 2년 동안의 경력과 관련 있을 것이다.

내가 홍콩을 떠난 지 4~5년 후, 자유출판사와 『자유전선』이 더는 미국의 지원을 받지 못하여서 결국 휴업하고 말했다. 60년대 말 셰청핑 선생도 미국에 이민하여 태평양 연안의 어느 대학에서 교편을 잡았기에 그분과 전화 통화를 한 적이 있었지만, 나중에는 연락이 끊겼다.

유롄[友聯] 집단과 그 창립인

마지막으로, 더욱 중요한 『조국주간』을 소개하려고 한다. 그런데 『조국주간』은 유롄 출판집단의 한 단위이므로, 이 전체 집단부터 얘기해야만 그 배경을 분명히 설명할 수 있을 것이다. 그러려면 따로 독립된 절(節)을 할당해야 한다.

'유롄[友聯]'은 일군의 청년 동지들[友]이 정치·문화 영역에서 구축한 연합 조직이었다. '유렌'이라는 명칭은 바로 여기서 따온 것이었다. 이 동지들의 연령은 24~5세에서 31~2세 사이였으며, 대부분은 1949년 이전에 대학을 졸업한 이들이었다. 이들은 민주적 자유의 질서를 추구하는 점에서 지향이 완전히 같았으며, 당시 제3세력 가운데에서 가장 주목받던 신흥 세력이었다. 유렌의 최초 발기인은 대략 20명 전후였고, 그중 가장 중요한 지도자는 불과 열 명 정도였다.

가장 먼저 떠오르는 사람은 쉬둥빈[徐東濱][14]이다. 그이는 나보다 세 살이 많았고 베이핑 출생이었으며 원적(原籍)은 후베이[湖北]였던 것 같다. 쉬둥빈은 처음에 시난[西南]연합대학 외국어과[外文系]에 입학했다가 일이 있어 휴학하고, 항일전쟁 승리 후 다시 베이징대학 서양어문학과[西方語文學系]에 편입하였으며, 1949년 홍콩으로 망명했다. 그이는 전시에 통역 훈련을 받았고 미국 항공대에서 번역 작업을 담당하여 영작과 회화가 유창했기에, 유렌과 미국 지원 기관(예를 들어 아시아 협회)의 소통에서 매우 중요한 책임을 떠맡았다. 동시에 그이의 학식은 방대하여 중국 및 외국의 역사와 국제관계에 대해

---

14 [역자 주] 쉬둥빈[徐東濱, 1927~1995]. 1944년 쿤밍[昆明]의 시난[西南]연합대학 외국어과에 입학했다. 1946년에 베이징대학 서양어과에 입학했고 1949년에 홍콩으로 이주했다. 1951년 동료들과 유렌사를 설립했다. 1964년에서 90년까지 『성도일보(星島日報)』에서 주필로 일했다. 1981년에는 『명보(明報)』의 총주필로서 사설을 썼다.

매우 풍부한 지식을 갖고 있었다. 쉬둥빈은 여러 가지 필명을 사용해 수많은 글을 썼다. 더욱이 만년에는 "관차지아"(灌茶家; '觀察家관차지아'의 동음이의어)라는 필명으로 홍콩의 여러 신문에 중국 대륙의 중요 변동을 분석하는 글을 실었는데 시간이 지날수록 더욱 주목을 받았다.

둥빈은 극히 진지하게 작업에 임하여 어떤 지위를 책임지든지 전력을 쏟아부었다. 그이는 유롄출판사 총편집인과 사장, 『조국주간』 총편집인, 유롄연구소 소장 등 요직을 연이어 역임했는데 모든 일을 능수능란하게 해냈다. 게다가 유롄에서 일한 시간이 매우 길었다. 곧, 1951년 유롄 집단의 조직부터 시작하여 1989년 건강 문제로 미국에 이민하기까지 줄곧 일했다. 그이는 유롄의 여러 친구 가운데에서 내가 가장 마지막으로 만났던 사람이었다. 1993년, 나는 스탠퍼드 대학을 단기로 방문한 차에 샌프란시스코에 있던 그의 자택을 방문하여 오후 내내 담소를 나누었다. 불행하게도 2년 후 그이는 세상을 떠났다.

이어서 후신핑[胡欣平] 선생을 소개하고자 한다. 후 선생은 나보다 8~10살가량 많았고 동북 출신이며 일본에서 유학한 적이 있다. 그이에게는 중요한 필명 두 개가 있는데 하나는 후웨[胡越]였고 다른 하나는 쓰마창펑[司馬長風]이었다. 후 선생은 마르크스와 엥겔스의 저작을 깊이 연구한 바 있다. 마르크스-레닌과 중국공산당을 비판하는 글에서는 '후웨'라는 필명을 썼다. 그런데 그이는 문학 애호가이기도 하여, 문학 관련 글에서는 '쓰마창펑' 필명을 사용했다. 내 기억이 틀리지 않는다면 후 선생은 『조국주간』의 제1대 총편집인(1953년 1월 창간)이었으며 동시에 유롄출판사의 편집 업무를 책임졌다. 그래서 우리 사이에는 편집자와 저자의 관계가 성립되었다. 나는 홍콩에서 미국으로 가기까지 열정적으로 『조국주간』에 꽤 많은 글을 부단히 발표했다. 유롄과 당시 학술사상계 사이에는 광범위하고 밀접한 관계가 있었는데 이를 위한 그이의 공헌이 다대했다. 그런데 우리 사이에는 일종의 개인적 우정이 있었다. 우리 모두 바둑 애호자였기 때문이다. 여러 차례 그에 관해 얘기할 때면 무한한 즐거움을 느꼈다.

유롄의 창립에 관해 말하자면 절대 소홀히 할 수 없는 인물이 있으니 바로 추란[邱然] 여사이다. 그녀도 베이징대 서양어문학과 학생이었는데 아마도 쉬둥빈과 같은 학년이거나 한 학년 아래였을 것이다. 중국어와 영어를 다 잘했고 기품이 있었으며 친화력도 뛰어났다. 더욱이 그녀는 민주적 이상 추구에 있어 종교적 헌신의 정신을 품고 있었다. 이런 특성은 그 개인적 배경과 깊이 관련 있었다. 그녀의 아버지 추춘[邱椿, 字는 大年]은 학술계에서 명망이 높았을 뿐 아니라 후스와 더불어 동시대의 자유주의 선구자였다. 1931년 3월 8일, 후스는 『일기』에 이렇게 썼다.

> 추춘은 듀이의 제자였으며 박사학위 논문은 "공리주의 학파
> 의 교육 이론(Educational Theories of the Utilitarian School)"이었다.
> 우리는 영국의 사상사를 얘기했는데 죽이 아주 잘 맞았다.[15]

이때 추춘은 베이핑 사범대학 교수였으나, 청년당에 가입
했다는 이유로 1931년 4월에 국민당은 그이를 교수직에서
내쫓았다.[16] 몇 년 후, 후스의 강력한 지원에 힘입어 추춘은
마침내 베이징대학 교육학과에 들어갔다. 1948년 그이는 건
강 문제로 홍콩에 오지 못했다.[17] 그런데 내가 알기로는, 민
주와 자유를 위해 투쟁하라고 딸을 격려하면서 자신의 안위
는 전혀 돌보지 않았다고 한다.

추란은 문화와 정치 영역에서 유력한 활동가였을 뿐 아니
라 문학 창작에 재능을 보였다. 그녀는 "옌구이라이"[燕歸來,
제비가 돌아왔다]라는 필명으로 적잖은 산문과 시를 지어서 일

---

15 『胡適日記全集』第6冊, p.522.

16 上同, p.538.

17 [역자 주] 추춘은 중화인민공화국 성립 후 베이징사범대학 교육학과 교수로 재직하다가,
1966년 문화혁명이 일어났을 때 "반동학술권위"로 지목되어 박해받았고 그해 9월 세상
을 떠났다.

세를 풍미했다.[18] 그녀처럼 각 분야에서 뛰어난 재능을 지닌 인재는 평상시에도 사회적 주목을 받기 마련인데 하물며 50년대 홍콩처럼 특수한 정치문화적 사회에서는 어땠겠는가? 그래서 당시 유롄의 동지들은 의식하건 그렇지 않건 간에 그녀를 핵심 인물로 간주했다. 추란과 쉬둥빈은 사업의 발전을 위해 늘 미국 기관의 관련 인사와 밀접한 접촉을 유지했다.

내가 홍콩을 떠난 다음에 그녀와 마지막으로 얘기를 나눌 기회가 있었다. 1970년 전후, 그녀는 미국 국무부의 초청으로 미국을 방문하였는데, 특별히 하버드대학으로 나를 보러 와서 오후 내내 우리 집에서 머물렀다. 추란은 홍콩에 있을 때 이미 천주교를 믿기 시작하였고 중년 이후(대략 70년대 말) 독일로 가서 수도원에 들어갔다. 종교 신앙이 그녀의 귀의처가 되었던 것은 내가 전혀 예상치 못했던 일이었다.

유롄은 인재가 매우 많았으므로 당연히 위에 서술한 세 사람만으로는 그 면모를 다 표현할 수 없으나, 지면이 제한되어 있어 한 명 한 명 다 열거할 수 없다. 그렇지만 친구 두세 명은 더 언급해야겠다. 첫 번째는 쉬관싼[許冠三] 씨이다. 그이는 나와 같이 안후이 출신이었으며 나보다 다섯 살이 많

---

18 그녀의 다른 필명은 "옌윈[燕雲]"이었다.

았다. 1947년 둥베이[東北] 대학[19]을 졸업했는데 셰청핑이 그의 스승이었다. 1949년에는 타이베이에서 타이완대학 총장인 푸쓰녠[傅斯年]의 비서가 되었다. 그해 12월 5일, 푸쓰녠은 「소련은 대체 어떤 나라인가?」라는 제목으로 강연을 하면서 그이에게 필기하도록 하였고 이를 『자유중국』에 발표하였으니[20] 그이가 푸쓰녠에게 인정받고 있었다는 것을 잘 알 수 있다. 1950년, 그이는 셰청핑의 초청에 응해 홍콩으로 와서 자유출판사의 편집 업무를 주관했다. 이런 연유로 쉬관싼은 유롄 집단의 공동 발기인이 되었다. 객관적으로 말하여, 유롄 집단의 여러 친구 중 그이의 학문 수준과 문필력이 최고였다. 예를 들어, 쉬관싼이 "위핑판[于平凡]"이라는 필명으로 쓴 작은 책 『민주적 생활방식을 말하다[談民主生活方式]』는 민주에 관한 듀이의 관점을 해명한 책인데, 주제를 깊이 파고들면서도 설명은 쉽게 했으며 표현이 생동감 넘쳐서 청년 학생들에게 큰 영향을 끼쳤다. 나 역시 그 영향을 받았던 사람 중 하나였다. 하지만 바로 그 때문에 그이는 다소 안하무인의 태도를 보였거니와 개성도 너무 강해서 다른 사람과 쉽게 어울리지 못했다. 그래서 얼마 지나지 않아 유롄을 떠나

---

19 항일전쟁 시기에는 쓰촨성 산타이[三臺]에 학교가 있었다.

20 푸쓰녠[傅斯年], 「소련은 대체 어떤 나라인가?[蘇聯究竟是一個什麼國家]」, 『자유중국(自由中國)』 제1권 제3기(期), 1949년 12월 20일 자.

독립해 버렸다.

내가 특별히 쉬관싼의 사례를 드는 것은 해명이 필요하다. 유롄이 제3세력 가운데에서 가장 성공적으로 발전한 단체가 될 수 있었던 주요 원인은 바로 유롄의 친구들이 상호 존중의 기초 위에서 장기간 협동 작업을 했던 데 있다. 쉬관싼은 유일한 예외였다. 그래서 최후에는 부득불 제 갈 길을 갈 수밖에 없었다.

그다음 언급해야 할 인물은 천줘성[陳濯生] 씨이다. 그이 역시 베이징대 출신으로, 재학 당시 단호하게 공산주의에 반대하였고 홍콩에 도착한 후에도 『자유전선』 편집부에 참가한 적이 있다. 그렇지만 그이는 유롄의 전체 계획과 운영 쪽에 주로 전력을 쏟았는데 그 목적은 유롄을 일종의 현대적 기업으로 발전시키는 것이었다. 그래서 유롄의 각 부문은 최종적으로 '유롄 문화사업 유한공사'로 통합되었다. 창시인 가운데에는 그이만 그랬던 것이 아니다. 신아서원 친구인 시후이장[奚會璋](나보다 한 학년 아래였다.)도 걸출한 기업적 인재로서 장기간 유롄을 위해 일하면서 투자와 경영 쪽에서 중요한 공헌을 했다. 이것이 바로 미국 지원을 받던 다른 정치·문화 단체와 유롄이 확연히 갈라지는 지점이었으며 그 성공의 중요 요소였다.

유롄의 규모와 영향

하나의 문화사업기업으로서 유롄은 처음부터 대규모의 전면적 구상이 있었다. 그것은 출판사와 잡지사를 거느릴 뿐 아니라『중국학생주보(中國學生周報)』, 반월간『아동낙원(兒童樂園)』, 월간『대학생활』, 그리고 유롄연구소를 운영하여, 각 연령층 독자를 모두 고려하고 있었다. 연구소는 중국 대륙 각지에서 발간되는 신문, 잡지, 간행물 등을 전문적으로 수집하여, 몇십 년의 축적을 거치자 마침내 해외에서 가장 풍부한 연구자료를 소장한 보관소가 되었으며, 90년대 말에는 홍콩 중원[中文]대학에 양도하였다.

다른 제3세력 단체와 비교했을 때 유롄에게 있는 가장 주목할 만한 두 가지 특징이 있었다. 첫째, 그 영향력이 홍콩을 넘어서 저 멀리 동남아, 그리고 유럽과 미국의 화교 사회에까지 파급되었다. 예를 들어, 유롄은 싱가포르와 말레이시아에 지점을 세우고, 주로 중·고등학생 독자를 대상으로 간행물을 발간했으며, 동시에 싱가포르·말레이시아 화교학교 교과서의 집필권을 따냈다. 둘째, 유롄은 세대를 거듭하여 대학생과 중·고등학생의 가치관 형성에 계몽적 역할을 했다. 관련된 간행물을 통해 유롄은 중국이 중시하는 인문적 관념(예를 들어 仁義禮智信 등)과 현대의 보편 가치(예를 들어 자유·인권 등)를 청년 학생의 마음속에 전파했으며, 아울러 오랜 기간 부단하게 그 작업을 진행하여 이루 헤아릴 수 없는 성과를 거두었다. 여기서는 『중국학생주보』를 따로 언급해야겠다. 나도 한 자리를 맡아 그 일에 참여했기 때문이다.

1952년 6월, 내가 신아서원을 졸업하자 유롄의 친구들이 내게 『중국학생주보』 창간에 참여해서 총편집인을 맡아달라고 요청했다. 나는 유롄의 이상에 충분히 공감했으므로 그렇게 하기로 결연히 답해 주었다. 그렇지만 나는 겨우 석 달 동안 일하고 사직했으며, 다시 『자유전선』 겸직으로 돌아갔다. 그런데 그렇게 한 까닭은 학생 간행물을 덜 중시했기 때문이 아니라, 내 성격이 벌써 학술 연구 분야로 틀 잡혔으며 복잡한 인사와 편집 업무를 처리하는 데 내가 능숙하지 못하다는 점을 알게 되었기 때문이다. 동시에 쳰빈쓰[錢寶四] 선생님이 내게 말하기를, 당신이 준비 중인 신아연구소 창설이 궤도에 올랐고 조금 후에 정식으로 설립될 터이니 좀 빨리 준비해 달라고 했다. 이런 상황에서 오랫동안 총편집인으로 근무할 수 없으므로 차라리 빨리 퇴직하여, 오래 근무할 수 있는 다른 적합한 인물을 유롄이 물색하도록 하는 것이 더 낫겠다고 생각했다. 이후 사실이 증명하다시피, 『중국학생주보』의 성과는 놀라운 것이었다.

『중국학생주보』는 1952년 7월에 창간되어 1974년 7월에 정간되기까지 22년 동안 총 1128호를 발간했다. 저 22년 동안 그 지면이 부단히 확대되었고 내용도 날로 풍부해져서 문예에서 연극·영화·음악·회화까지 이르렀으며 학생 투고물도 많이 실었다. 그래서 청년 학생이 즐겨 사보는 읽을거리로 빨리 정착할 수 있었다. 내가 기억하기로는 창간 초기에 『중국학생주보』는 불과 몇백 부 정도 팔렸다. 그런데 편집인으로 7년 동안 근무했던 어떤 분에 따르면, 1주년 기념호 때는 벌써 2만 부 이상으로 판매가 증가하였다고 했다. 그 중, 홍콩의 정기구독자와 소매 판매가 1만 부 정도 되는 것 말고도, 타이완·동남아·유럽·미국의 화교 사회에 팔린 것이 1만 부 정도 된다고 했다. 『중국학생주보』의 편집인은 이렇게 말한다. "『중국학생주보』는 정치적 간행물이 아니라 문화적 간행물이었으나, 22년 동안의 활약을 보자면 그것이 해냈던 역할은 사상과 문화적 생활의 면에서 청년 세대에게 영향을 끼친 것이었다. 곧, 『중국학생주보』는 상당히 오랫동안 은연중에 청년 세대를 감화했다."[21] 이런 판단은 객관적이고 사실에 부합한다고 나는 생각한다. 이로부터 한 걸음 더 나아가 대담하게 가설을 세우자면, 최근 홍콩 청년 학생이 민주·자유·인권 등 보편가치를 널리 추구한 나머지 전

---

21 뤄카[羅卡], 「냉전 시대의 『중국학생주보』[冷戰時代的『中國學生周報』]」, 2009.

세계를 놀라게 한 "우산 혁명"을 일으켰는데, 그 최초의 씨앗은 바로『중국학생주보』에서 마련되었다는 것이다.

앞서 유롄에 대한 소개를 길게 쓴 이유는 당시 홍콩의 문화와 사상적 상태를 객관적으로 드러내 보이기 위해서였다. 유롄은 규모도 크고 경영도 다원화되었을뿐더러 2~30년 동안이나 사업이 지속하여, 그 전체적 성과와 영향은 다른 동류의 조직보다 훨씬 뛰어났다. 나는 유롄을 매우 깊이 알고 있다. 유롄의 발기인이 대부분 나와 동 세대의 친구였고 각 부문에서 일하는 사람이 주로 신아서원을 졸업한 동문이었기에 내가 보고 들은 것은 당연히 매우 직접적이고 구체적일 수밖에 없다. 유롄의 대체적 배경을 설명했으니 이제 유롄출판사와『조국주간』의 성격을 요약해 보자.

유롄출판사가 간행하는 서적과『조국주간』의 기사는 모두 일반 지식인을 대상으로 하였는데, 학문 수준으로 보나 영향력을 끼치는 범위로 보나 다른 서적 또는 잡지를 훨씬 넘어섰다. 여기에는 두 가지 원인이 있었다. 첫째, 세계 각지에 널리 퍼진 화교 저자들로부터 널리 원고를 모집했고 심사 과정도 매우 엄격했다. 둘째, 유롄이 직접 운영하는 서적·신문 인쇄 회사[書報發行公司]가 있어서 판로 확장이 이미 전문화의 길을 걷고 있었다. 유롄이 출판한 좋은 책들이 아주 많았는데 그때는 한 번 보고 나서 곧 더는 읽지 않았기 때문에 지금은 많이 잊어버렸다. 아마 유롄출판사의 서목을 다시 보면 찾아낼 수 있을 것이다. 그렇지만 책 두 권은 아직도 기억에 분명히 남아 있다. 하나는 장아이링[張愛玲]의 『붉은 땅의 연인들[赤地之戀]』(1956)이었다. 홍콩을 떠나기 직전에 우연히 그녀의 『앙가[秧歌]』[22]를 읽었는데, 농촌의 중 · 하급 공산당 간부의 행위에 대한 이 소설이 묘사에 매우 흥미를 느꼈다. 마침 그때(1955년) 유롄이 그녀의 신작을 출판하려 한다는 얘기를 듣고, 한 부만 내게 남겨 달라고 쉬둥빈 형에게 정중하게 부탁했다. 이듬해 책이 출판되자 쉬둥빈은 항공 우편으로 내게 책을 보내주어 특히 인상이 깊었다. 다른 책은 천인췌의 『『재생의 인연』을 논하다[論再生緣]』인데 내가 유롄에 추천했다. 1958년에 내가 읽었던 이 작품의 등사 원고는 타이완의 중앙연구원 역사언어연구소[歷史語言研究所]로부터 하버드까지 굴러들어온 것이었다. 나는 이 원고를 읽고 크게 감동하여 그것이 널리 알려질 수 있기를 희망했으나, 당시 중국공산당은 정식 출판을 허락하지 않았다. 그래서 나는 이 원고를 후신핑[胡欣平] 형에게 보내서, 유롄출판사에 전달해 주되 정중한 태도로 간행 여부를 문의해 달라고 부탁했다. 유롄은 그

---

22 [역자 주] 앙가는 중국 북방의 농촌 지역에서 널리 유행하는 민간 가무의 일종으로, 징이나 북으로 반주한다.

것을 출판하기로 매우 빨리 결정한 후 내게 편지를 써서, 이 책은 비록 판매도 쉽지 않고 판권 문제도 있는 등 여러 어려움이 있으나 책 자체의 가치가 워낙 커서 한 번 모험해 보기로 했다고 알렸다. 유렌의 기본 정신은 바로 이런 결정에서 아주 잘 나타난다. 출판 후 당시 큰 파문을 일으키고 대륙측의 강렬한 반향을 끌어냈던 것은 처음에는 전혀 예상하지 못했던 일이었다.[23]

『조국주간』의 독특한 역할

『조국주간』은 1953년 1월에 창간되었고 대략 10년 후 월간으로 바뀌었으며 70년대 중반까지 쭉 유지되었다. 『조국주간』은 제3세력의 간행물 중 하나로서 민주·자유·인권의 추구와 반공이 그 기조를 이룬다는 점은 더 말할 나위도 없는 것이다. 그런데 『조국주간』은 중국의 전통적 인문 정신도 마찬가지로 존중했다. 유렌 집단과 신아서원은 밀접한 관계를

---

23 내가 2010년에 썼던 「천인췌 연구의 반성과 전망[陳寅恪硏究的反思和展望]」을 참조할 것. 이 글은 『천인췌 만년 시문 석증[陳寅恪晩年詩文釋證]』 신판, 타이베이[台北]: 둥다도서공사[東大圖書公司], 2011에 수록되어 있다. [역자 주] 국내연구자 민경욱이 쓴 『學術史의 관점에서 본 余英時의 陳寅恪 晩年詩文 解釋의 意義』(『중국문학』 79, 2014)를 참고할 것.

맺었으므로 첸빈쓰 선생님과 탕쥔이 선생님은 처음부터『조국주간』의 집필자였다. 동시에 이분들과 뜻이 합치했던 절친한 친구 두 사람, 즉 머우쭝싼[牟宗三]과 쉬푸관[徐復觀]도『조국주간』에 중요 논문을 발표하곤 했다. 내가 아는 한, 유롄의 모든 친구는 중국의 인문 전통과 서양 현대문화 사이에 상호 소통과 상호 보완이 가능한 정신적 가치가 존재하므로, 일부분을 갖고서 쌍방의 차이를 과장하여 문화적 충돌을 만들어 내면 안 된다고 생각했다. 이런 점을 봤을 때『조국주간』은, 근대의 보편적 가치를 중시하는『자유중국』과 중국의 인문 전통을 강조하는『민주평론』의 장점을 종합했다고 할 수 있다. 바꿔 말하면,『자유중국』과『민주평론』에 비해 더 개방적이었다. 그래서『조국주간』은 각기 다른 관점을 지닌 저자와 독자를 더 흡수할 수 있었다. 개인적 관계의 측면에서 말하자면,『조국주간』은 내가 가장 오랫동안 투고했던 홍콩의 간행물이었다. 1955년 미국으로 간 다음에는 중국어 작품을 그다지 쓰지 않았다. 하지만 후신핑 형이 끊임없이 독촉하여『조국주간』에 일련의 논문을 계속 썼다. 주로 서양의 문·사·철 분야 최신 논저에 대한 서평이었다. 시간상 가장 마지막에 썼던 글은「서양 고전 시대의 인문 사상[西方古典時代之人文思想]」으로 1960년 작이었다.

『조국주간』은 민주와 반공의 간행물이었으되 초기 논조는 그다지 격렬하지 않아서 국민당의 허가를 받아 타이완에서도 합법적으로 판매되었다. 다른 유사한 간행물에 비해 그 영향이 훨씬 광범위했다. 그렇지만 기사 가운데에 타이완 정치를 비판했던 것이 있어 치안 기관의 단속을 받았기 때문에 종종 구독료를 회수할 수 없었다. 1959년에 이르러 쌍방의 관계는 끝내 파열하여 국민당은 『조국주간』의 입국허가증을 정식으로 말소했다. 당시 타이완에서 가장 호소력이 있던 민간 신문 『공론보(公論報)』는 1959년 10월 26일 자에서 그 조치에 대해 격렬하게 논평했다. 『공론보』는 「홍콩 『조국주간』의 국내 판매금지 유감」이라는 사설에서, "민주 헌정에 반하는 국민당의 고압적 조치에 대해 이 당을 아끼는 사람은 통곡하고, 원수로 아는 사람은 기뻐하고 있다."라면서 국민당을 통박하였고, 한 걸음 더 나아가 아래와 같이 지적했다.

> 『조국주간』처럼 확고한 반공 의식이 있고 무게감 있는 논조를 지닌 간행물이 국내에서 판매금지 된다고 하더라도 『조국주간』 자체에는 아무런 손실이 없다. …그러나 정부의 신뢰와 명예가 입는 손실은 실로 계산할 수 없을 것이다.[24]

---

24 『후스일기전집[胡適日記全集]』, 1959년 10월 26일 조목, 제9책, pp.437-8.

『조국주간』이 타이완에서 얼마나 중시되었는지, 그리고 그 영향력은 의심의 여지가 없었다는 것을 위 몇 구절이 잘 보여준다.

국민당은 어째서 『조국주간』이 타이완에서 판매되는 것을 용인하지 못했으며 또 판매금지 조처를 했을까? 핵심은 장제스가 제3대 총통을 연임하던 문제에 있었다. 1947년 1월 1일 국민정부가 공포한 『중화민국헌법』에 따르면, 총통의 임기는 6년이며 1차례만 연임할 수 있어 총 12년이었다. 장씨는 1948년 제1대 총통으로 당선되었고 1954년에 한 차례 연임하였으므로 1960년에 임기 만료가 되어, 더는 제3대 선거에 나설 수 없었다. 그렇지만 국민당은 제3대 총통도 장제스이지 않으면 안 된다고 고집을 부렸고 장제스 자신도 "반공에 의한 국토 수복[反共復國]"의 임무가 자신에게 있기에 계속해서 나라를 영도해야 한다고 생각했다. 그래서 국민당은 그런 조처가 결코 헌법을 위반하는 것이 아님을 증명하기 위해 여러 가지 방안을 마련했다. 하지만 후스와 『자유중국』의 지도하에 타이완의 민주 인사들이 한꺼번에 항의하고 나섰다. 이들은 헌법 그 자체를 옹호하기 위해 투쟁하는 것이지 장제스 본인의 지도자 위치에 반대하는 것은 아니라고 선언했다.

1959년부터 1960년 국민대회 선거[25]에 이르기까지 타이완 언론계는 그 1년여 기간 동안 제3대 총통 관련 논쟁에 온통 빠져들었고, 홍콩·동남아·일본에서 미국에 이르는 해외의 민주당파와 자유 인사들이 논쟁에 적극적으로 참여했다. 두 말할 나위 없이 이들은 후스와 『자유중국』 편에 서서 "헌법 훼손과 연임[毀憲連任]"에 반대했다. 이런 해외 인사에는 헌법 기초자 중 한 명이자 민사당 지도자였던 장쥔마이, 청년당 지도자 쥐순성[左舜生]과 리황[李璜], 철학 교수 셰푸야[謝扶雅][26] 등이 포함되어 있었다. 유렌의 친구 중 후웨[胡越], 스청즈[史誠之], 리다성[李達生], 샤오후이카이[蕭輝楷]도 유렌 각 부문을 책임지고 있었으므로 헌법 수호 운동에 기명으로 참여했다. 그리고 『조국주간』은 해외 여론의 중심 역할을 꾸준히 담당했다. 예를 들어, 쥐순성, 장쥔마이 등 70인이 작성한 최후의 연합 성명서 「헌법 훼손 책동에 반대하는 경고[我們對毀憲策動的警

---

25 [역자 주] 국민대회(國民大會)는 중화민국의 정부 기구 중 하나이다. 1947년 제정된 중화 민국 헌법의 규정에 따라 설립되었다. 국민 선거에 의해 뽑힌 국민대회 대표들로 구성되어 있다. 설립 당시에는 헌법상 5원(입법원, 행정원, 사법원, 감찰원, 고시원)의 위에 놓여 있는 최상급 중앙 정부 기구였다. 2005년 6월 7일 입법원의 헌법 수정안 결의에 따라 국민대회는 헌법상 명목상으로 존재하되 양안(兩岸) 통일 전까지 소집될 이유를 없애 소집되지 않도록 해 중앙 정부 기구에서 사실상 제외가 되었다.

26 [역자 주] 셰푸야[謝扶雅, 1892~1991]. 현대 중국의 저명한 철학자, 문학자, 그리고 기독교 사상가이다. 유년 시절 경전 학습을 통해 중국 전통 사상 및 불교의 영향을 받았다. 청년 시절에는 일본으로 유학 가서 릿쿄[立教]대학에서 공부했고 이후 미국의 시카코대학과 하버드대학에서 공부했다. 1949년 홍콩으로 이주했다.

씀]」는 1960년 2월 17일에 먼저 『조국주간』에 발표되었다.[27] 국민당이 『조국주간』의 판매를 금지했던 까닭이 바로 여기에 있었다. 1959년 11월 10일, 『조국주간』이 판매 금지된 후 후스는 유롄에게 편지를 한 통 보냈다. 이 편지를 인용해서 유롄의 성격에 관한 이야기를 맺고자 한다.

유롄출판사 여러 선생께,

『조국주간』이 타이완 판매 허가를 받지 못했다는 소식을 듣고 매우 불쾌하고 실망했습니다. 근래 샤오핑[蕭邘] 선생의 『환상을 좇는 사람들[追求幻想的人們]』을 읽고 아주 잘 쓴 책이라고 생각했습니다. 다섯 권을 사서 친구들에게 보내고자 하니 제게 다섯 부를 보내주십시오. 또 왕광티[王光逖] 선생이 내게 보내주었던 『야마전(野馬傳)』은 해외에 나가서 읽었습니다. 읽고서 아주 기뻐서 외국의 친구들에게 주어 돌려보게 했습니다. 제게 다섯 부를 보내주실 수 있는지요? 이 두 책의 가격을 알려주시면 송금할 방법을 알아보겠습니다.[28]

---

27 상세한 내용은 『공론보』에 실린 두 편의 보도를 참조하기 바란다. 각각 1960년 2월 13일과 21일에 발표되었다. 『후스일기전집[胡適日記全集]』 제9책, pp.589-592, 614-618참조.

28 『후스전집[胡適全集]』, 허페이[合肥]: 안후이교육출판사[安徽教育出版社], 2003. 제26권, p.331.

『조국주간』의 중요성과 유렌출판사의 높은 수준이 이 한 통의 짧은 편지에서 증명될 수 있을 것이다.

에필로그

마지막으로, 내가 직접 출판사와 잡지 창립에 참여했던 이 야기를 보완해야겠다. 1954년, 친구 쉬즈핑[徐直平]과 류웨이 [劉偉]가 미국정보국의 위탁을 받아 미국 인문 명저의 중국어 번역서를 대량으로 출판하기로 했다. 이들은 이것을 기회로 삼아 출판사를 세워, 동시에 가치 있고 영향력 있는 중문 저 술도 출판하기로 마음먹었다. 자신들의 작품도 포함해서 말 이다. 이들은 내게 함께 하자고 강력히 요청하였고 나는 우 정으로 인해 계속 거절하기 곤란하였다. 다만, 나는 원고 심 사와 편집과 같은 작업에만 참여하고 경영 및 대외 교섭 등 의 사무는 전혀 관여하지 않겠다고 선언했다.

쉬즈핑과 류웨이는 원래 『자유전선』의 편집인으로서 나 와 몇 년 동안 같이 일하여 서로 신뢰하는 친구들이 되어 있 었다. 쉬즈핑 형은 문예 창작에 뛰어나서 "쉬쑤[徐速]"라는 필 명으로 낸 장편소설 『별, 달빛, 그리고 태양[星星, 月亮, 太陽]』은 출판한 지 얼마 되지도 않아 홍콩·동남아·타이완에서 베스트셀러가 되었고, 조금 후에는 영화로 만들어졌다. 류웨이 형은 칭화[清華]대학 경제학과를 졸업하였으나 그이는 사회과학 전 분야로 흥미를 확장했고, 그이의 주요 논문도 현대 관념으로써 중국 고전의 지혜를 풀이하는 것이었다. 그래서 류웨이 형은 나와 사상적으로 많이 교류했다. 우리의 이번 협동 작업 시간은 촉박했다. 왜냐하면, 1955년 10월에 내가 홍콩을 떠났기 때문이다. 하지만 그 1년 남짓한 협동 작업의 경험은 너무나 유쾌했다!

우리 출판사의 이름은 "고원(高原)"이었지만 미국정보국의 번역서를 펴내기 때문에 영문 이름도 필요하였다. 그래서 "하일랜드 프레스(Highland Press)"라는 번역어를 채택했다. 나는 『문명논형(文明論衡)』과 『사유의 길[到思惟之路]』 두 원고를 고원 출판사에서 간행하였으나 인세는 받지 않았다. 그것을 출판사에 대한 정신적 지원으로 삼은 셈이다.

그때 우리는 사상과 문화를 논의 중심으로 하는 부정기 잡지도 발간했다. 부정기로 출간한 까닭은 정기간행물을 유지할 충분한 힘이 우리에게 아직 없었기 때문이다. 잡지 이름은 내가 골랐는데 "하이란[海瀾]"으로 정했다. 이것은 "하일랜드"의 음역이었으나 그보다 더 깊은 의미가 있었다. 맹자는 "바다[海]를 본 사람은 물을 말하기 어렵다. 물을 보는 데 방법이 있으니 반드시 물결[瀾]을 보아야 한다."라고 말했다. "고원"이 탈바꿈하여 "하이란"이 되면서, 공교롭게도 "어진 이는 산[고원]을 좋아하고 지혜로운 이는 물[하이란]을 좋아한다."라는 말까지 완벽하게 그 안에 포함하게 되었다. 『하이란』이 몇 호까지 나왔는지 이제 기억할 수 없으며, 내가 거기에 글을 몇 편이나 썼는지도 기억나지 않는다. 다만 잊을 수 없는 일이 하나 있다. 1955년 12월 전후로 영국의 사학자 토인비(Arnold J. Toynbee)가 하버드대학에 와서 강연하기로 했다는 소식이 10월 말의 신문에 났다. 당시 나는 토인비에게 큰 흥미를 느끼던 참이어서, 홍콩에 있는 쉬즈핑과 류웨이에게 보낸 편지에 이 소식을 알렸다. 그러자 이들은 『하이란』의 호소력을 높이기 위해 토인비의 강연에 관한 보도문을 한 편 써 달라고 내게 즉각 제의했다. 토인비의 역사 이론에 대해, 얼마 전까지 홍콩에 있던 사람이 소개 글을 쓴다면 광범위한 주목을 받을 수 있다는 것이었다.

토인비의 열 권짜리 『역사연구(*A Study of History*)』는 앞의 여섯 권이 1934년과 1939년에 출판되었다. 세계 제2차 대전으로 중단되었다가, 뒤의 네 권이 1954년에 완성을 보았다. 그래서 1955년은 바로 토인비의 명성이 최고봉에 달했던 시기였고 미국에서는 더욱 그랬다.[29] 그래서 토인비가 와

---

29 이 문제에 관해, William H. McNeill, *Arnold J. Toynbee, A Life*, Oxford University

서 강연하던 날 청중이 인산인해여서 하버드대학 교정에서는 그런 인원을 수용할 강연장을 찾을 수 없었다. 끝내 학교 밖에서 대극장(Sandres Theatre)을 찾아 진행할 수밖에 없었으니 그 성황(盛況)이 어땠는지 알 수 있다. 나는 강연을 들었을 뿐 아니라, 강연 후 길게 줄을 서 있다가 친필 서명을 받았다. 이것은 내 평생의 유일한 경험이었다. 내 기사와 친필 서명이 마침내 『하이란』에 실렸으나, 안타깝게도 여러 번 이사하던 중 이 잡지가 어디로 갔는지 사라졌다. 그 기사는 기념할 만한 글인데 사라져 버려 너무 안타깝다.

이것이 내 젊은 시절 홍콩에서 경험했던 문화적 활동의 에필로그였다.

Press, 1989, Chapter IX, "Fame and Fortune, 1946~1955", pp.205-234참조.

5

미국 하버드 대학

1950년대 홍콩에서 우리 집안은 궁핍하게 생활했으므로 외국에 가서 공부할 엄두를 전혀 낼 수 없었다. 1955년 갑자기 미국 하버드대학으로 가서 공부하게 되었던 것은 정말로 예상하지 못한 일이었다. 이 일과 관련하여 첸빈쓰 선생님이 간략하게 서술한 것이 있다.

하버드-옌칭학사는 앞서 1954년에 젊은 교사 한 명을 파견해 달라고 요청하는 편지를 신아서원에 보냈다. 서른다섯 살 이하인 사람이 하버드대학 방문학자가 될 수 있다는 것이었다. 홍콩대에 물어보았는데 그런 일이 없었다고 했다. 그래서 홍콩에서는 신아서원만 이런 요청을 받았다는 사실을 알게 되었다. 신아서원의 교사 가운데에는 자격에 부합하는 젊은 교사가 없어서, 미국에 유학했던 연장자 한 명에게 그 요청에 응할지 상의했다. 하버드대학은 자격 조건에 부합하지 않는다며 거절했다. 이듬해 다시 편지를 보내서, 신아서원 제1회 졸업생이자 연구생으로 있던 위잉스를 조교로 임용한 후 보내기로 했다. 위잉스는 1년의 기한이 다 차자 다시 1년을 연장했고 다시 하버드대 대학원에 들어가서 박사학위를 취득했다. 그리고 졸업 후 모교인 하버드대에 남아 교수가 되었다. 위잉스는

신아서원 연구소가 외국에 유학 보낸 첫 번째 인물이었다.[1]

서술 내용은 대체로 정확하나 자세한 부분은 좀 차이가 있으므로, 이 기회를 빌려 내 기억으로 보완하고자 한다.

분명히 기억하건대, 1955년 1월 말 우전슝[伍鎭雄] 선생님이 쳰빈쓰 선생님의 명을 받고 연구소에 와서 나를 찾았다. 이분은 예일대학에서 공부한 후 신아서원에서 가르쳤는데, 이때 학교의 영어 비서를 겸임하고 있었다. 그이는 하버드-옌칭학사(Havard-Yenching Institute)가 신아서원에 보낸 문건을 다 가져와서 내게 꼼꼼히 읽어보라고 한 후, 추천을 받아 하버드대학에 가서 1년간 연수를 받을지 결정하라고 했다. 원래 하버드-옌칭학사는 1954년에 "방문학자 제도(Havard-Yenching Visition Scholars Program)"라는 새로운 제도를 만들었다. 이 구상에 따르면, 하버드-옌칭학사는 매년 중국, 일본, 한국의 인문·사회과학 분야 학자를 1년간 방문학자로 초빙하기로 했다. 이들은 자유롭게 수업 듣고 연구할 수 있었으며 시험 치를 의무는 없었고, 1년 후에는 1년 연장을 신청할 수 있었다. 그렇지만 방문학자는 상당히 분명한 연령 제한이 있었다. 곧, 서른 살 이상에서 마흔 살 이하까지였다.

---

1 『사우잡억(師友雜憶)』, 『전집』본, 51책.

이 계획의 주요 목적이 중년 학자의 교육과 연구 수준을 높이는 것이었음을 알 수 있다. 당시 하버드-옌칭학사는 매년 11~12명의 방문학자를 초빙하기로 했는데, 대다수는 일본에서 왔고 한두 명이 한국에서 왔으며, 홍콩과 타이완이 각각 한 명이었다.(타이완은 처음에는 타이완대학 한 곳만 요청받았으나, 나중에는 중앙연구원 역사언어연구소와 사범대학도 요청받게 되었다. 당연히, 추천을 받았다고 하더라도 반드시 하버드-옌칭학사에 받아들여지는 것은 아니었다.)

우전슝 선생님은 한 걸음 더 나아가서 내게 이렇게 알려주었다. 1년 전 추천받은 사람이 나이가 맞지 않아서 못 가게 되었는데 올해도 상황이 다르지 않아서, 학교 내 연장자는 그 기준을 넘고 연소자는 거기에 미치지 못하는 실정이라고 했다. 그래서 학교는 탕쥔이 선생님과 나를 동시에 추천하여 하버드-옌칭학사의 선택을 기다리기로 했다고 말해주었다. 그해에 탕쥔이 선생님은 마흔여섯 살이었고 나는 스물다섯 살이어서 선생님은 기준을 넘고 나는 거기에 미치지 못했다. 그래서 지원하기로 동의하기는 했고, 추천을 위해서 매우 긴 연수 계획서를 쓰기도 했지만, 하버드에 갈 수 있으리라고 전혀 기대하지 않았다. 거기에는 두 가지 중대한 이유가 있었다. 첫째, 하버드-옌칭학사의 문건을 보면 "방문학자"는 학문 연구의 측면에서 이미 상당한 성과를 거둔 사람을 가리키며 적어도 서른 살 이상이어야 했다. 하지만 당시 나는 대학 졸업 후 얼마 되지 않았고 이제 막 연구 훈련을 받던 어린 학생이었다. 둘째, 탕쥔이 선생님은 이미 탁월한 성과를 거둔 철학자였던 것에 반해, 나는 독창성 있는 학술 논문을 아직 한 편도 발표하지 않았다. 그러니 어떻게 탕 선생님과 나란히 설 수 있겠는가? 그래서 추천받는 것만으로도 내게는 큰 영광이라고 생각했으며, 그분보다 앞서 나가는 생각은 하지 않았다.

그렇지만 전혀 생각지도 못하게, 두 달 후 하버드-옌칭학사의 소장인 엘리세프(Serge Elisséef)가 보낸 정식 공문을 받았다. 가을 학기에 하버드대학에 방문해 달라는 것이었다. 하버드의 상황을 미리 익히고 영어 회화와 작문 능력을 향상하기 위해 두 달 앞당긴 7월에 학교로 먼저 와도 좋다고 특별히 설명이 붙어 있었다. 편지를 받고 나는 당연히 매우 기뻤으나 곤혹감도 느꼈다. 어째서 나를 선발했는지 이해할 수 없었기 때문이다. 하버드에 간 지 두 달이 지나고 나서야 하버드-옌칭학사의 "방문학자 계획"이 젊은 학자 쪽에 중점을 두고 있다는 것을 알았다. 젊은 학자들에게 있는 학문과 사유의 잠재력을 충분히 발휘할 기회를 제공하는 것이 그 취지였다. 그래서 내 나이가 어린 것과 학문이 아직 완성되지 않은 것은 오히려 선발의 주요 원인이었다. 또 내 추측으로는,

지난해 하버드-옌칭학사가 신아서원 추천자를 거절했는데 올해 다시 추천자 두 명이 선발을 기다리는 상황에서, 신아서원의 특별한 상황에 대한 동정과 지지의 뜻으로 파격적으로 나를 받아들였을 것이다.

앞서 인용한 첸빈쓰 선생님의 기억 중에서 1954년 "연장자 한 사람"을 추천했다고 했으나 그 이름을 언급하지 않았는데 여기서 보충해도 괜찮을 것 같다. 그분은 천보좡[陳伯莊] 선생님이었다. 이분은 후스, 자오위안런[趙元任]과 같은 해(1910년)에 관비 유학생으로 미국에 갔고 전공은 화학 공정이었다. 하지만 귀국 후에는 전공을 바꾸어 경제학과 교통 쪽으로 나아갔다. 항일전쟁 승리 후 그이는 징후[京滬]철로 국장으로 근무했고, 1949년 초에는 남쪽으로 피난하여 홍콩에 정착했다. 그런데 이 무렵부터 이분의 관심은 듀이 철학과 사회과학으로 기울었다. 그이는 한편으로 신아서원에서 사회학 과목을 가르쳤고, 다른 한편으로는 분량이 상당한 『현대학술계간(現代學術季刊)』을 창간하여 서양 최신 인문·사회 사조를 연구하고 번역했다. 당시 그분 스스로 정신을 집중하여 파슨스(Talcott Parsons)의 최신 저작 『사회 체계(Social System)』를 연구하고 있었다. 나는 이분과 늘 함께 토론하였고 『현대학술계간』도 내 시야를 크게 넓혀 주었다. 천 선생님은 『현대학술계간』을 편찬하는 것을 용이하게 하려고 미국에 가고자 했다. 곧, 각 대학의 관련 교수와 함께 새로운 사조를 번역·소개하는 일을 상의하고자 했다. 이것이 신아서원의 추천을 받기로 한 주요 이유였다. 하지만 그런 계획이 하버드-옌칭학사의 의도와 맞지 않았고 나이도 너무 많아서 결국 미국에 가지 못했다. 후스가 1954년 6월 1일 하버드대의 양롄성[楊聯陞] 선생님에게 보낸 편지에 그런 사정이 잘 드러나 있다. 편지 내용은 이렇다.

신아서원이 추천한 한 분은 내가 듣기로 천보쫭 씨(P.C. Chun)라고 합니다. 1910년 그이는 자오위안런 씨, 나와 같이 시험에 합격하여 해외로 나갔으며, 이후 국내에서 수많은 대사업을 수행한 매우 존경할 만한 관리입니다. 최근 듀이 학파의 사상을 전심(專心)으로 연구하면서 무수한 철학서를 읽었기에 직접 토론할 사람을 [미국에서] 찾고자 하는 것입니다. 하지만 그이의 나이는 자오위안런과 같으므로 합격하지 못할까 걱정됩니다.[2]

양 선생님은 "방문학자 계획"과 관련이 있었기 때문에 후

---

2 『후스전집[胡適全集]』 제25권, 허페이[合肥]: 안후이교육출판사[安徽教育出版社], 2003, p.558. 천보쫭 선생의 일생과 사상을 알려면 그이의 문집 『삽년존고(卅年存稿)』(香港: 東南印務出版社, 1959)에 있는 후스의 서문을 참고할 것.

선생님이 특별히 천보쫭 안을 갖고 양 선생님과 논의한 것인데, 아마도 천 선생님을 두둔할 의도가 있었던 것 같다. 미국을 방문하려는 천 선생님의 소망은 1959~60년에야 실현되었다. 신사조 총서를 편역한다는 천 선생님의 계획을 포드기금회(Ford Foundation)가 지원하기로 했기 때문이다. 1960년 초, 나는 천 선생님과 하버드에서 한두 달가량 즐겁게 어울렸으며, 그의 총서를 위해 역사철학에 관한 논집을 한부 편역하는 데 동의했다. 안타깝게도 선생님은 홍콩으로 돌아간 후 얼마 되지 않아 세상을 떠났다. 이분은 홍콩에 있던 시기 내게 긍정적 영향을 끼친 선배이므로 여기에서 기록해 두는 것이다.

3월 말부터 미국에 가기 위한 법률 절차를 적극적으로 밟아 나가려 했으나, 뜻밖에도 엄청난 장애물을 만나서 미국에 거의 가지 못할 지경이 되었다. 알고 보니, 당시 타이완에 있던 국민정부가 미국 국무부와 협정을 하나 맺었는데, 홍콩과 마카오에 있는 중국인이 미국에 갈 때 반드시 중화민국 여권을 지참해야 한다는 것이었다. 이 협정에 따르면, 나는 타이완 교육부와 외교부를 통해서 출국 여권을 신청해야 했다. 그런데 타이완이 홍콩에 파견한 비밀경찰이 아무런 조사도 하지 않고 또 나를 만나 물어보지도 않은 채, 내가 국민당을 반대하는 제3세력이므로 미국에 가서 타이완에 불리한 정치적 언론을 하리라는 비밀 보고를 타이완 정부에 보냈다. 그리하여 내 신청서는 한 구석에 처박혔고 교육부든 외교부든 아무런 답을 주지 않았다. 마치 대양 속에 가라앉은 돌덩이 같았다. 나중에 빈쓰[賓四] 선생님이 이 상황을 파악하고 사태의 조속한 해결을 간절히 바라는 공문을 타이베이의 행정원(行政院)에 보냈으나, 보안 검열이라는 관문을 뚫지 못하여 그 공문은 아무런 역할을 하지 못했다. 신청은 6개월이나 끌어도 받아들여질 기미가 없었다. 나는 7월에 미국에 갈 수 없었고, 9월 중순에 간다고 해도 이미 하버드는 개학한 이후였다. 그래도 나는 타이베이로부터 아무런 답신을 받지 못했다. 여권을 얻을 수 없다는 것은 이제 의심할 수 없는 확정적 사실이 되었다.

그때 쓴웃음이 나왔던 까닭은, 내가 홍콩에 몇 년 동안 있으면서 비록 제3세력 간행물에 꽤 많은 글을 쓰기는 했으나 국민당을 한 글자도 언급한 적이 없었기 때문이다. 내 작품은 주로 역사적 관점에 따라 민주와 자유의 가치를 창도하는 것이었다는 점은 앞에서 서술한 대로이다.

내가 처한 곤경은 그 당시 홍콩에서 널리 알려졌고, 마침내 아시아협회의 홍콩 대표인 아이비(James Ivy)도 그것을 알게 되었다. 아이비는 빈쓰 선생님을 매우 존중하여, 1953년에 아시아협회가 자금을 대서 신아연구소를 건설하기로 한 일도 그의 결정에서 비롯했다. 그래서 그이는 빈쓰 선생님을 통해, 자신과 직접 만나 얘기를 해보자고 내게 전해 왔다. 전체 상황을 파악한 후, 그이는 곧바로 편지를 한 통 써서 주홍콩 미국 영사인 드럼라이트(Everett F. Drumright, 이후 주駐자유중국 대사를 장기간 역임했다)에게 보내, 내가 하버드 방문학자로 가는 것은 청년 학생이 일생에서 얻기 힘든 연수 기회인데 단지 기술적 문제로 인해 그것을 잃어버리면 안 된다고 말했다. 그래서 드럼라이트는 미국에 합법적으로 입국할 다른 방법을 답장에서 알려주었다. 내가 홍콩에서 변호사를 찾아가 바로 그 자리에서 "무국적자"를 선언하면, 변호사가 정식 문서를 써주고 거기에 서명함으로써 여권을 대체한다는 것이다. 그러면 미국 영사관은 합법적으로 이 문서에 서명해 줄 수 있다고 했다.

이러한 "무국적"의 신분으로 인해 나는 너무나 크고 또 너무나 많은 어려움을 겪었다. 매년 이민국에 가서 연장을 신청해야 했는데 그런 특수한 신분에 있는 사람이 그 당시 많지 않았기 때문에, 이민국 직원은 매번 자세하게 나를 추궁했고, 또 나는 국경을 떠날 수 없으며 떠나기만 하면 곧바로 비자 효력이 사라진다고 경고했다. 이런 상황은 십몇 년이 지나 내가 영주권을 획득하고 나서야 종말을 고했다.

一. 하버드 최초 방문

하버드에서 머물던 첫해 나의 정식 신분은 "하버드-옌칭 학사 방문학자"였으므로 이 절의 제목을 "하버드 최초 방문"으로 했다.

앞서 서술했던 대로 여권 문제가 질질 끌어서 나는 10월 13일에야 홍콩을 떠날 수 있었는데, 그때 하버드는 이미 개학한 상태였다. 아이비 선생은 나를 배려하기 위해 특별히 샌프란시스코의 아시아협회 본부에 연락하여, 사람을 공항으로 보내 나를 맞이해 달라고 요청했다. 그리고 내게는 샌프란시스코에 하루 정도 머물면서 미국 서해안의 상황을 알아보라고 청했다. 그래서 미국에 입국하자 협회 근무자인 로버트 쉭스(Robert Sheeks) 씨가 이미 밖에서 손에 팻말을 들고 기다리고 있었다. 내가 입국장을 나서자 바로 알아볼 수 있었다. 그날 저녁 식사 후 그이는 나를 호텔에 데려다주고 휴식을 취하게 했다. 이튿날 오전에는 또 직접 운전을 하여 캘리포니아 대학교 버클리 분교를 구경시켜 주면서, 이렇게 하는 까닭은 내가 먼저 서해안의 저명한 대학 캠퍼스를 한 번 보고 그것을 동부의 하버드와 한 번 비교하도록 하기 위해서라고 했다. 나는 캘리포니아 대학의 동아시아 도서관(East Asian Library)을 참관하였는데 마침 도서관장이 팡자오잉[房兆楹][1] 선생님이었다. 이분은 옌징대학의 초기 동문으로서 우리 아버지와 함께 홍예[洪業, William Hung] 선생님 아래에서 동문수학했던 사람이었으므로 아주 친절하게 대해 주었고, 게다가 선본(善本)을 하나 찾아서 보여주었다(내 기억으로는 貫華堂本 『水滸傳』이 포함되었던 것 같다). 10월 5일 오전, 쉭스 씨는 또다시 직접 나를 공항으로 데려가 주었고, 나는 비행기를 타고 보스턴으로 갔다. 나는 쉭스 씨에게 정말로 감사한 마음이 들었으나 안타깝게도 그 후로 다시 만날 기회가 없었다. 1964년에 그이는 미국 국가과학원 태평양과학회(Pacific Science Board) 부주임이 되어 타이완에서 중국-미국 과학 협

---

1 [역자 주] 팡자오잉[房兆楹, 1908~1985]. 톈진 출생이며 옌징대학을 졸업했다. 명·청사 연구의 권위자이다. 팡자오잉은 중국, 미국, 오스트리아 등지의 대학과 도서관에서 『청대명인전략(淸代名人傳略)』, 『중화민국인물전기사전(中華民國人物傳記辭典)』, 『명대명인록(明代名人錄)』을 편찬하는 작업에 참여했다. 이 세 저작은 영문으로도 번역되어 국제 중국학계에 큰 영향을 끼쳤다. 1976년, 『명대명인록』 저술의 공로를 인정받아 콜럼비아대학에서 명예박사학위를 받았다.

력 업무를 주관하였으며, 마지막에는 국무부에 들어가서 중국 관련 업무를 담당했다.

하버드옌칭학사의 접대

쉭스는 하루 전에 하버드-옌칭학사에 전화에서 내 항공편 번호와 도착 시간을 알려주었다. 그이는 하버드-옌칭학사에서 사람이 나와 공항에서 맞아줄 것이라고 하버드 측의 말을 전해 주면서 안심시켜 주었다. 그런데 차를 몰고 나와서 나를 맞아준 사람은 다름 아닌 옌칭학사의 부소장이었던 펠젤(John Pelzel)이었다. 이분은 인류학 교수로서 일본 공업화 이후의 사회 변동 연구로 당시 유명한 분이었다. 60년대에는 옌칭학사의 소장이 되었다. 알고 보니 엔칭학사의 구성원은 모두 중국·일본을 연구하는 교수들이 겸임하는 것이었고, 문건 수발 업무를 맡는 비서 한 명 말고는 직원이 없었다. 펠젤 교수는 자동차에서 내게 자상한 가르침을 주었다. 곧, 어떻게 생활을 안착하는지, 하버드에서 어떻게 수강하는지, 여러 군데 산재한 도서관을 어떻게 이용하는지를 알려주었다. 그렇지만 그분은 거듭해서 강조하기를, 내게는 완전한 자유가 있으니 연구든 아니면 수강이든 간에 전적으로 내게 달려 있으며 옌칭학사의 동의를 얻을 필요가 없다고 했다. 마지막으로 펠젤 교수는 내게 "Professor Lien-Sheng Yang"을 아느냐고 물었다. 처음으로 미국에서 양롄성 선생님의 성함을 들어본 것이다. 나는 아는 대로 말할 수밖에 없었다. 그 얘기를 듣더니 그분은 매우 놀라는 것 같았다. 아무 말도 하지는 않았으나 그 표정을 보고 알 수 있었다. 당시 양 선생님은 서양의 중국학계, 특히 미국에서 모르는 사람이 없을 정도로 유명했다. 아마도 내 얕은 학문과 좁은 견식이 펠젤 교수의 상상 밖이었던 모양이다.

대략 10월 중순 어느 날 저녁, 옌칭학사는 방문학자 모임을 열었다. 54·55기 학자(20명 정도)는 제외되었고, 심사에 참여한 각 학과의 교수가 다 출석했다. 엘리세프 소장이 인사말을 하고 프로그램의 성격 등을 설명했다. 질의와 응답 시간에 이분은 아주 재미있는 실화를 하나 얘기해 주었다. 어떤 신청자가 "Yenching"이 중국어 "연경(燕京)"의 번역어인 줄 모르고 동사 "yench"의 현재진행형인 줄 알았다는 것이다. 그런데 사전을 뒤적여도 그 단어를 찾을 수 없었기 때문에, '하버드에 와서 yenching한다는 것은 대체 어떤 일을 한다는 것인가?'라고 물었다고 한다. 이 실화를 듣고 장내가 웃음바다가 되었다. 아직도 기억이 새롭다.

설명회가 끝나고 식사를 했는데 탁자가 모두 대여섯 개 있었던 것 같다. 내가 앉은 자리 좌우로 교수 두 명이 있었다. 한쪽은 클리프(Francis Cleaves) 선생으로 몽골어와 원사(元史) 전문가였다. 이분은 베이징에서 몇 년간 살았으므로 베이징 방언을 유창하게 했다. 다른 한쪽은 머튼 화이트(Morton White, 1917~2016) 선생으로 이제 막 철학과 학과장을 인계받은 상태였다. 당시 클리프는 매일 홍예[洪業] 선생님과 함께 원사·몽고사 관련 문제를 놓고 토론하다가 홍 선생님이 우리 아버지의 스승이라는 것을 알게 되었다. 그러자 우리 사이에 더는 거리감이 없어지고 하고 싶은 말은 다 하는 사이로 발전했다. 화제는 매우 빨리 천위안[陳垣] 선생[2] 쪽으로 옮겨갔다. 당연히 나는 천위안 선생의 학문을 존경하였으나, 클리프 선생은 「후스에게 보낸 천위안의 공개편지」[3]를 읽고 나서 너무나 분노한 나머지, 천위안은 학문도 없고 덕망도 없으며 기회주의자라고 비난했다. 그때 나는 천위안을 변호할 근거를 나는 찾아내지 못했다.

화이트 교수와 나눴던 얘기는 내가 나중에 하버드에서 공

---

2 [역자 주] 천위안[陳垣, 1880~1971]. 1897년 진사시에 응했으나 낙방했고, 1913년에는 신해혁명 참가 공로를 인정받아 중의원이 되었다. 1925년 베이징대학 국학연구소에서 근무했고 1926년부터 푸런대학 총장으로 근무했다. 중화인민공화국 성립 이후 베이징사범대학 총장을 역임했다. 중국 불교사 연구의 권위자이며, 기독교와 도교사에도 정통했다.

3 [역자 주] 천위안이 1949년 5월 11일 『인민일보(人民日報)』에 게재한 공개편지이다. 이 편지에서 천위안은 공산당에 적대적인 후스를 비판하였다.

부하는 데에 생각지 못한 영향을 끼쳤다. 처음에 나는 하버드대 철학과의 기본적 경향을 물어보았고, 그다음에는 최근 철학과에 중국인 대학원생이 있었는지 캐물었다. 화이트 교수는 두 번째 질문에 답하면서, 2차 대전 후 중국 학생 한 명이 하버드에 와서 수리논리를 연구하여 경악할 만한 성과를 거두었으며, 아직은 하버드대 철학과 조교수이지만 그 영역에서 벌써 선도적 지위에 올랐다고 알려주었다. 그분이 가리켰던 사람인 왕하오[王浩][4]였는데, 홍콩에 있을 때 이미 인하이광의 글을 통해 그에 대해 알고 있었다. 그렇지만 그 당시 왕하오는 영국에 가 있었으므로 몇 년이나 지난 다음에야 그이를 만날 수 있었다. 마지막으로 현재 어떤 과목을 수업하는지 화이트 교수께 물었다. 그러자 분석철학과 미국 사상 말고도 최근 새로운 과목을 준비 중인데 역사철학 문제를 전문으로 강의할 예정이라고 했다. 그러면서 자신이 채택하는 방법은 헤겔, 마르크스, 슈펭글러(Oswald Spengler), 혹은 당대의 토인비처럼 전체 역사에다 형이상학을 덧씌우는 것이 아니라고 덧붙였다. 그와 반대로 그이는 최근 발전한 분석철

---

4 [역자 주] 왕하오[王浩, 1921~1995]. 중국계 미국인 철학자이며 수리논리학자이다. 1921년 산둥성 지난[濟南]에서 태어났고 1943년 시난연합대학 수학과를 졸업했으며 1945년에는 칭화대학 철학과를 졸업했다. 이 시기 진웨린[金岳霖]에게 배웠다. 1948년 하버드대학에서 논리학으로 박사학위를 취득하고 이 해에 하버드대학 조교수가 되었다.

학, 특히 언어철학을 응용하여 역사적 지식의 성격과 기능을 검토하려 한다고 했다. 나는 몇 년 동안 마르크스의 유물사관과 겨뤄왔고 최근에는 토인비의 문명 이론에 매력을 느끼고 있었다. 그런데 화이트 교수의 얘기를 듣고 뜻밖의 기분 좋은 정보에 기쁨을 가눌 수 없었다. 그래서 그 자리에서 화이트 교수의 수업을 듣고 싶다는 마음을 표시했다. 이 일은 뒤에서 다시 다룰 기회가 있을 것이다.

이 모임에서 나는 타이완에서 온 방문학자 두 분, 곧 둥퉁허[董同龢] 선생님[5]과 싱무환[邢慕寰] 선생[6]을 알게 되었다. 둥 선생님은 1954년 타이완대학 추천으로 미국에 왔으니 1955년은 방문학자 2년 차이자 마지막 해였다. 이분은, 자신은 2학년이며 나와 싱무환은 1학년이라고 장난스레 불렀다. 둥 선생님은 칭화대학의 우등생 출신으로, 중국 언어학 특히 음운학이 전공이었으며 자오위안런[趙元任]과 리팡구이[李方桂] 두 대가의 연구 노선을 따르고 있었다. 옌칭학사 방

---

5 [역자 주] 둥퉁허[董同龢, 1911~1963]. 중국의 음운학자. 윈난성 쿤밍에서 태어났다. 1932년 국립칭화대학 중문학과에 입학해서 왕리[王力]에게 음운학을 배우고 그의 강의 내용을 정리해서 『한어음운학(漢語音韻學)』으로 펴냈다. 1937년 중앙연구원 역사언어연구소에 입학했다. 1944년 겨울 『상고음운표고(上古音韻表稿)』를 펴냈다. 1949년 역사언어연구소를 따라 타이완으로 이주했고 타이완대학 중문학과 교수가 되었다.

6 [역자 주] 싱무환[邢慕寰, 1915~1999]. 중국의 경제학자이며 중앙연구원 원사이다. 1938년 국립중앙대학 경제학과에 입학해서 42년에 졸업했다. 타이완으로 간 후 중앙연구원 경제연구소 창립에 기여했고 제1대 소장이 되었다. 아울러 타이완대학 경제학과 박사과정 창설에 관여했고, 홍콩 중원대학 경제학과 학과장도 역임했다.

문학자 프로그램에 참여할 때 마흔 살을 조금 넘어섰으나 일급의 학문적 성과를 거둔 상태였다. 이분은 중앙연구원 역사언어연구소의 언어 분과(분과장은 자오위안런)에서 10여 년 동안 전심으로 연구하였고, 저서 『상고음운표(上古音韻表)』는 일찍이 고전의 반열에 올랐다. 또한, 내용이 깊이 있으면서도 평이하게 서술한 『중국음운사(中國音韻史)』는 학술성과 대중성을 두루 겸비한 경지에 진정으로 도달해 있었다. 둥 선생님은 사람됨이 명랑하고 겸손하며 온화하여 나 같은 "1학년"짜리 어린 사제(師弟)를 많이 돌보아 주었다. 그해 우리는 같은 지역(Shepard Street, Cambridge)에 살아서 늘 만나곤 했다. 1962년 여름, 이분이 인디애나 대학 교수로 초빙되어 이민 일을 상담하러 미국에 온 김에 하버드를 방문했다. 나는 둥 선생님을 다시 만나게 된 것이 너무 기뻐서 오찬에 초대하여 2~3시간 동안이나 얘기를 나누었다. 그런데 전혀 예상하지 못한 일이 일어났다. 선생님이 타이완으로 돌아가서 신체검사를 받다가 폐암 말기가 발견된 것이다. 선생님은 얼마 지나지 않아 세상을 떠났다.

처음 만나자마자 옛 친구 같았던[一見如故] 싱무환

　다음은, 나와 싱무환 선생(이하 '무환'으로 약칭한다)이 서로 알게 되고서 깊이 교류하게 되는 과정을 얘기하겠다. 무환은 당시 타이완대학 상과대학[商學院] 경제학과 교수였다. 1945년부터 1947년까지 국가자원위원회의 보증으로 미국에서 연수한 바 있으니, 이번이 두 번째로 미국에 온 것이었다. 옌칭학사가 주최한 연회 이튿날, 우리는 함께 저녁 식사를 하면서 서로 더 잘 알게 되었다. 우리는 동기인 데다가 또 중국이라는 배경을 공유하였으되 각각 타이완과 홍콩에서 왔으므로, 서로 교류하고 소통하는 일이 매우 필요했다. 얘기하다 보니 뜻밖에도 의기가 투합하여 "처음 만나자마자 옛 친구 같다."라고 할 수 있을 정도였다. 그것은 일평생 극히 겪기 어려운 경험 중 하나였다. 지금 생각해 보면, 그 일은 여러 가지 독특한 요소가 어우러져 이루어진 것이지 결코 우연은 아니었다.

　첫째, 싱무환은 후베이[湖北] 황메이[黃梅] 사람이었는데 그곳은 안후이 첸산과 멀지 않았고 방언도 비슷했다. 어릴 때 시골에서 내가 가장 좋아했던 전통극 황매희(黃梅戲)가 바로 그이가 살던 곳으로부터 전해진 것이었다. 그래서 우리 사이에는 동향 의식이 강했다.

둘째, 그이의 전공이 비록 서양에서 전래한 경제학이기는 하였으나, 열여섯 살 이전에 받은 교육은 전통적 사숙(私塾) 교육으로서 고문, 시사(詩詞), 서예를 열심히 익혔다. 게다가 일평생 시사를 애호하여 세상에 전할 만한 작품을 많이 남겼다.[7] 아직도 분명히 기억난다. 그날 우리 둘이 저녁 식사할 때, 무환은 탁자에 칠언절구를 한 편 써서 내게 보여주었다. 그이가 처음으로 비행기를 탔을 때 받은 인상을 묘사한 것이었다. 나는 원래 마지막 구절만 기억하고 있었는데 이제 『싱무환 원사 시사 선집[邢慕寰院士詩詞選集]』 11쪽에서 그 시를 찾아보니 제목이 「미국 가던 길에 비행기 타고 느낀 인상[飛印途中]」이었다. 시는 이렇다.

회남왕 기르던 개와 닭 아무 기별 없고,
하늘 섬돌 걸음마다 평평하게 느낄 뿐.
이어진 백만 개 봉우리 앞다퉈 눈에 들고,
돌아보니 흰 구름 하나하나 피어오른다.[8]

---

7 싱무환이 세상을 떠난 후, 친구들이 그이를 위해 『싱무환 원사 시사선집[邢慕寰院士詩詞選集]』을 엮어 주었다. 이 책은 2000년도에 타이베이의 중국 국제상업은행 문교기금회에서 비매품으로 발간되었다.

8 "淮南鷄犬無消息, 但覺天階步步平. 百萬峯巒爭入眼, 回頭箇箇白雲生."

여기서 "하늘 섬돌" "흰 구름"은 처음 하늘을 날 때의 특유한 느낌을 아주 잘 표출한다. 이 시는 1945년 미국으로 연수 갈 때 지었던 작품인데 10년이나 지나서도 즉석에서 다른 사람에게 읊어주는 것을 보면, 그 시가 무환이 생각하는 득의(得意)의 작품이었다는 것을 알 수 있다. 열여섯 살 이전에 내가 공부했던 곳이 사숙이었고 처음으로 시 짓기를 가르쳐 주었던 분도 사숙 선생님이었으므로, 우리의 교육적 배경이 똑같았다는 것을 알 수 있다.[9]

셋째, 무환이 경제학을 연구할 시초에는 계획 경제에 기울어 있었다. 그렇지만 그이는 소련의 폭력적 독재를 취하지 않고 영국 페이비언 협회(Fabian Society)의 모델을 받아들였다. 무환은 1945~46년 사이에 시카고대학 경제학과에서 1년 동안 연구생으로 있었는데, 그곳은 미국 자유경제학의 본산이었다. 그이는 하이에크(F.A. Hayek)의 영향을 깊이 받아, 정치가 간여하는 어떠한 계획 경제도 필연적으로 "노예의 길(road to servedom)"로 나아갈 수밖에 없다는 깨달음을 얻었다. 1946년, 무환은 『시카고대학에서 배우며[芝加哥就學]』 칠언 시에서 당시의 깨달음을 이렇게 전한다.

---

9 『위잉스 방담록[余英時放談錄]』(北京: 中華書局, 2012.)에 수록된 「내가 걸어간 길[我走過的路]」을 참조할 것. 해당서, p.1-12.

과거에 페이비언 따랐으나,

시론에 따라 너무 치우쳤네.

1년간 [시카고대학 경제학과] 문밖에서 묵묵히 교화되어,

비로소 양주의 통찰이 시대 앞서간 것을 깨달았네.[10]

이 시는 양주(楊朱)의 위아설(爲我說)을 빌려 자신이 자유 경제의 길로 귀착했다는 것을 나타내고 있다. 그이의 자유주의는 경제의 영역에서 정치의 영역으로 확장되었다. 우리는 얘기를 나누다가 『자유중국』 반월간이 타이완에서 일으킨 작용을 언급하였는데, 무환은 비록 그 잡지에 시론을 쓰지는 않았으나 『자유중국』 쪽에 확실히 공감하고 있었다. 나는 처음에, 만일 무환이 폐쇄적 국민당 인사이거나 국민당 일당독재를 기본적으로 인정하는 사람이면 내가 어떻게 그이를 대처해야 할지 걱정했다. 그렇지만 그날 저녁 식사를 하면서 걱정이 연기처럼 사라졌다.

넷째, 무환은 전문적 학자로서 사람을 숙연하게 하는 미덕이 있었다. 지면이 제한되어 있으므로 여기서는 세 가지만 들겠다. 먼저, 진리의 추구이다. 그이는 평생 경제를 연구하

---

10 "昔日傾心服費邊, 只緣時論太畸偏. 一年黙化門墻外, 始悟楊朱洞燭先."(『邢慕寰院士詩詞選集』, p.14.)

였는데 특히 이론을 중시하여, 거기에 끊임없이 깊이 들어갔고 한없는 정밀성을 추구하였다. 그것은 이른바 "지식을 위한 지식"이라는 서구적 정신의 완벽한 체현이었다. 또한 그이는 개인의 성취만을 위해서 노력하지는 않았다. 타이완에서 경제학이 낙후된 상태를 목도하고 그이는 기꺼이 극한의 노력을 쏟아부어 당대의 인재를 길러냈다. 그래서 중앙연구원 경제연구소에 있을 때 "학생을 직접 훈련하기로 마음먹고, 초급 연구원에게 경제 이론적 기초를 놓아 주었고 경제 자료 분석에 필요한 수단을 마련했다."[11] 1963년, 송사(宋史)의 명가 류즈젠[劉子健] 선생님이 타이베이에 있을 때 우연히 무환의 수업을 청강한 적이 있었다. 나중에 내게 알려주기를, 무환이 학생의 독서를 지도할 때 한 글자 한 구절을 놓치지 않고 반드시 그들이 철두철미하게 이해하도록 한 이후에야 그만두었다고 했다. 류 선생님은 실로 오체투지를 할 정도로 그이에게 감탄했다고 말했다. 무환은 "사람을 가르치되 게으르게 하지 않고[誨人不倦]", "천하 영재를 얻어서 가르친다[得天下英才而教育之]."라는 유가의 전통을 계승한 것이다. 마지막으로, 무환은 타이완의 경제 발전에도 직 · 간접적 공헌을

---

11 『싱무환 원사 시사선집[邢慕寰院士詩詞選集]』에 있는 위쭝셴[于宗先]의 「序一」을 참조할 것. p.7.

했다. 직접적 공헌이란 타이완의 국민소득 계획을 짜고 세제 개혁에 참여한 일을 가리키며, 간접적 공헌이란 정책을 제언했던 일을 가리킨다. 이 두 가지는 모두 상당한 실효를 거두었다. "학문으로써 실용에 이른다[學以致用]."라는 "사(士)"의 기본 가치를 여전히 품고 있었음을 알 수 있다. 그렇지만 무환은 평생 벼슬이나 기업계와 관련이 없었다. 그이의 이러한 미덕을 보고 나는 정말 따라갈 수 없는 경지라고 자각하지만 그래도 틀림없이 "마음으로 지향하고[心嚮往之]"[12] 있다.

위에서 말했다시피 우리의 가치 체계가 대체로 비슷하였기에 얘기를 나눌 때마다 틈 없이 융합하였던 것은 아주 자연스러운 일이었다. 만일 그렇게 된 요소를 하나 더 추가한다면, 그것은 우리의 성격이 잘 맞았기 때문일 것이다. 곧, 서양인들이 말하는 화학적 결합이라는 것이다. 그래서 "처음 만나자마자 옛 친구 같았던" 것이 우연이 아니라고 생각한다.

우리 1학년생은 두 곳에 나눠 살았으나 케임브리지의 어느 중국 음식점에서 늘 함께 식사했다. 1956년 봄, 2년 째에는 한 곳에 살면서 직접 간단한 중국 요리를 해 먹기로 했다. 무환은 이전에 미국에 있을 때 자취한 경험이 있다고 말

---

12 [역자 주] 『史記』 卷47, 「孔子世家」, "太史公曰, 詩有之, 高山仰止, 景行行止. 雖不能至, 然心嚮往之."

했다. 그래서 6월 말에 임대차 계약이 만기가 되자, 하버드 가(Harvard Street)에 있는 작은 아파트를 하나 찾아서 함께 살기 시작했다. 하버드 가는 학교에서 걸어 10여 분밖에 걸리지 않아 매우 편리했다. 그렇지만 나는 요리에는 완전한 문외한이어서 함께 시장에 가서 음식 재료를 사는 것 말고는 할 것이 없었다. 그리하여 우리는 이렇게 분업했다. 곧, 요리의 중책은 무환이 혼자 짊어지고, 설거지와 주방 및 식당 정리는 전부 내가 맡았다. 1년이 지나자 이 분업이 매우 성공이라는 것이 증명되었다. 그렇지만 이 한 마디를 덧붙여야겠다. 무환의 요리 실력이 상당히 뛰어나서 평소 먹는 요리는 즉석에서 만들어 냈고, 필요할 때는 한두 가지 훌륭한 요리를 정성 들여 만들어서 손님을 대접했다. 내게 가장 분명히 기억되는 두 차례 식사가 있다. 1956년 무환의 친구 저우훙징[周鴻經] 선생[13]을 대접한 것과 1957년 봄 탕쥔이 선생님을 모신 식사였다. 이 두 귀빈 모두 식사 시작부터 끝까지 내내 요리를 칭찬했다.

여름 방학 석 달은 내 평생 가장 유쾌하고 유익했던 학습

---

13 저우훙징[周鴻經, 1902~1957]. 중국의 수학자이다. 중양[中央]대학교 총장과 중앙연구원 총간사를 역임했다. 1927년 국립둥난[東南]대학 수학과를 졸업하고 샤먼대학에서 교편을 잡았으며, 1934년에 영국의 런던대학으로 유학 가서 1937년에 졸업했다. 귀국하여 국립중양대학교 수학과 교수가 되었으며 1948년에는 이 대학의 총장이 되었다. 1949년에 타이완으로 이주하여 중앙연구원 수학연구소 소장으로 근무하였고, 타이완대학 교수를 겸임했다.

시기여서 아직도 기억에 새롭다. 날씨가 맑기만 하면 우리는 매일 저녁 식사 후 꼭 찰스(Charles)강에 가서 한 시간 정도 산책했고, 돌아오면 각자 자기 방으로 들어가서 그날 미처 다 끝내지 못한 책을 한밤중까지 읽었다. 무환은 쉼 없이 경제 이론을 탐구했고, 나는 서양, 역사, 그리고 사상 분야의 명저를 서둘러 읽었다. 다음 학년부터 대학원생이 되기로 하였는데, 서양의 문학·사학·철학에 관한 지식이 너무 얕다고 느껴 개학하기 전 기초적 지식을 보완해야겠다고 자각했기 때문이다. "문왕과 무왕[文武]의 도는 한 번은 팽팽하게 한 번은 느슨하게 하는 것[文武之道, 一張一弛]"[14]처럼, 우리도 하루 내내 책에만 파묻혀 있지 않고 조금 권태로워지면 주방에서 차를 마시며 수다를 떨었다. 피차의 가정 배경이라든지 생활 경험 등이 이런 한담 속에서 아주 자연스럽게 드러났다. 또한, 전공 서적 말고도 우리에게는 각각 소일거리로 읽을 것들이 있었다. 무환의 손에는 미국 작가 스톤(Irving Stone)의 『반 고흐 전기[Lust for Life]』가 들려 있었다. 이 책은 반 고흐의 일생을 소설 형식으로 묘사한 것인데 당시에 막 영화화된 참이었으며 문고판으로 팔리고 있었다. 무환은 이 책을 굉장히 칭찬하면서 한 페이지 한 페이지 읽을 때마다 내게 흥미진진하

---

14 [역자 주] 『禮記』, 「雜記 下」, "一張一弛, 文武之道也."

게 얘기해 주었다.(나도 나중에 읽었다.) 나는 늘 탐정소설을 좋아해서 두꺼운 『셜록 홈즈 전집』을 여름 방학 동안 다 읽었다.

종합하자면 이 여름 방학에 우리 생활은 너무나 자유로웠고 마음도 아주 평화로웠기에 독서의 즐거움을 아주 잘 느낄 수 있었다.

9월에 개강한 후 우리는 매우 바빠지기 시작했다. 나는 서양 사학, 철학 수업 등 세 과목을 수강했고, 게다가 페어뱅크 교수의 청대사(清代史) 세미나에 참여해서 독서와 저술의 부담이 막중했다. 이 상황에 대해서는 뒤에서 상세히 다루기로 한다. 여기서는 내가 보았던 무환의 연구 경향만 얘기하려 한다. 무환의 주요 흥미는 경제 이론이었다. 자신에게 이론적 구상이 하나 있는데 미국처럼 이렇게 인재가 많은 연구 환경에 있어야 그 구상이 발전하기 쉽다고 늘 내게 이야기했다. 그래서 그이는 하버드에 있던 마지막 해에 최대한 시간을 아끼고 노력을 두 배로 들였다. 나는 무환이 어떤 과목을 수강하는지 몰랐으나, 한담을 나누던 도중 그 한 해 동안 그이는 주로 교수 두 명을 따라서 연구했다고 토로했다. 한 명은 하버드의 레온티프(Wassily Leontief)였고, 다른 한 명은 매사추세츠 공과대학교의 사무엘슨(Paul Samuelson)이며 이 두 사람의 학문적 성격은 달랐다고 했다. 사무엘슨은 수리경제학의 창시자였는데 무환은 매주 두 차례씩 그에게서 수업을 들었다. 주로 새로운 지식을 흡수하기 위해서였다. 또한, 그이는 "미국 경제구조(The Structure of American Economy)"에 관한 레온티프 교수의 세미나에 참여하여 자신의 이론적 연구와 그 주제를 밀접하게 연결했다. 무환은 단지 그 세미나를 청강한 것이 아니라 정식으로 참가하여 구두 발표도 하고 보고서도 썼다. 레온티프는 원적(原籍)이 러시아였고 초기에 독일에서 공부했다. 1928년 그이는 중국 교통부의 초빙을 받아 난징에서 1년간 고문으로 일했기 때문에 중국 학생에게 매우 친절했다. 무환은 레온티프와 극히 유쾌하게 교류했고 연구도 신나게 했다. 그이가 구두 발표하기 전 매우 복잡한 표를 한 장 그리려 했으나 시간이 부족하여, 매우 커다란 판지에 원고를 옮겨 적는 일을 내가 도와준 일이 기억난다. 레온티프는 무환의 논문을 크게 칭찬하고서, 자신이 편집인으로 있는 학술지에 그 요약문을 발표하도록 했다.

우리가 함께 살았던 1년은 아름답고 좋은 기억으로 가득 찼고 그사이에 불쾌하거나 오해가 있었던 일은 하나도 생기지 않았다. 나는 이것이 정말로 쉽지 않은 일이라고 믿는다. 1957년 6월, 무환은 타이완으로 돌아갔고 거의 10년 이후에 다시 만났다. 그렇지만 우리의 인연은 깊고 오래 갔다. 뒤에 일어난 일을 알고 싶다면 다음 절의 이야기를 기다려 주기 바란다.

무환은 여러 차례 내게 시를 써주었다. 내가 가장 소중히 여기는 시는 1975년에 써준 5언 고시 100여 자였는데 수려한 서예로 써 주었다. 당시 우리 집안이 모두 홍콩에서 미국으로 돌아갔으므로 무환은 시를 지어서 이별을 기념하고자 했으며 집안사람 한 명 한 명을 다 그 시에 써넣었다. 나는 미국으로 돌아간 후 연이어 세 차례 이사하였으나 어디를 가건 이 시를 거실 벽에 걸어 놓았다. 이제 이 시를 아래에 수록하여 영원히 잊히지 않도록 하고자 한다.

　　이토록 적막한 세상살이에 그대 한 사람과 사귀었네.
　　흉금 터놓고 생각 토로하니 쇠나 돌처럼 의기투합했지.
　　오랜 이별로 꿈에 그리다 또 만나니 진심 느끼네.
　　만추 케임브리지 단풍에 취했고 밤중 벨몬트산 설경 빛났지.
　　곧 동쪽 숲에서 약속했고 남해 가에서 다시 만났네.
　　운명은 쑥대처럼 굴러가나 우린 헤어져도 지란지교로 친했지.
　　아내가 차린 밥상 맑은 향기 넘쳤고 봉황 같은 딸들 몰라보게 예뻐졌네.
　　새벽 다가올 때 비바람 소리 들었으나 고금을 논하며 걱정을 잊었지.
　　모강[茉崗]은 그윽하고 우아했으며
　　모천[茉川]은 맑고 부드러웠네.

마음이 트여 집에 돌아갈 때 넓은 하늘 달빛 맑았지.[15]

위잉스 형과 내가 사귄 지 20년, 이별은 길었고 만남은 적었다가 최근 2년 마침내 홍콩에서 다시 만나 오가고 오래 얘기를 하게 되었다. 수핑 형수님은 마치 막역한 친구처럼 나를 대해 주었다. 이제 다시 오랜 이별을 하여 이 시를 써서 기념으로 삼는다. 무환. 을묘일.

방문학자 1년의 연구 회고

마지막으로 그 1년 동안 방문학자로서 어떤 일을 했는지 회고하고자 한다. 앞에서 서술한 것처럼 미국에 늦게 도착했기 때문에 10월 말이 되어서야 거주지를 찾았고 케임브리지 생활도 안정되기 시작했다. 그래서 전체 학기에서 나는 겨우 몇 개 과목만 청강하였고 그것도 중간부터 시작하여 영어 듣기 능력을 조금 향상한 것 말고는 어떤 심득(心得)이 있었다고 말할 만한 것이 없었다. 더욱 중요한 원인은 새

---

15 "世間何寂寞, 知交君一人. 披瀝見肝膽, 契合若石金. 久別縈夢寐. 重晤感衷忱. 康橋楓晚醉, 裵山雪夜晴. 旋有東林約, 復聚南海濱. 命搜蓬梗轉, 分與芝蘭親. 鴻案清芬溢. 鳳丫秀色新. 侵曉聽風雨, 忘憂論古今. 秼岡幽且嫻, 秼川濔而溫. 浩然欲歸去, 長空涼月明."

로운 지식 추구에 내가 전심전력을 기울일 수 없었다는 것이다. 왜냐하면, 신아서원 연구소에 제출할 논문을 완성해야 했기 때문이다.

앞 장 "첸 선생님 문하에 처음으로 들어가다"에서, 1955년 늦봄에 "전·후한 교체기 정치 변동의 사회적 배경[兩漢之際政治變動的社會背景]"을 쓰기 시작했다고 얘기했다. 이 논문은 연구소에 제출하기 위한 연구 보고였다. 그런데 그때 겨우 반 정도만 완성하여 미국으로 오기 전 마무리를 짓지 못했다. 첸 선생님은 내게 부탁하기를, 미국에 간 다음에 그 논문을 완성하여 『신아학보』 제2기에 발표하라고 했다. 『신아학보』 제2기는 1956년 2월에 원고를 마감하기로 결정되어 있었다. 첸 선생님은 내 논문이 시간에 맞추어 출간되어 신아연구소의 한 성과가 되기를 기대했으며, 또한 하버드-옌칭학사의 지원에 대한 연구소 측의 한 보답이 될 수 있으리라고 생각했다. 그래서 생활이 안정된 다음 하버드의 풍부한 장서를 이용해 이 글을 다시 썼다. 전체 원고는 1956년 1월 말 완성되었는데 총 5만여 자였고 제목을 "동한 정권의 건립과 사족 대성의 관계[東漢政權之建立與士族大姓之關係]"로 바꾸었다. 그런데 이 논문으로 인해 처음으로 양롄성 선생님으로부터 배우는 계기가 생겼고 일본과 서양의 중국학을 접하기 시작했으니 그것은 전혀 생각지도 못한 일이었다.

양롄성 선생님에게 배우다

2~3개월간 다시 쓰던 과정에서 평소 왕래가 빈번했던 동료들이 이미 내 연구의 논지를 다 알게 되었다. 그 중 류즈젠[劉子健] 선생님[16]과 장징후[張鏡湖] 선생님[17]은, 양롄성 선생님이 일찍이 칭화대학 시절 내 연구 주제와 아주 비슷한 명문을 발표한 적이 있다고 알려주면서 그분에게 가르침을 청해야 한다고 당부했다. 류즈젠은 늘 양 선생님을 존경하여 수시로 가르침을 청했다. 장징후는 기상학자였는데 당시 하버드에서 박사후연구원으로 종사하고 있었다. 그이는 양 선생님과 함께 바둑과 마작을 즐길 정도로 친밀히 교류했고, 또한 장치윈[張其昀] 선생의 자제여서 양 선생님의 사학적 성과를 구체적으로 잘 알았다. 이들이 이렇게 말했으므로, 원고를 완성한 후 양 선생님께 평가를 부탁하기로 했다. 앞서 말했다시피, 미국으로 오기 전 양 선생님의 존함을 들을 기회가 전혀 없었다. 앞 절에서 말했던 하버드옌칭학사 연회 후

---

16 [역자 주] 류즈젠[劉子健, 1919~1993]. 칭화대학에 입학했으나 중일전쟁이 일어서 칭화대학에 남쪽으로 옮겨가자 옌징대학으로 전학했다. 중일전쟁이 끝나자 도쿄 국제군사법정의 중국 측 법률 대표단의 구성원으로 활동했다. 류즈젠은 홍예[洪業]의 영향을 받아 미국으로 가서 정치·시사 분야를 연구했고, 1950년 피츠버그대학에서 박사학위를 취득했다. 1960년에는 스탠퍼드대 교수로 옮겼다가 1965년에 프린스턴대학 교수가 되었다.

17 [역자 주] 장징후[張鏡湖, 1927~2019]. 지리학자이자 미국의 하와이대학 교수, 중국문화대학 이사장이었다. 부친이 장치윈[張其昀]이다.

얼마 지나지 않아, 둥퉁허[董同龢] 선생님, 싱무환[邢慕寰]과 함께 저녁 식사를 했는데 식사가 끝나자, 함께 양 선생님께 인사드리러 가자고 둥 선생님이 제안했다. 이들은 칭화대학교 동문인지라 서로 너무 잘 알고 있어서 미리 약속할 필요도 없었고 전화로 미리 여쭐 필요도 없었다. 이때 롄성[蓮生, 蓮生은 양롄성의 字이다] 선생님과 처음으로 만났다.[18] 우리는 양 선생님 댁 식당에서 서너 시간 얘기를 나누면서 역사, 언어, 문학, 사회과학 분야를 넘나들었다. 양 선생님은 시원시원하게 말했을 뿐 아니라 광범위한 지식과 깊이 있는 식견을 곳곳에서 드러냈다. 당대의 시사(詩詞) 작가를 얘기하던 중 샤오궁취안[蕭公權] 선생님을 특히 칭찬하면서 샤오 선생님이 직접 쓴 원고를 찾아서 우리에게 보여주었다. 칭화대학교 교수 중 시사의 창작 재능으로 말하자면 과거에는 왕궈웨이가 있고 그 뒤로는 샤오궁취안이 있다고 하였으며, 이들 두 사람에 대해 "왕의 미를 샤오가 계승했다"[王蕭繼美]라고 평가했다. 그날 밤 숙소로 돌아오자마자 첸 선생님에게 편지를 써서 연회 이후의 상황을 보고하고 아울러 양 선생님에 대한 존경의 마음을 알렸다. 나는 첸 선생님에 이분을 알고 있느냐고 여쭈었다. 첸 선생님은 답장에서 이렇게 말했다. "양군은 오랫동안 경

---

18 10월에 열린 옌칭학사 연회에, 양 선생님은 아마 다른 일이 있어서 못 온 것 같다.

제사를 공부했으니 자네가 늘 그와 접촉한다면 틀림없이 유익할 것이다."[19] 이 일을 계기로, 양 선생님이 내 원고를 평가해 주기를 간절히 바라게 되었다.

글이 완성된 후 이틀이 지나자 양 선생님은 곧바로 내게 연락하여 당신의 연구실에서 만나자고 했다. 선생님은 자신의 「동한의 호족[東漢之豪族]」이 수록된 『칭화학보』를 빌려주면서, "우리 먼저 상대방의 글을 읽어보자."라고 빙긋 웃으며 말했다. 선생님은 빨리 내 글을 읽어나가면서 한편으로는 즉석에서 오탈자와 비문을 바로 잡아 주었다. 다 읽고 나서, 내 논문의 중점은 당신의 그것과 다르며 중복되는 곳도 없으므로 별도로 발표할 수 있겠다고 알려주었다. 며칠 동안 내게 있던 떨리는 마음이 그제야 안정되었다. 이어서 선생님은 내게 최근 논저 두 권을 참고용으로 빌려주었다. 하나는 스웨덴 학자 빌렌슈타인(Hans Bielenstein)의 『한대의 중흥(The Restoration of the Han Dynasty, 1953)』이었고, 다른 하나는 일본 학자 우츠노미야 기요요시[宇都宮淸吉]의 『한대 사회경제사 연구』(1954)였다. 곧바로 집에 돌아가 이 두 권을 정밀하게 읽고 나서야 중국학을 연구하는 다른 나라 학자의 학문이 어

---

19 이 편지는 『소서루여심 · 서찰[素書樓餘瀋 · 書札]』에 아직 수록되지 않았으나, 원본은 아직 소서루에 있을 것이다.

느 수준에 도달했는지 인식하게 되었다. 이 일을 계기로, 무지로 인해 해외 중국학자에게 품었던 편견이 말끔히 사라졌다. 그런데 양 선생님의 일관된 비판 정신도 내게 영향을 끼쳤다. 선생님은 빌렌슈타인의 책에 있는 중요 논점, 곧 왕망(王莽) 정권이 황하의 물줄기를 바꾸느라고 망했다는 주장의 논증이 너무 편협하고 게다가 강력한 증거가 없으며 내 논문 취지와 충돌하고 있으니 특별히 그 점에 대해 따져보라고 했다. 내 논문의 「후기」인 "빌렌슈타인의 '황하 수로 변경으로 인한 왕망 정권 패망설'에 대한 의문[畢漢思「王莽亡於黃河改道說」質疑]"은 선생님의 가르침으로 나온 글이다. 다만 당시에 그 점을 밝히지 않았던 까닭은 혹여 선생님이 원망을 사는 일을 피하기 위하려 했기 때문이다. 그 이후 나는 한편으로 유럽과 미국 학자의 논저에 끊임없이 주의하면서도, 다른 한편으로는 그 가운데 있는 참신한 학설은 결코 가볍게 넘겨버리지 않았다. 서양 중국학자들에 대한 양 선생님의 태도는 샤오궁취안 선생님의 기록에서 명징하게 드러난다.

내가 보건대 넓은 시야로 책을 읽거나 사실 전체를 분명하게 인식하지 않고서 세운 '가설'은 객관적 기초가 없는 편견 또는 착각일 뿐이다. …최근 일부 구미의 '학자'들이 '일가'를 세우는 데 급급하여 그런 위험한 길을 피하지 못하고 있다. 양롄성 교수는 1960년 참가한 중국-미국 합동 학술회의(Sino-American Conference on Intellectual Cooperation)에서 그런 경향을 함축적으로 지적했다. 그이는 미국 '사학자들'의 장점은 상상력이 뛰어난 것이라고 했다. 그렇지만 합당한 통제를 가하지 않는다면 그들은 "하늘에 뜬 구름을 수평선의 수풀로 오인할" 수 있다고 했다.[20]

나중에 양 선생님은 "하늘에 뜬 구름"이라는 표현을 푸쓰녠[傅斯年] 선생으로부터 인용했던 것이라고 내게 말해 주었다. 푸쓰녠이 이 용어를 사용한 것은 중국 변경사(邊境史)에 관한 래티모어(Owen Lattimore)의 장광설을 풍자하기 위해서였다. 샤오 선생님도 만년에 미국에서 교편을 잡으면서 "중국 역사를 연구하는 일부 미국학자"에게 이런 느낌을 깊이 받았다. 그래서 이분 역시 왕양명(王陽明)의 명언과 양 선생님의 말을 인용하면서 그런 지적을 뒷받침했다.

요즘 학자들은 진리 추구에 있어, 마치 대롱으로 하늘을 보다가 조금이라도 본 것이 있으면 곧바로 자족하고 자신이 옳

---

20 샤오궁취안[蕭公權], 『문학간왕록(問學諫往錄)』, 타이베이[台北]: 전기문학출판사(傳記文學出版社), 1972, p.64.

다고 여기면서, 오만하게도 그것을 의심치 않고 확고하게 믿는 것 같다.[21]

양·샤오 두 분이 했던 말은 50년 전 것이지만 오늘날에 들어보아도 절대 진부하지 않으며, 심지어 더 현실에 잘 들어맞는다. 왜냐하면, 요즘 중국, 타이완, 홍콩에서 미국으로 온 학생들, 또는 동남아에서 온 화교 자제들은 예전보다 한문 숙련도가 떨어진 나머지, 가면 갈수록 그런 부류의 "학자" 또는 "일가지언(一家之言)"을 판단할 능력이 부족해졌기 때문이다. 이들은 비판적 시선으로 책을 읽을 수 없을 뿐만 아니라 거기에 우르르 달려들어 더 부채질하곤 한다. 내가 양·샤오 두 분의 말을 정중하게 인용하는 까닭은 조금이나마 경고 작용을 일으킬 수 있기를 바라기 때문이다. 설사 전혀 효과가 없더라도 적어도 내 양심은 다했다고 할 수 있을 것이다.[22]

---

21 上同, p.223. 이 책의 224면은 양 선생님의 말을 "수평선에 떠 있는 구름을 오인하여 지평선 상의 수풀로 여긴다."라고 번역하였는데 이 번역이 더 정확한 것 같다.

22 양 선생님에 관한 체계적 소개는, 내가 썼던 「중국 문화의 해외 매개자[中國文化的海外媒介]」를 참조할 것. 이 글은 『아직도 기억하지, 바람 불자 수면에 비늘 일던 것을[猶記風吹水上鱗]』(台北: 三民書局, 1991)에 수록되어 있다.

세 과목 청강

　방문학자 첫 학기는 위에서 말한 논문 작성에 시간을 거의 다 보냈고, 다음 학기(2월에서 6월까지)에야 청강하면서 지정 교재를 열심히 읽을 수 있었다. 그 학기에 모두 세 과목을 청강했다. 곧, 파슨스의 "사회체계"(Social System; 사회관계학과 개설), 브린튼(Crane Brinton)의 유럽근대사상사, 그리고 길모어(Myron P. Gilmore)의 문예부흥과 종교개혁이었다. 이 세 과목을 선택한 배경을 조금 해명해 보겠다.

파슨스의 "사회체계"

　앞서 언급했다시피, 홍콩에 있던 시기 이미 천보쫭[陳伯莊] 선생님과 그이의 『현대학술계간』을 통해 파슨스와 『사회체계』에 대해 약간 알고 있었는데, 하버드에 간 이후 파슨스와 그이의 새로운 이론이 미국 사회과학계에서 전성기를 맞고 있으며 사회과학 분야 이외에까지 엄청난 영향력을 미치고 있다는 것을 발견하게 되었다. 하버드에 왔는데 마침 파슨스가 바로 이 수업을 강의하고 있었으니, 그이의 강의를 직접 듣고 핵심을 알고자 하는 것은 억누를 수 없는 욕망이 되었다. 파슨스의 강의 내용은 부단히 수정과 발전을 거쳐서 이미 출판된 저서와 서로 조응하고 보완하였다. 그러나 전혀 중복되지 않았고 똑같은 부분도 매우 적었다. 강의실에서 그이는 이론만 강의하지 않고, 서로 다른 사회 생활방식에서 나타나는 '사실'을 인용하면서 그것과 '이론'이 서로 '실증' 하도록 했다.("Verification" 또는 "verify"는 파슨스가 항상 사용하는 말이었다.) 그이는 중국의 사회 체계도 분석하였고 참고서는 페이샤오퉁[費孝通]의 『향토중국(Earthbound China)』이었다. 페이샤오퉁이 나중에 『관찰총서』로 출간한 『향토중국』과 『향토재건[鄉土重建]』이 처음에는 영문으로 작성되었다는 것을 그때야 처음으로 알게 되었다.

수업을 들으면서 끝내 파슨스 이론의 사상적 기원을 파악했다. 한편으로 나는 파슨스에 대한 당시 학자들의 여러 가지 평론을 읽었고, 다른 한편으로는 1937년 출판된 그이의 저명한 연구서 『사회행동의 구조(The Structure of Social Action)』를 힘들여 읽었다. 800페이지에 이르는 대작을 읽으며, 그이가 전력을 기울여 밀고 나아갔던 "행동 이론(The Theory of Action)"이 19세기 말에서 20세기 초 사이에 활동한 일군의 유럽 사회과학자까지 거슬러 올라간다는 것을 알았다. 그 가운데 중요한 인물은 영국의 마샬(Alfred Marshall), 이탈리아의 파레토(Vilfredo Pareto), 프랑스의 뒤르켐(Émile Durkeim), 그리고 독일의 베버(Max Weber)였다. 그렇지만 파슨스는 그 가운데에서 베버를 특히 드높여서 그이는 미국이 베버 계승자이자 전도사라 할 수 있었다. 어쨌든 베버의 학문이 미국에 들어와 유력한 학파를 형성하게 된 데에는 파슨스의 공적을 따라올 사람이 없었다. 베버의 저서 중 가장 유명한 『프로테스탄트 윤리와 자본주의 정신(The Protestant Ethic and the Spirit of Capitalism)』은 파슨스가 1930년에 영문으로 번역하여 세계에 퍼졌다.

이 수업을 듣고 난 효과를 말하자면, 파슨스가 구축한 현대사회이론에 관한 흥미는 점차 옅어졌으나, 그이의 강의를 통해서 역사사회에 대한 베버의 여러 가지 관찰을 접하고 점점 더 넋을 빼앗겼다. 특히 전통 사회와 현대 사회의 비교 및 분석이 특히 관심을 끌었다. 이 측면과 관련해 뒤에서 다시 언급할 기회가 있으므로 여기서는 생략하겠다.

파슨스와 그 이론에 관해 하나 보충할 점이 있다. 1950년대 중엽은 그이의 전성기였으나, 60년대 이후 미국 사회에 격렬한 변화가 일어나자 그이의 이론은 의심과 비판을 받게 되었다. 특히 월남전 반대 운동과 마르크스 학파의 득세 이후, 그이가 미국 경험을 배경으로 구축해 낸 이른바 현대형 사회 모델은 신세대 사회학자와 청년 학생들의 눈에 낙후한 것으로 심지어 반동의 대표로 보였다. 최근 우연히 읽었던 논평을 보니, 파슨스의 이론은 그이의 사후 상당히 적극적인 평가를 받았으나 50년대의 영광은 다시는 오지 않을 것이다. 새로운 이론, 새로운 관점의 발흥과 쇠락은 미국 인문·사회과학계에서 5~7년을 주기로 일어나므로 이상한 일은 아니다. 하지만 내가 직접 체험으로 말하자면, 파슨스는 내가 만난 최초의 사례이므로 매우 인상 깊었다.

나와 파슨스 사이에 개인적 교류는 없었으나 재미있던 일이 하나 있어 기록해 둔다. 1973년 가을, 나는 하버드에 휴가를 내고 신아서원으로 돌아와 행정 업무를 책임졌다. 이는 모교로 돌아와 2년간 복무해야 한다는 약속을 지키기 위해서였다. 1973년 가을인지, 아니면 74년 봄인지 정확히 기억나지 않는데, 파슨스가 일본에 학술 강연하러 간 김에 홍콩에 놀러 온 일이 있다. 신아서원 사회학과 동료들(그때 金耀基 형[23]도 그 안에 포함되었다)이 그이에게 강연을 청했다. 그이는 신아서원 총장이 하버드의 안식년 교수라는 얘기를 듣고 한번 만나자고 했다. 갑자기 이런 일이 생겨서 나는 매우 기이한 상황 속에서 그이를 접대했다. 우리는 짧게 얘기를 나누었으나 매우 유쾌했다. 나는 호기심이 생겨, 홍콩 사회학계가 특

---

23 [역자 주] 진야오지[金耀基, 1935~]. 사회학자이다. 홍콩 중원대학 사회학과 석좌교수, 타이완 중앙연구원 원사이다. 일찍이 신아서원 원장과 홍콩 중원대학 총장을 역임했다. 저서로 『전통에서 현대로[從傳統到現代]』(1966), 『중국의 현대화와 지식인[中國現代化與知識分子]』(1977), 『중국 민주의 곤경과 발전[中國民主之困局與發展]』(1984), 『중국의 사회와 문화[中國社會與文化]』(1992), 『중국의 정치와 문화[中國政治與文化]』(1997), 『중국의 현대적 전환[中國的現代轉向]』(2004) 등의 저서가 있다.

별히 그이를 초빙해서 홍콩에 오게 되었느냐고 물었다. 그이는 그렇지 않다고 하면서, 일본에 있을 때 즉석에서 여행사에 청하여 홍콩 방문을 준비해 달라고 부탁했다고 했다. 홍콩 도착 이후에야 알고 지내던 동료 한두 명에게 알렸다는 것이다. 나는 또, 당신이 비행기에서 내린 후 아는 사람이 맞이하러 나왔느냐 물었다. 그이는 웃으면서, 공항에 상주하면서 관광객을 대상으로 호객하는 양복점 사장 둘이 자신을 환영하면서 양복을 만들어 주려 했다고 말했다. 그 얘기를 듣고 박장대소를 터뜨릴 수밖에 없었다.

브린턴의 유럽근대사상사

브린턴의 유럽근대사상사를 선택한 까닭은 1950년에 출판된 그의 명저 『관념과 인간(*Ideas and Men*)』을 읽었기 때문이다. 이 책은 내용이 깊이 있되 잘 읽히게 쓰여 있어 전문가와 대중이 모두 칭찬하였으며 당시 베스트셀러였다. 브린턴은 이 책에서 사회의 상층에 "공식 사상(formal thought)"이 있는데 그것은 서양의 철학 또는 중국의 경학(經學), 자학(子學)과 같은 것으로서, 사회 하층에서 유행하는 "민간 사상(popular thought)"과 구별되면서도 그것과 관계를 맺는다고 지적했다.

그에 따르면, 종래의 사상사 연구는 공식 사상의 범위에 편중되어 있고 민간 사상은 그만큼 중시되지 않았다고 한다. 그렇게 된 원인은 민간 사상이 일반인의 생활방식 안에 깃들어 있거나, 심지어 사람의 행동과 분명히 구분되기 어려웠기 때문이라고 한다. 사상사 학자(브린턴은 "intellectual historian"이라는 용어를 사용한다)의 전체적 임무는 추상적 철학 개념부터 인간의 구체적 행동에 이르는 모든 것을 한군데 모아서 "이해될 수 있는 전체(as intelligible whole)"로 구성해 내는 것이라고 브린턴은 강조했다. 그래서 작업의 성격 측면에서 말하자면, 그이는 한편으로 형이상학을 다루는 철학사가였고 다른 한편으로는 사회사가로서 인간의 일상생활 안에서 사상적 윤곽을 탐색했다. 그렇지만 그이의 특수한 임무는 그 두 가지 영역을 하나로 연결하는 것이었다.[24] 왕양명의 용어를 빌리자면 그것은 "지행합일"의 사상사라고 할 수 있다. 내가 브린턴의 관찰에 깊이 흥미를 느꼈던 까닭은 중국 전통 시대에 이미 상층의 "공식 사상"과 하층의 "민간 사상"이 상호 소통한다는 데 주목했던 사람이 있었기 때문이다. 가장 대표성 있는 사례는 명말청초(明末淸初) 유헌정(劉獻廷)의 『광양잡기(廣陽雜記)』(卷2)에 나와 있는 견해이다.

---

24 *Ideas and Men*, New York, 1950, p.9 참조.

요즘 소인을 보면 노래를 부르거나 연극 관람하는 것을 좋아하지 않는 사람이 없다. 그런 노래와 연극은 천성 속에 있는 『시(詩)』와 「악기(樂記)」이다. 소설을 보거나 역사 이야기 듣는 것을 좋아하지 않는 사람이 없다. 그런 소설과 역사 이야기는 천성 속에 있는 『서경』과 『춘추』이다. 점을 믿거나 귀신에게 제사 지내지 않는 사람이 없다. 그런 점과 제사는 천성 속에 있는 『주역』과 『예기』이다. 성인이 지은 육경의 교의는 본래 인정에 뿌리를 둔다.[25]

육경은 "세상 소인"의 일상 생할 중 일련의 활동에 기원을 두고 있지, 성인이 근거 없이 창작해 낸 것이 아니라는 점을 유헌정은 분명히 말하고 있다. 브린턴이 말했던 철학사와 사회사의 통합을 유헌정은 위글에서 실현했던 셈이다. 유헌정 뿐 아니라 후대의 장학성(章學誠)은 "일상의 인륜[日用人倫]"에서 "도"를 구해야만 하며, "뭇 사람에게 배워 성인이 된다."라고 말했는데[26] 유헌정의 논점을 한층 발전시킨 것이었다. 심지어 대진(戴震)은 "일상의 인륜에서 살아가면서 겪는 모든 일

---

25 "余觀世之小人, 未有不好唱歌看戲者, 此性天中之時與樂也.…未有不看小說聽說書者, 此性天中之書與春秋也.…未有不信占卜祀鬼神者, 此性天中易與禮也. 聖人六經之敎, 原本人情."

26 『文史通義』, 「原道三篇」.

을…도라고 한다."라고 말했다.[27] 상층의 공식 사상과 하층의 민간 사상을 소통시켜야 한다는 구상이 중국의 학술적 전통에서 일찍부터 확립되었다는 것을 알 수 있다. 이것이 내가 브린턴의 사상사 수업을 선택한 주요 동기였다.

브린턴은 사학과에서 경력이 풍부한 명교수로서 19세기 유럽 사상 연구로 명성이 높았으며 저작도 많았다. 1933년에 출판한 『19세기 영국 정치사상(*English Political Thought in the Nineteenth Century*)』(London, 1933)은 고전의 반열에 올라 있었다. 그이는 전교에서 매우 존중받는 학자 중 한 명이어서 하버드대 원사회(院士會; Society of Fellows) 제2대 회장이 되어 50년대부터 1966년 퇴임 전까지 그 직을 수행했다.[28] 원사회가 하버드 최고의 학술 단체라는 것은 주지의 사실이다.

이런 이유로 브린튼 교수의 유럽 사상사 강의는 호소력이 강력했고 수강생도 북적북적했다. 그렇지만 그이의 수업을 듣는 일은 쉽지 않다고 느꼈다. 한편으로는 내 배경지식이 부족했고, 다른 한편으로는 이분의 강의가 핵심을 제시하거나 조리 있지 않았기 때문이다. 전혀 아랑곳하지 않고 나오는 대로 말을 했으며, 수시로 한 논제에서 다른 논제로 비약했

---

27 戴震, 「緒言」, "人倫日用, 凡生生所有事…是謂道."

28 [역자 주] 홈페이지에 따르면 크레인 브린턴은 1943년부터 1964년까지 회장을 역임했다고 되어 있다. * https://socfell.fas.harvard.edu/former-senior-fellows 참조.

다. 당시에는 이분의 연세가 많아서 힘에 부쳤기 때문이라고 여겼으나, 나중에 30년대 학생의 회고록을 읽고서 예전부터 강의 진행이 자유분방한 것으로 유명했다는 사실을 알게 되었다.[29] 그렇지만 확실히 그런 말속에 핵심이 있어서 꾸준히 수강하는 학생들은 각각 얻어가는 것이 있었다. 그런데 내가 얻었던 소득은 당시 각종 연구 경향과 그 장점 및 단점에 대한 브린턴 교수의 평가 내용을 들었던 일이다. 내가 러브조이(Arthur O. Lovejoy)의 명저 『존재의 거대한 연쇄(The Great Chain of Being)』(Harvard, 1936)를 읽고 아울러 관념사("history of ideas") 연구법을 인식하게 되었던 것은 브린턴의 수업을 들었기 때문이다. 나중에 박사학위논문을 쓸 때가 되어서야, 당시 브린턴의 수업을 청강했던 것이 중국 사상사 연구에 유형무형으로 적지 않은 깨달음을 주었다는 것을 체험했다.

길모어의 "문예부흥과 종교개혁"

마지막으로 내가 어째서 길모어의 "문예부흥과 종교개혁

---

29 "exasperatingly casual lectures", Arthur M. Schlesinger, Jr., *A Life in the 20th Century, Innocent Beginnings, 1917~1950*, Boston and New York, 2000, p.172.

(Renaissance and Reformation)"을 청강하게 되었는지 설명하려
한다. 하버드에 가기 전에는 길모어라는 사람 자체를 몰랐
다. 이 수업을 듣게 된 주요 원인은 내가 처음에 하버드-옌칭
학사에 제출한 연구계획 때문이었다. 나는 계획서에서, 하버
드를 1년 혹은 2년 방문할 기회가 생긴다면 서양 문예부흥
시대의 역사적 저술을 읽어서 유럽이 어떻게 중세로부터 근
대로 변해 왔는지 인식하고 싶다고 썼다. 그 분야의 역사적
지식을 얻는다면 장차 중국 문화가 어떻게 전통으로부터 근
대로 전환해 갔는지 그 전체 과정을 연구하는 데 큰 도움이
되리라 믿었기 때문이다. 하버드에 도착한 이후 길모어가 그
분야의 전문가라는 것과 마침 그해에 특강 수업을 열었다는
것을 알아냈다. 대상은 3~4학년 학사과정생과 1~2학년 대
학원생이었으므로 그 수업을 들어보기로 했다.

그 밖에도 다른 우연적 요소가 있어 이 수업을 청강하게 되
었다. 내가 듣던 다른 수업은 다 중국인이 나 하나였으나, 문
예부흥 수업에는 다른 중국 학생이 정식으로 수업을 듣고 있
었고 또 그이는 시험을 치러 학점을 얻어야 했다. 이 중국 학
생이 바로 왕더자오[王德昭] 선생님이었으니 1930년대 말 베
이징대학을 졸업한 사람이었다. 타이완에 간 다음 사범학원
(나중에 '대학'으로 명칭을 바꿨다)에서 서양사를 가르쳤고 이미 교
수 직위가 있는 상태였다. 그이는 유럽사를 전공하였고 또

선배였으므로, 나는 얻기 힘든 좋은 기회이며 또 수시로 가르침을 청할 수 있겠다고 생각했다. 이분도 아주 좋아하면서 동료가 되어 주었으며 이후 서로 교류하게 되었다. 그이의 조사 결과에 따르면, 길모어와 자신은 나이도 같고 똑같이 문예부흥 관련 연구서도 썼으며 게다가 대학에서 문예부흥 담당 교수를 역임하고 있어, "우리의 길은 외롭지 않다[吾道不孤]"는 느낌이 든다고 했다.

나와 왕 선생님의 인연은 여기서 끝나지 않았다. 1973~75년 내가 하버드에 휴가를 내고 신아서원으로 돌아왔을 때 그이는 마침 타이완에서 홍콩의 중원대학 연합서원 사학과 고급 강사로 이직하였다. 그런데 더는 서양사를 가르치지 않고 중국 근대사로 전공을 바꾸었으므로, 우리는 홍콩 중원대에서 다시 2년간 동료의 인연을 맺게 되었다. 왕 선생은 중원대에 있을 때 『청대 과거제도 연구』[30]라는 아주 충실한 연구서를 썼다. 안타깝게도 너무 빨리 세상을 떠나서 그이는 이 책의 출판을 보지 못했다. 길모어에 관해서는 다음에 다시 얘기하기로 하고 여기서는 생략하겠다.

---

30 香港中文大學出版社, 1982.

二. 박사학위 공부

 앞에서 말했다시피 내가 신아서원의 추천을 받아 하버드에 갔던 것은 하버드-옌칭학사의 방문학자 프로그램에 참여하기 위해서였다. 기한이 2년을 넘을 수 없었기에 학위 공부를 할 생각은 처음부터 전혀 없었다. 그렇지만 1년 후, 곧 1956년 가을에 정식 대학원생이 되어 중국 고대사 박사학위 공부를 하기 시작했다. 이렇듯 갑작스러운 변화는 어떻게 생겼을까? 먼저 그 의문에 답해 보겠다.

 대략 1950년, 미국은 "중국 망명 지식인 원조회(Aid Refugee Chinese Intellctuals, Inc.)"라는 민관합작 조직을 만들었다. 이 조직의 역할은, 다종다양한 방식을 통해 대륙에서 도망쳐 나온 지식계 인사가 다시 안정된 생활을 누리도록 하는 것이었다. 다른 나라로 이민시키는 것 역시 그 역할 가운데 하나였다. 아버지도 아주 일찍 원조회에 등록하고 미국 이민을 신청했으나 오래도록 회답이 없어 벌써 그 일을 거의 다 잊었다. 그렇지만 공교롭게도 내가 미국에 온 지 얼마 되지 않아, 아버지는 마침내 원조회로부터 신청이 이미 통과되었다는 통지를 받았다. 유일한 조건이 하나 있었다. 곧, 생활이 어려울 때 경제적 원조를 할 수 있는 미국 내 친구 또는 기관의 서면 보증을 받아야 한다는 것이다. 이런 뜻밖의 변화가 생기자 아버지는 바로 이렇게 생각했다: '큰아들이 1~2년 안에 홍콩으로 돌아오면 안 된다, 왜냐하면 온 식구가 미국으로 가는 판국에 큰아들이 홍콩으로 돌아오면 길이 엇갈리기 때문이다, 게다가 나는 큰아들의 도움도 매우 필요하다.' 그래서 아버지는 내게 재빨리 편지를 보내서 박사과정에 입학해서 미국 체류 기간을 연장할 수 있는지 하버드에 물어보라고 했다. 아울러, 첸 선생님의 허락도 이미 받았다고 아버지는 알려주었다.

당시 아버지 일을 생각하면 매우 기뻤으나, 하버드-옌칭학사에 말을 꺼내기가 어렵다고 생각했다. 거듭 고민한 끝에, 먼저 양롄성 교수님께 의견을 여쭈어보고 그 일에 대한 태도가 어떤지 보기로 마음먹었다. 뜻밖에도 양 선생님은 박사학위 공부를 하는 것에 매우 적극적이었다. 선생님은 내게 이렇게 말해 주었다. 처음에 방문학자 심사회에서 모두 내게 품었던 유일한 의문이 나이가 너무 어리다는 점이었다고 했다. 방문학자는 보통 서른 살에서 마흔 살 사이인데 그때 내 나이는 겨우 스물다섯 살이었기 때문이다. 그래서 연구계획 변경 요청서를 옌칭학사 소장 엘리세프에게 직접 제출하라고 선생님은 나를 격려했다. 그뿐 아니라 어떻게 진술해야 엘리세프의 동의를 얻을 수 있는지도 가르쳐 주었다. 선생님의 가르침에 따랐더니 정말로 옌칭학사의 동의를 빨리 얻어 냈다. 사실 주요한 관건은, 양 선생님이 나를 당신의 박사과정 학생으로 거두려는 데 있었다. 그렇지 않다면 그렇게 순조로울 리가 절대 없었을 것이다. 그렇지만 당시 나는 하버드대학 대학원의 운영 절차를 전혀 몰랐으므로, 몇 년 지나 하버드에서 교편을 잡게 되어서야 그 점을 이해하게 되었다.

방문학자에서 박사과정 학생이 되었던 것은 내 인생사에서 최대 전환점이었다. 만일 방문학자로 2년간 있다가 신아서원으로 돌아왔다면 교육과 연구는 필시 다른 길로 갔을 것이다. 당시 첸 선생님은, 다시 모여 살고자 하는 우리 식구의 마음을 존중하여 내가 하버드로 옮겨가서 학위 공부하는 것을 시원하게 허락해 주었으나, 내심으로는 내가 먼저 신아서원으로 돌아오기를 바랐을 것이다. 선생님은 1956년 2월 22일 내게 보낸 편지에서 아주 솔직하게 심정을 토로했다.

자네가 만일 빨리 돌아온다면 그 득실을 헤아리기가 매우 어렵네. 홍콩에서 문학과 사학을 연구하는 사람이 날로 줄어들고 있어, 뒤를 이을 젊은 인재가 나와서 중임을 짊어지기를 기다리는 상황이지. 학위는 겨우 허명에 불과하네. 자네가 일찍 돌아온다면 다행히도 나는 아직 그다지 늙지 않았으니 함께 연구하고 절차탁마하면서 몇 년 동안 익혀나갈 수 있을 것이네. 그리되면 자네는 웅대한 규모의 학문 체계를 세울 수 있어 지난날 품었던 기대에 부응할 수 있을 테지. 미국에 있는 것은 새로운 지식을 연구하는 데 이로울 수 있겠지만, 옛 전적을 파고들려면 마음을 가라앉히고 묵묵히 공부해야 하네. 시간이 지나가 버리고 나서 다시 배우려면 힘은 배로 들고 결과는 반으로 줄어들 수 있지. 몇 년 후 다시 출국을 도모하더라도 기회는 또 있을 것이네. 그러니 자네가 외국에서 계속 공부를 하는 것과, 먼저 홍콩으로 돌아와서 옛 전적을 몇 년 더 열심히 공부하다가 다시 유학 가는 것, 그 두 가지는 각각 장단점이 있지. 마음을 편하게 하여 운명에 맡기고, 너무 많이 생각할 필요는 없네.[1]

첸 선생님은 이 편지에서, 당신의 기력이 아직 쇠하기 전에 평생 연구하며 깨친 내용을 내게 전수하기를 바란다는 의

---

1 『소서루여심(素書樓餘瀋)』, 『전집』본, 53책, p.403-4.

사를 분명하게 나타냈다. 이런 말씀은 이전에 한 적이 없었기 때문에, 당시 나는 이 편지를 읽고 너무나 감동하였다. 첸 선생님의 의발(衣鉢)을 직접 받는 것은 인생에서 가장 얻기 어려운 기회라고 할 수 있다. 어떻게 미국에서 학위 공부를 하는 따위와 비교할 수 있겠는가? 이것은 학문의 길을 선택하는 것과 관련될 뿐 아니라 특히 사제지간의 감정에 관한 문제라는 것을 여기서 꼭 말해야겠다. 1959년 12월 21일, 첸 선생님이 아버지에게 보낸 편지는 특히 그 점과 관련하여 너무나 감동적으로 묘사하고 있다.

내년에 먼 여행에서 돌아오면 학교 일은 그 기회를 빌려 떨쳐 버리고 좀 오래 쉬기를 바랄 뿐입니다. 잉스[英時] 등 몇 명과 수시로 어울리면서 학문을 논하고 기분 내키는 대로 산수를 유람하고 싶은데, 그러기 위해 제가 자동차를 한 대 사서 아내가 운전하게 하려 합니다. 집에는 늘 한두 가지 요리를 마련해 놓고 잉스 등 몇 명을 초청하여 함께 식사하고 노는 것이 제 꿈입니다. …만약 잉스가 제 곁에 있다면, 고삐를 풀고 하루에 천 리를 달리는 말처럼 일취월장하는 모습을 직접 보게 될 텐데 이보다 더 유쾌한 일이 어디 있겠습니까?[2]

---

2 上同, pp.206-7.

첸 선생님이 1960년 1월 예일대학을 방문하기 전 쓴 편지이다. 그래서 "내년에 먼 여행에서 돌아오며"라는 말이 나온 것이다. 그보다 3년 전에는 내게 "일찍 돌아오라", "함께 공부하고 절차탁마하자."라고만 말했다면, 위 편지에서는 그런 생각이 완전히 감정적 언사로써 표현되어 있다. 안타깝게도 온 식구가 미국에 이민해서 끝내 미국에서 학위 공부를 할 수밖에 없었으며, 게다가 졸업 후에도 먼저 미국에서 교편을 잡았다. 1973년 휴가를 내고 신아서원으로 돌아와서야 당시 약속했던 의무를 이행할 수 있었으나, 그때는 첸 선생님이 타이베이에 정착한 이후였다. 여하튼 만년의 첸 선생님으로부터 체계 있는 학문을 배울 기회를 잃어버렸던 것은 내 평생 최대로 유감스러운 일이다.

이제 학위 공부의 복잡한 과정을 간단하게 추억하고자 한다.

1956년 가을, 나는 정식으로 하버드대 사학과 박사과정생이 되었다. 사학과 규정상 박사과정생은 네 가지 세부 분야를 이수해야 했다. 한 분야는 주전공(major field)이고 나머지 세 분야는 부전공(minor field)이 되었다. 양 선생님 밑에서 중국 고대사(주로 漢·唐)를 연구하는 것이 내 주전공이라는 것은 일찍이 결정되었다. 부전공 세 분야 중 나는 먼저 중국 근대사를 선택하였는데 페어뱅크(John K. Fairbank)와 슈왈츠(Benjamin I. Schwartz)가 가르치는 분야였다. 당시 내가 보고 들은 것에 따르면, 서양 학자들이 어떤 영역을 연구할 때는 대체로 서양의 사건 자료와 기록을 주요 사료로 삼았다. 예를 들어 페어뱅크의 명저 『중국 연해의 무역과 외교(*Trade and Diplomacy on the China Coast: The Opening of the Treaty Ports, 1842~1854*)』[3]가 그 뚜렷한 사례였다. 이런 연구법은 중국학자의 연구에 나타나는 편향을 바로 잡을 수 있다. 나는 "타산지석으로 나의 옥을 연마할 수 있는" 아주 좋은 기회를 놓치면 안 된다고 생각했다. 그 밖의 다른 두 분야는 유럽사 분야를 선택하기로 원칙상 이미 정해 놓고 있었다. 그 분야에 흥미를 느끼기도 했고, 장차 신아서원이 학생을 가르쳐 달라고 요구할 때를 생각했기 때문이다. 그렇지만 그 당시 "문예부흥" 분야 말고 다른 한 분야는 아직 정하지 않았다. 마침 선택 분야를 확정할 기한이 아직 남아 있어서 여유를 갖고 천천히 생각할 수 있었다.

박사과정 제1학년의 선택 과정은 당시 내 마음을 잘 나타내주고 있다.

---

3 Harvard University Press, 2vols, 1953.

사임의 로마사

나는 먼저 로마사 과목을 수강했다. 길모어 교수가 그때 안식년이어서 문예부흥과 종교개혁을 다루는 과목이 개설되지 않았다. 하버드에는 원래 로마사 전공 교수가 없었는데 마침 영국 케임브리지 대학의 사임(Ronald Syme, 1903~1989)이 하버드에 방문 교수로 1년 동안 와 있으면서 로마사 강의를 열었다. 당시 서양 사학계에 대한 내 지식은 한계가 있어서 그분 이름을 들어보지 못했다. 그런데 사학과 전공 선택 소개회에서 페어뱅크 교수가 특별히 내게 사임 교수를 추천하면서, 이분이 당대 로마사의 대가이며 그런 수업을 들을 기회는 얻기 힘들다고 말했다. 로마는 중국의 한나라와 상호 대비될 수 있으므로 동서 양대 통일국가의 차이점을 이해해 볼 수 있겠다 싶어서 페어뱅크의 제안을 곧바로 받아들였다. 나중에 사임 교수의 명저 『로마 혁명사(The Roman Revolution)』(1939)와 여러 논문을 읽고 거기에다가 한 학기 강의를 듣고 나서, 그분의 방대한 지식과 깊이 있는 사유를 직접 구체적으로 인식하게 되었다. 실로 일대의 사학 대가라는 명성에 부끄럽지 않은 분이었다. 삼십몇 년 후 프린스턴 대학에서 브라운(Peter Brown) 교수와 교류할 기회가 우연히 있었다. 케임브리지에 있을 때 사임 교수에게서 배운 적이 있느냐고 물었다. 그이는 매우 흥분하면서, 비록 자신의 지도교수는 다른 사람이었지만, 사임 교수의 수업을 들었으며 정말로 많은 깨달음을 얻었다고 말했다.[4] 나중에 내가 『한대의 무역과 확장[漢代貿易與擴張]』을 쓸 때 중국과 로마의 교류를 다루었던 것도 사임의 로마사 강의에 힘입은 바 컸다.

모튼 화이트의 역사철학

다음으로 나는 철학과 화이트 교수의 역사철학을 선택했다. 그보다 1년 전 10월에 개최된 하버드-옌칭학사의 연회에서 나는 벌써 그분의 역사철학에 큰 관심을 보이기 시작했다. 이제 대학원생이 되었으므로 정식으로 그 과목("사학의 성격과 기능"; Nature and Function of History)을 수강하기로 했다.

사실 이 과목은 화이트가 오랜 기간 준비해서 개설한 새로운 과목이었다. 수강 학생(학사과정 고학년생 및 대학원생)은 대부분 사학과에서 왔고 철학과 학생은 오히려 소수였다.

---

4 브라운의 지도교수는 아날도 모미글리아노(Arnaldo Momigliano, 1908~1987)이었다. 이분 역시 그 분야의 대가였다. 현재 브라운은 가장 존경받고 있는 로마사가로서 "고대 말기(late antiquity)"라는 연구 분야를 개척했다. 그는 무수한 학술상을 받았다. 2008년에는 클루거상("John Kluge Prize")을 받기도 했다.

1950년 초반부터 화이트는 영국 철학자 벌린(Isaiah Berlin, 1909~1997)과 의기투합하여 역사철학 관련 서적을 함께 쓰기로 계획해 왔다. 그와 관련된 내용은 두 사람이 주고받았던 편지에 잘 드러난다. 1950년대부터 70년대는 영미 분석철학(언어철학을 포함)의 전성기여서, 분석과 언어의 관점에서 사학의 성격 문제를 논하는 작업이 그 힘을 빌려 발흥하였다. 벌린과 화이트는 그런 새로운 사조의 선구자였다. 1953년 벌린은 "역사의 필연성(Historical Inevitability)"이라는 유명한 강연(나중에 책으로 묶여 나왔다)으로 일시를 진동했다. 이런 주제를 보는 화이트의 관점은 벌린과 대체로 비슷했고 또한 벌린으로부터 영감을 얻었기 때문에, 책을 같이 쓰려는 그이의 동기는 매우 강했다. 화이트가 하버드에서 새로운 과목을 개설했던 것은 그 소망을 이루기 위해서였다. 그렇지만 조금 후에 그이는 벌린과 자신 사이에 조화를 이루기 쉽지 않은 기본적 차이가 있다는 것을 발견하고, 마침내 『역사적 지식의 기초(Foundations of Historical Knowledge)』(1965)라는 독창성이 풍부한 책을 홀로 출판했다. 그 상세한 내용을 알고 싶은 독자는 화이트의 자서전 『어떤 철학자의 이야기』[5]를 참고하면 좋겠다.

---

5 *A Philosopher's Story*, Pennsylvania State University Press, 1999, pp.231-2, 244-7.

화이트는 새로운 인문학 분야를 열었다고 자각했기 때문에, 새로운 조류를 밀고 나아가려는 격정을 강의실에서 종종 토로하였다. 적지 않은 수강생이 그이의 열정에 감염되어 마치 자신이 그 일에 참여하는 듯 느꼈으며 나도 그중 한 명이었다. 이것은 중국 학술사상사의 "예류(預流: 흐름에 참여)"에 상당하는 것이었다. 새로운 조류에 영향받은 결과, 중국의 사학과 서양의 그것 사이에 있는 차이를 깊이 고찰하여 중국의 역사와 문화에 내재한 특색을 밝히고 싶은 생각이 들었다. 그래서 화이트의 수업에서 나는 장학성과 컬링우드(R.G. Collingwood)의 사학 사상을 비교하는 것을 학기 중 논문 제목으로 제출했다. 공교롭게도 1953년 니비슨(David S. Nivison, 1923~2014)이 하버드대학 박사학위논문을 완성했는데 제목이 『장학성의 문학과 사학 사상(The Literary and Historical Thought of Chang Hsüeh-Cheng, 1738~1801)』이었다.[6] 화이트는 이런 영문 논문이 참고될 수 있겠다는 것을 알고 내 논문 제목을 받아들였다. 1957년 4월에 썼던 「장실재와 컬링우드의 역사 사상[張實齋與柯靈烏的歷史思想]」은 그 학기 중 논문을 확

---

6 니비슨의 장학성 연구와 이를 위해 채택된 분석철학적 방법에 관해서는 그이의 『장학성의 일생과 사상[章學誠的生平與思想]』 중국어 번역본을 위해 내가 쓴 서문을 참조할 것. 이 서문은 나의 『회우집(會友集)』 상책(台北: 三民書局, 2010), pp.168-176에 수록되었다.

장하고 수정했던 글이다.[7]

화이트의 이 수업은 후일 내 학문 경향에 상당히 큰 영향을 끼쳤다. 70년대 후반 장학성과 대진을 중심으로 청대 학술사 연구를 시작했던 발단이 바로 그 수업이었다. 그뿐 아니라 개인의 측면에서 말하더라도 나는 화이트 교수와 특별한 인연이 있다. 나는 1987년 프린스턴 대학으로 이직했는데 그분이 이미 1970년에 하버드로부터 프린스턴 고등연구소로 전직했다는 것을 발견했다. 그래서 그분과 함께 식사하며 얘기할 기회가 많았다. 우리가 만나서 얘기할 때면 늘 프린스턴 대학의 중국학 동료들, 예를 들어 피터슨(Willard Peterson), 엘만(Benjamin Elman)이 함께 했는데 아주 유쾌했다. 한 번은 화이트 교수가 웃으면서 내게 말했다. 자신은 중국어도 전혀 모르는데, 내가 그이의 수업을 들었던 것이 인연이 되어 생각지도 못하게 여러 중국학 동료들과 친교를 맺게 되었으며, 게다가 중국의 문화와 사상에 대해 날이 갈수록 흥미를 느끼고 있다고 말이다. 화이트 선생님은 1917년 4월 29일에 태어나서 2016년 5월 27일에 세상을 떠났으니 중국식으로 계산하면 꼭 100년을 살았다고 할 수 있다. 현대 미국 철학사에서 이분의 성과는 철학적 분석이건 아니면 실용주의의 발

---

7 현재 『대진과 장학성[論戴震與章學誠]』에 수록되어 있다.

전이건 간에 모든 영역에서 어떤 한계를 돌파하여 새로운 장을 열었다는 특징이 있다. 화이트 교수가 실제 업적에 비해 유명하지 않았던 까닭은 로티(Richard Rorty, 1931~2007)가 한탄했듯이 철학계로부터 홀대당했기 때문이다. 그것은 공평치 못한 일이었다.[8]

프리드리히의 고대정치사상사

내가 들었던 세 번째 과목은 서양 고대 정치사상사였는데 정치학과의 대가인 프리드리히(Carl J. Friedrich, 1901~1984) 교수가 강의했다. 프리드리히의 출생지는 독일이었으며 정치철학과 제도사 등 각 분야에 깊이 있게 연구하였고 저작도 일일이 들 수 없을 만큼 많았다. 당시 그이는 독재체제와 민주헌정의 차이를 가장 분명하게 설명해 내어 영향력이 극히 컸다. 이 과목을 선택한 주요 이유는 내가 홍콩에 있을 때 이미 민주와 독재의 영역을 탐구하였고 그에 관한 글도 썼기 때문이다. 그렇지만 그때 나는 서양 정치사상사를 체계 있게 인

---

8 Herman J. Saatkamp, Jr., edited, *Rorty & Pragmatism: The Philosopher Responds to His Critics*, Vanderbilt University Press, 1995, pp.2145.

식하지 못하다고 절감했다. 이전에 엄격한 훈련을 받지도 못했고 신아서원에도 정치학과가 없었기 때문이다. 당시 어려운 문제를 만날 때면 아버지에게 가르침을 청하는 것 말고는 물어볼 곳이 없었다. 이제 프리드리히 교수 같은 대가가 강의를 열고 내가 그것을 선택할 수 있게 되었으니 그야말로 하늘이 허락한 놓칠 수 없는 기회였다. 프리드리히 교수의 수업은 강의, 토론, 1차 원전 읽기, 학기 중 논문 쓰기 등을 포함하고 있어서 내 기본 역량을 기르는 데 아주 적합했다. 매주 한 차례의 토론 수업에서 프리드리히 교수는 학생들에게 강의 내용과 고전 원문을 결합하여 토론하라고 시켰고, 또한 외국 학생에게는 서양의 정치적 관념과 자기 출신 지역의 사상을 비교해 보라고 격려했다.(반에는 인도, 일본, 중국, 중동에서 온 유학생이 있었다.) 나는 중국의 유가와 도가를 소개해 보라는 지시를 받았다. 당연하게도 이 수업은 내게 매우 유익한 훈련이 되었으나 동시에 내 배경지식이 한참 부족하다고 느꼈다. 나는 고대 그리스어와 라틴어를 읽지 못할뿐더러 서양 고대사와 서양 고전에 대한 상식 등의 영역에서 미국 대학원생보다 한참 모자랐다. 그래서 강의 시작부터 끝까지 거대한 압력 밑에 놓여 있었다. 그렇지만 이 수업을 들으며 매우 재미있는 경험을 하여 아직도 잊히지 않는다. 프리드리히 교수는 학생들에게 중간고사 대신 글을 하나씩 쓰라고 했다. 그러면서 그것은 주제를 하나 선택해서 자신의 견해를 진술하여 보고서이지 연구 논문은 아니라고 했다. 그래서 고전 원문을 인용하여 거기에 주석을 달지 않아도 되었다. 당시 나는 플라톤의 『국가(*Republic*)』를 읽다가 의문이 하나 떠올랐다. 정치 사회적 질서에 관한 플라톤의 이상은 대체 플라톤 자신이 홀로 창조해 낸 것인가, 아니면 고대 그리스의 전통 속에 잠재해 있던 것을 계승한 것인가? 나는 『국가』에 관한 당시의 연구 논저를 몇 가지 조사하였지만 분명한 해답을 찾을 수 없었다. 한참 생각하다가, '기원을 찾아가는 중국 고증학의 방법을 채택해 고대 그리스의 관련 원전에서 그 기원을 찾아보는 안 될까?'라는 아이디어가 떠올랐다. 그래서 『국가』 이외에도 플라톤의 『정치가(*Statesman*)』, 『법률(*Laws*)』 및 아리스토텔레스의 『정치학(*Politics*)』과 『윤리학(*Nicomachean Ethics*)』을 검토했고, 아울러 투키디데스의 역사서 『펠로폰네소스 전쟁(*The War of the Peloponnesians and the Athenians*)』을 참고했다. 그런 끝에 5~6매에 이르는 짧은 글을 써서, 『국가』의 구상에는 확실히 기원이 있다는 조사 결과를 보고했다. 프리드리히 교수는 꼭 주석을 달 필요는 없다고 말했기 때문에, 나는 고전 원문만 인용하고 그 원문이 나온 페이지를 상세히 열거하지는 않았다. 1주일 후, 생각지도 못하게 프리드리히 선생님의 친필 편지를 갑자기 받았다. 글에 인용된 경전 원문에 하나하나 주석을 달고 그 출처를 밝혀서 자신에게 참고가 되게 끔 해달라는 것이었다. 이것은 실로 의외였으나, 내가 한 고증에 취할 만한 점이 있다고 선생님이 인정했다는 것을 알자 매우 기뻤다. 그이와 같은 전문가에게도 참고할 만한 가치가 있었기 때문이다. 이미 60년 전 일이지만 기억이 아직도 너무 선명한 것을 보면 당시 얼마나 기뻤는지 알 수 있다. 여러 차례 이사하면서 선생님의 친필 편지와 내 원고를 잊어버린 것은 못내 아쉬운 일이다.

페어뱅크의 전공 세미나

위에서 서술한 세 과목은 학위 계획과 전혀 관련 없었다. 그래도 그것들을 선택한 까닭은 대체로 두 가지 고려 사항에 바탕을 두었기 때문이다. 첫째, 학위를 받고 신아서원으로 돌아가서 교편을 잡기로 한 이상, 마땅히 지금 주어진 기회를 잡아서 서양 역사·문화의 배경을 직접 인식하는 것은 다다익선이라고 생각했다. 둘째, 선택한 과목은 내가 홍콩에 있던 몇 년 동안 공부하고 글을 썼던 영역과 상당히 가까워서 매우 재미있었다. 그렇지만 이 세 과목을 1956년 가을 학기에 동시에 수강했던 것이 문제였다. 앞서 언급했다시피, 나

는 배경지식이 너무 부족해서 그 어느 한 과목 쉽지 않은 것
이 없었다. 하물며 세 과목을 동시에 수강했으니 그 어려움
이 어떠했겠는가? 동시에 나는 사학과의 수강 규정에 묶여
있었다. 이 규정에 따르면, 박사과정생은 매 학기 특강 수업
세 과목을 선택해야 했고, 거기다 세미나 과목을 하나 수강
하면서 독창적 논문을 한 편씩 써내야 했다. 당연히 나는 서
양 문화사 영역의 세미나에 감히 참여할 수 없어서, 중국 근
대사에 관한 페어뱅크 교수의 세미나에 들어갔다. 세미나는
두 부분으로 나뉘었다. 한 부분은 대학원생(약 6~7인)이 공동
으로 『이민족 업무 총람[籌辦夷務始末]』 중 일부 편장을 강독하
면서 그 내용과 관련된 서양 측 문헌을 최대한 참고하는 것이
었다. 그런데 이 강독은 학기 초 2~4주만 진행되어 전체 수
업의 예비 단계로 여겨졌다. 대학원생은 이 기간에 논문 제
목을 선정하고 개별 연구를 진행하기 시작한다. 두 번째 부
분은 첫 번째 부분에 바로 뒤이어 진행되는데, 대학원생이
매주 연구 진행 상황을 돌아가면서 보고하고 교수 및 동료
의 질의와 토론을 거치는 것이었다. 나는 이 수업으로 인해
서양의 중국 연구("Chinese Studies")에 처음으로 진입했으므로
여기서 특별히 기록해 둔다.[9]

---

9 당시 미국학계는, "Sinology"는 근대 이전의 중국("Pre-modern China") 관련 학문을 가

세미나 수업에서 내가 썼던 연구 논문은, 청나라 말기 경세 사상의 맥락에서 풍계분(馮桂芬, 1809~1894)의 『교빈려항의(校邠廬抗議)』와 『현지당고(縣志堂稿)』를 상당히 깊게 분석하고 그 내용을 파악하는 것이었다. 그때 이 수업의 조교는 류광징[劉廣京, 1921~2006] 선생님이었다. 이분은 중국 근대사와 미국 경제사를 정밀하게 연구하여 페어뱅크가 아끼던 인물이었다. 그이와 페어뱅크 교수는 함께 논의한 후 논문 내용을 인정해 주었다. 하지만 페어뱅크 교수는 내가 제출했던 논문 끝부분에 총평을 한 마디 써서 나를 매우 난처하게 만들었다. 거기에는 "학생의 중국어 로마자 표기는 다 틀렸습니다!(Your Romanizations are all wrong!)"라고 적혀 있었다. 알고 보니 당시 서양 학계는 한자음을 표기할 때 일률적으로 웨이드-가일스(Wade-Giles) 체계를 채택했으나, 나는 그런 것이 있는 줄도 몰랐기에 내가 읽는 방식(정확하지도 않고 통일되지도 않았다)에 바탕을 두고 마음대로 표기했으니 웃음거리가 된 것이다. 나중에 류광징 선생님의 가르침을 받아 중영(中英) 대사전을 읽으며 발음 체계를 익히기 시작했다. 내가 "중국 연구" 또는 "시놀로지[漢學]"에서 완전한 문외한이었다는 것을 이 일에서 알 수 있다.

리키는 것으로 간주했다. 19세기 중엽 이하 시대에 관한 연구는 "중국 연구"로 통칭되었다.

위의 서술을 보면 알 수 있듯이 1학기는 내게 가장 긴장된 시간이었다고 할 수 있다. 그렇게 된 주요 원인은, 내가 사학과 규정을 너무 글자 그대로만 이해하고, 경험이 있는 선배에게 미리 물어보지 않거나 심지어 지도교수에게도 물어보지 않았다는 데에 있었다. 사실, 대학원생은 1학년 때 세미나를 수강하지 않는 것이 보통이었으며, 특강 과목 세 개 중 하나는 "강독 수업(reading course)"으로 대체할 수 있었다. 강독 수업에는 시험이 없었다. 그렇게 수강해야만 여유 있게 대학원 생활을 즐길 수 있었을 것이다.

일본어 학습

2학년(1957~58) 때 박사논문 계획에 조정이 이루어졌는데 그중 가장 주요한 변화는 유럽사를 일어일문학 특별 연수로 바꾸는 것이었다. 그래서 최후로 중국 고대사, 중국 근대사, 문예부흥과 종교개혁, 그리고 일본어로 내 연구 분야가 정해졌다. 이 계획은 사학과와 극동어문학과의 동시 승인을 얻어야 했다. 그 후 2~3년 동안의 연구와 저술은 이 범위 안으로 집중되었다.

이렇게 변화를 준 까닭은 주로 양롄성 선생님의 영향을 받앉기 때문이었다. 1학년 2학기에 양 선생님의 "중국 제도사" 수업을 들었다. 중국 제도사는 양 선생님의 교육과 연구 중점이 놓여 있는 분야였으므로, 선생님의 첫 번째 논문집이 바로 『중국 제도사 연구집(*Studies in Chinese Institutional History*)』(1961)일 정도였다. 선생님은 이 수업을 진행하면서 당신의 『중국사 강령(*Topics in Chinese History*)』(1950)을 수업 교재로 택했는데 그 가운데에는 분야별 주제가 포함되어 있을 뿐 아니라, 주제별로 가장 중요하고 기본이 되는 1차 사료와 현대의 연구 논저가 열거되어 있었다. 1차 사료는 평소 잘 알던 것이었으나 현대 연구 논저에 대한 내 지식은 공백으로 남아 있었다. 그 점은, 앞서 양롄성 선생님에게 동한(東漢) 사족(士族) 논문과 관련해 가르침을 청한 일화를 얘기하면서 이미 언급했다. 이제 정식으로 수강하면서 서양 및 일본의 중국학 성과를 체계 있게 그리고 적극적으로 흡수할 수 있게 되었다. 양 선생님의 『중국사 강령』은 중국학 논저를 다 거론할 수 없었으나, 강의할 때는 그중 잘 쓴 것을 선택해 평가했고 아울러 최신의 독창적 저작물을 특히 중시했다. 한 학기를 보내면서, 중국사 각 분야에 관한 일본의 연구가 깊이도 있고 숫자도 많은 것을 알게 되어 너무 뜻밖이었다. 일본어 독해 능력은 내 전공에 필요불가결한 조건이 될 수 있으리라고 느꼈다. 그래서 양 선생님께 따로 여쭈었더니 선생님도 내 생각에 전적으로 동의했다. 선생님은 유럽사 한 분야를 빼고 일본어로 대체하는 것이 좋겠다고 말했다. 왜냐하면, 극동어문학과(Department of Far Eastern Languages)의 일본어 전공에 이른바 "심화 과정(intensive course)"이 있는데 전공 주임인 라이샤워(Edwin O. Reischauer, 1961년에 주일대사로 임명) 교수가 직접 가르치기 때문이라고 했다. 이 과정은 매주 다섯 차례 수업이 있어서 전력을 다하지 않으면 통과가 어려웠다. 원래 계획을 바꾸어 일본어를 배우기로 한 일은 이렇게 결정되었다. 그해(1957년), 옌경왕[嚴耕望] 선생님[10]이 마침 하버드-옌칭학사 방문학자였는데 한화(漢和) 도서관 장서를 두루 살펴본 후, 당나라 역사를 연구하기 위해 반드시 참고해야 할 일본어 서적이 수도 없이 많다는 것을 발견했다. 그이는 극동어문학과가 일본어 과정을 개설했다는 내 얘기를 듣고, 주저 없이 나와 함께 라이샤워의 수업을 듣기로 했다. 다만 그이는 시험 칠 필요가 없어 나보다 부담이 가벼웠다.

1958년 가을 무렵, 강연 수업("Lecture courses")과 세미나를 포함하여 내가 박사과정생으로서 이수해야 할 학점의 총점은 이미 학교 규정을 충족했다. 곧바로 이어서 해야 할 일은,

---

10 [역자 주] 옌경왕[嚴耕望, 1916~1996]. 중국 전통 시대의 정치제도와 역사 지리를 전공했다. 옌경왕은 첸무의 제자이기도 하다.

세 분야에 걸친 박사 구술시험을 어떻게 준비할지 그 세 분
지도교수와 각각 상의하는 것이었다. 이것이 박사과정에서
최대 난관이었다. 그 기본 준비는 강독 수업 방식을 택하여
지도교수와 시간을 정해 놓고 그 앞에서 원전을 읽고 해석하
는 것이었는데, 매주 1회 혹은 2주에 1회씩 그렇게 했다. 대
학원생은 이러한 개별 강독회로부터 점차 문제의식의 중점
을 확인하고 원전 열독 범위를 세워나간다.

세 분의 지도교수는 양롄성 선생님, 페어뱅크, 그리고 길
모어였다. 불행하게도 내 주전공 지도교수인 양 선생님이
1958년 말 불안장애에 걸려서 장시간의 치료와 휴양이 필
요했다. 그래서 강독 방식의 구술시험 준비는 부전공부터 시
작했다. 중국 근대사 과목은 아주 순조롭게 진행되어 특별
히 말할 만한 것이 없으나, 문예부흥과 종교개혁은 내가 취
약한 과목이었으므로 이 시험 준비 과정을 좀 설명해야겠다.

길모어 지도교수를 따라 문예부흥을 공부하다

지도교수 길모어(Myron P. Gilmore, 1910~1978)부터 얘기해 보
자. 이분은 미국 중년 세대 중에서 매우 걸출한 유럽 초기 근
대사 학자 중 한 사람이었다. 1952년, 선생님은 하버드대 근

대사 권위자 랑거(William L. Langer)의 요청을 받고 『근대 유럽의 발흥(The Rise of Modern Europe)』 총서 시리즈 중 『인문주의의 세계(The World of Humanism, 1453~1517)』를 썼다. 문예부흥에서 가장 중요한 단계의 역사를 썼던 것이다. 이분이 이처럼 중시되었던 까닭은 일찍이 적잖은 논문을 발표하여 문예부흥의 인문주의 연구에서 새로운 영역을 개척했기 때문이다. 앞에서 이미 말했다시피, 나는 방문학자 1년 차 때 왕더자오[王德昭] 선생님과 함께 그분의 강의를 들었다. 그렇지만 당시 나는 청강만 했을 뿐이어서 지정 참고서도 다 읽지 않아, 윤곽만 대략 이해하는 데서 그쳤다. 2년 차에 박사과정생이 되었으나 길모어 교수는 앞서 안식년에 들어간 상태였고, 안식년이 끝나자 곧바로 사학과 학과장을 맡아(1957~1962) 위에서 언급한 그 과목을 다시 열지 않았다. 그렇지만 나는 박사과정 3학년 때 문예부흥사를 다루는 강의를 하나 들었다. 강사는 방문 교수인 질베르트(Felix Gilbert, 1905~1991)였다. 이분은 이탈리아 태생이었으며 40년대에 미국에 이민 왔다. 그 수업을 할 때는 펜실베이니아주의 브린 모어 대학(Bryn Mawr College)의 교수였다. 그렇지만 그이는 문예부흥사에 크게 공헌한 전문가였을 뿐만 아니라, 다방면에 걸쳐 풍부한 지식을 보유한 사학이 대가로 공인되고 있었다.(그래서 1962년에 질베르트 교수는 프린스턴 대학 고등연구소 사학 전임교수로 초빙되었다.) 사학과 다른 대학원생이 이분을 소개하는 얘기를 듣고 곧바로 그 수업을 듣기로 했다. 질베르토 교수의 강의를 듣고 지정 독서물을 읽으니 너무 흥미로워, 1959년 『신아서원 학술 연간(新亞書院學術年刊)』의 원고 청탁에 응하여 「문예부흥과 인문사조[文藝復興與人文思潮]」라는 장문의 글을 쓰면서 질베르트 교수가 대학 학술지에 기고했던 논문을 인용했다.[11] 이 글은 질베르트 교수의 수업을 듣고 남긴 일종의 기념물이다. 나중에 프린스턴으로 이직했더니 이분은 이미 1975년에 그곳에서 퇴직했고 게다가 팔순이 넘어 다시 만날 기회가 없었다. 그렇지만 이분의 만년 저작[12]을 읽고 도움을 많이 받았다.

이상의 서술에서 알 수 있다시피, 1959년 봄 문예부흥과 종교개혁의 강독 수업을 수강하기 전까지 나와 길모어 교수 사이에는 개인적 왕래가 없었다. 나는 이분의 수업도 들었고 『인문주의의 세계』도 읽어서 당연히 이분에 대해 낯설지 않았으나 이분은 나를 잘 몰랐다. 이분이 나를 지도학생으로 받았던[13] 주요 원인은 내가 이미 질베르트의 수업을 들은 데다가 문예부흥과 종교개혁을 부전공 중 하나로 삼았기

---

11 이 논문은 나중에 수정을 거쳐 『역사와 사상[歷史與思想]』에 수록되었다.

12 *History: Politics or Culture? Reflections on Ranke and Burckgardt*, 1990.

13 그래서 내가 그분의 강독 수업에 참여하는 것을 허락했다

때문이다. 그래서 내 배경지식이 부족하다는 것을 이분이 알고 있었으나 관대하게 대해 주었다. 그렇지만 이때 이분의 학과 업무가 너무 바빴고 또 지도학생도 8~9명이나 되어서, 강독 수업을 2주에 한 번 두어 시간 정도 진행하면서 강독하고 각자 마주친 문제를 토론했다. 이분 자신은 길게 강의하지 않고 토론에서 나온 어려운 문제에 약간 판단을 내리고는 했다. 이분과 직접 소통할 기회는 여전히 내게는 없었다. 한 학기 동안 이분과 단독으로 얘기 나누었던 것은 두 차례를 넘지 않았으며 그때도 대화 시간은 20분을 넘지 않았다. 주로 나의 강독 상황을 보고하고 이분의 지시를 듣는 것이었다. 그래서 박사 구술시험을 준비하던 시기에는 길모어 교수의 분야를 잘 파악하지 못했다. 그렇지만 시험을 준비하면서 확실히 학문적 진보를 이룰 수 있었다. 비록 시험과 직접 관련은 없었지만 말이다. 아직도 두 가지 일이 기억난다. 첫째, 1958년 심리학자 에릭슨(Erik H. Erikson, 1902~1994)이 마틴 루터의 청년 시대에 관한 연구서를 출판하였는데, 이 책은 심리분석의 관점에 서서 루터의 인생사("life history")를 연구하여 종교개혁의 기원에 대해 극히 새로운 관찰 내용을 제시한 것이었다.[14] 나는 강독 수업에서 다른 대학원생과 토

---

[14] *Young Man Luther: A Study in Psychoanalysis and History*, 1958.

론하던 중 이 책의 존재는 물론이요, 그것이 사학적 독창성을 지닌다는 것을 알게 되었다. 나중에 중국의 학술 사상사를 연구할 때 이 책은 내게 깊은 영감을 불어 넣어 주었다. 둘째, 길모어는 기독교 인문주의자였던 에라스무스(Erasmus, 1466~1536)를 깊이 연구하여 그에 관한 권위자로 공인되어 있었다. 이분은 에라스무스가 박학(erudition)을 통해 기독교적 신앙(fides)을 다시 세우는 과정을 연구한 명문이 있었다. 이는 이 글을 읽고 너무나 감동했다. 왜냐하면, 훈고(訓詁)와 의리(義理)에 관한 청대 학자들의 논변과 일치하는 점이 너무나 많았기 때문이다. 내가 중국과 서양의 사상사를 견주는 작업을 시작할 때 중요한 밑받침이 되었다.[15]

종합하자면, 문예부흥과 종교개혁이라는 부전공을 그 당시 나는 아주 진지하게 익혔고 도움도 많이 받았으나, 박사학위 구술시험에서는 뜻대로 잘 대답하지 못했다. 길모어 교수는 내가 가장 신경 써서 준비한 영역은 건드리지 않았고, 이분이 낸 문제에 나는 대략 대답했을 뿐 그 핵심을 다 진술할 수 없었다. 구술시험은 통과했으나 실망감이 들지 않을 수 없었다.

---

15 Myron P. Gilmore, "Fides et Eruditio, Erasmus and the Study of History," 나중에 그이의 다음 책에 수록되었다. *Humanists and Jurists, Six Studies in the Renaissance*, Harvard University Press, 1963, pp.871-114.

박사학위논문

마지막으로 나의 박사논문 『동한의 생사관[東漢生死觀; *Views of Life and Death in Later Han China, A.D. 25~220*]』을 설명해 보겠다. 1959년, 첸 선생님의 생신을 축하하기 위해 썼던 「한-진 교체기 사(士)의 새로운 자각과 사조[漢晉之際士之新自覺與新思潮]」는 길이가 10만여 자에 달했다. 이전에 동한(東漢)의 사족(士族)에 대해 논했던 글과 달리, 그 주제를 다룬 현대의 논저를 수집하고 참고했다. 그런 논저에는 중국, 일본, 영국, 프랑스 등 각 나라의 연구 성과물이 포함되어 있었다. 초고가 완성된 후 나는 양 선생님께 검토와 지적을 부탁했다. 선생님은 그 글의 논지에 대체로 찬성하면서 그것을 기초로 삼아 박사논문을 쓰는 것에도 동의했다.[16] 그러나 나중에 정식으로 논문을 구상할 때 생각을 바꿨다. 먼저, 이미 간행된 중국어 논문을 영어로 다시 구성하는 것은 신선감도 떨어지고 내게도 사상적 자극이 되지 않으리라고 생각했다. 차라리 공부를 더 많이 해서 따로 주제를 잡고 싶었다. 그다음, 1956년 이래 "공식 사상"과 "민간 사상"에 관한 브린턴(Crane Brinton)

---

16 양 선생님의 1959년 11월 8일 『일기』에도 "이 글의 일부분은 논문이 될 수 있다."라고 기록되어 있다. 여기서 "논문"은 박사논문을 가리킨다.

의 학설로부터 영향받았기에 그런 관점에서 새롭게 시도해 보고 싶었다. "공식 사상"이란 고대 그리스의 철학자나 중국 선진 시대의 제자백가 같은 문화적 엘리트들이 발전시킨 체계적 학문과 이론이며, "민간 사상"이란 일반 백성이 일상생활에서 표출해 낸 다양한 의식이다.[17] 민간 사상을 연구할 때 부딪히는 최대 곤란은 사료가 부족하다는 것과 그것이 여러 곳에 산재해 있다는 것이었다. 마침 1960년에 왕밍[王明]의 『태평경합교(太平經合校)』가 출판되었는데 동한 말기의 민간 사상이 적지 않게 포함되어 있었다.[18] 게다가 바로 그 시기는 중국 대륙과 일본의 학자들이 『태평경』과 관련된 여러 연구 논문을 발표하던 때였다. 그래서 나는 『태평경』을 실마리로 삼으면서 관련 자료를 그것과 결합하여 동한 "민간 사상"의 윤곽을 그리고, 한 걸음 더 나아가 당시 "공식 사상"과 그것 사이의 교섭을 탐구하려고 했다. 최초 구상은, 문화 엘리트와 일반 백성이 공통으로 관심을 기울이던 관념을 골라낸 후, 현존하는 고전과 민간 기록 양쪽을 꼼꼼히 조사함으로써 양자 사이의 상호 작용과 차이를 발견하는 것이었다. 나는 처음에 생(生)과 사(死)를 제1장 논제로 잡고, 이어서 다

---

17 자세한 내용은 이 장의 제1절 "하버드 최초 방문"을 참조할 것.

18 『태평경』의 성립 연대는 이미 여러 전문가가 고증한 바 있다.

른 공통 관념을 제시한 후 거기에 장(章)을 할당하여 분석하려고 했다. 양 선생님에게 이 구상을 진술하니 참신한 계획이라고 인정하면서도, 먼저 시험 삼아 제1장을 써보고 만약 성공하지 못한다면 다른 계획을 세워보라고 충고했다. 그런데 생과 사라는 대립 관념은 너무나 복잡해서 관련 분야의 방대함은 완전히 예상 밖이었다. 반 정도 썼을 때 양 선생님이 초고를 검토하더니 제1장을 확대하여 전체 논문으로 만들고, 다른 관념으로 확장할 필요는 없겠다고 했다. 이리하여 『동한의 생사관』은 정식으로 나의 박사논문이 되었다. 이렇게 해명하는 까닭은, 내 논문이 『태평경』에 관한 연구라는 오해를 불식하기 위해서이다.

　내 논문 지도교수는 양 선생님이었으나 그 밖에도 심사인 두 분이 있었으니 바로 페어뱅크 교수와 슈워츠(Benjamin I. Schwartz) 교수였다. 양 선생님이 내 논문을 속속들이 잘 알고 있었다는 것은 두말할 나위 없다. 페어뱅크와 슈워츠 교수도 논문을 한 번 읽어 보더니 이의가 없었다. 1962년 1월 초 이들 세 분이 심사회를 개최한 후, 페어뱅크 교수가 박사위원회 위원장의 자격으로 선언하기를 논문에는 수정할 만한 중대 사항이 없다고 했다. 이렇게 나의 학위과정이 끝났다.

　여기서 논문에 대한 슈워츠 선생님의 관심을 따로 언급해야겠다. 논문이 통과된 후 이분은 내게 두 장 분량의 평가서를 보내주면서 논문에는 따져볼 만한 곳도 있고 칭찬할 만한 곳도 있다고 했다. 따져볼 만한 곳은, 주로 중국의 개념을 서양의 명사로 번역할 때 그 함의가 종종 딱 들어맞지 않아 오해를 불러일으키기 쉽다는 점이었다. 예를 들어, 한문의 "출세(出世)"와 "입세(入世)"를 서양의 "otherworldly"와 "worldly"로 각각 번역하는 경우가 그랬다. 이렇듯 따져볼 만한 곳은 나중에 학술지에 내기 위해 논문을 다시 쓰는 과정에서 하나하나 다 수정했다. 슈워츠 교수가 칭찬한 부분은, "형(形)"과 "신(神)", "혼(魂)"과 "백(魄)" 등의 관념에 대한 깊이 있는 논의를 통하여 중국에 불교가 전래 되기 이전에도 이미 신체와 영혼의 이분법적 사상이 있다는 것을 밝힌 곳이었다. 슈워츠에 따르면, 내가 제시한 논거는 "니담의 견해가 착오라는 것을 분명히 증명하는 것"이었다.("It conclusively proves Needham wrong...") 슈워츠 선생님은 중국 근현대에 관한 저작을 많이 냈으나, 진정으로 흥미를 갖고 공헌한 분야는 중국 사상사였다. 만년의 저작 『중국 고대사상의 세계(The World of Thought in Ancient China)』(1985)가 그 증거이다. 그래서 이분이 내 논문을 한 번만 읽고도 곧바로 그 득실을 파악했을 것이다.[19]

---

[19] 재미있는 점은, 내가 1964년에 발표한 "Life and Immorality in the Mind of Han China"를 니담이 논평하면서 여전히 자신의 옛 학설을 고수했다는 사실이다. 곧, 중국 본토의 사상에는 오로지 "차세"(此世; this world)만 있을 뿐 "피세"(彼世; other world)는 없

으며, 당연하게도 영혼과 신체의 이분법은 있을 수 없다는 것이었다. Joseph Needham, *Science Civilization in China*, Vol.5, book 2, p.98, note C, 1975를 참조할 것. 그 후 나는 「혼이여 돌아오라!」[魂兮歸來]라는 글을 써서 불교 전래 이전에도 중국인이 사후 세계를 인식했다는 점과 인식 변화 과정을 상세히 다루었다. "'O, Soul, Come Back!' - A Study in the Changing Conceptions of the Soul and After Life in Pre-Buddhist China."를 볼 것. 이상의 논문 두 편은 Ying-Shih Yü, *Chinese History and Culture, Columbia University Press, 2016, Vol.1*에 수록되었다.

三. 하버드 중국인 인문학자의 역사적 발전

마지막으로 당시 하버드에 가서 인문학 연구에 종사했던 중국인 동료(대학원생과 방문학자 포함) 사이의 학문·사상적 교류와 상호 작용에 관한 전체 상황을 얘기해 보고 싶다. 왜냐하면, 그런 것을 통해서 한 세대 학문의 경향성을 엿볼 수 있기 때문이다.[1]

지금 돌이켜보니 내가 1955년 처음으로 하버드를 방문했을 때 의식하지 못하는 사이에 핵심적 시기를 맞닥뜨렸던 것 같다. 어떤 핵심적 시기일까? 중국의 인문학자들(방문학자와 대학원생을 포함)이 하버드에 가서 연수하는 전체 과정을 놓고 말하자면, 50년대 중엽은 바로 전혀 새로운 단계의 시작이었

---

[1] "중국인 동료[中國學友]"라는 말에서 "중국"은 다만 종족문화적("ethnic-cultural") 의미만 지닐 뿐 국적과 무관하고 하물며 정치와는 더더욱 관련이 없다.

다. 이런 새로운 단계가 어떻게 형성되었는지 설명해 보자. 1945년 항일전쟁이 끝난 후 중국은 곧바로 국공 내전의 심각한 형세로 빠져들어서 경제 상황이 점차 더 나빠졌다. 미국에 가서 더 깊이 공부하려던 학자와 학생의 숫자는 그에 따라 급격하게 줄어들었다. 여기서 하나 보충해야 할 얘기가 있다. 칭화대학의 미국 유학제도가 북벌(北伐) 이후 변경되어, 국비 및 사비 유학 시험으로 바뀌었다는 점이다. 주지하다시피 1949년 이후 중국 대륙과 미국의 외교가 완전히 단절하여, 미국에 유학하려는 중국 청년 학생은 거의 사라지게 되었다. 그래서 1955년에 하버드에서 만났던 중국 대륙 출신의 중국인 인문학자는 모두 나보다 열 살 정도 연장자였으며, 게다가 학위과정을 끝내고 현직에서 교육과 연구에 종사하던 이들이었다. 이에 비해 나와 나이가 비슷한 중국인 인문학 대학원생은 겨우 두 사람으로, 이제 막 타이완에서 온 사람들이었다.(자세한 내용은 아래에서 얘기하겠다) 이런 상황이 말하는 것은, 40년대 말부터 50년대까지 중국 대륙의 인문·사회과학 대학원생이 하버드에서 공부하는 것은 벌써 중단 상태에 이르렀다는 사실이다. 그렇지만 그때부터 타이완, 홍콩에서 하버드로 가서 학위를 하는 인문·사회과학 대학원생이 매년 일정하지는 않으나 그래도 두세 명은 되었다. 그 가운데에는 석사학위를 취득하고 마는 사람도 있었지만,

대부분은 박사학위까지 취득했다. 이것이 내가 말하는 '전혀 새로운 단계'이다.

그렇지만 새로운 단계가 '새로운' 까닭은 단지 중국 학생이 대륙에서 오지 않고 타이완·홍콩 등지에서 왔다는 데에 있지 않았다. 내가 말하는 '새롭다'는 것은, 그 시기에 하버드에서 공부했던 인문학 대학원생들이 이전과는 전혀 다른 문화적 역할을 훗날 담당했다는 뜻이다. 이 점을 설명하려면 과거 역사를 회고할 수밖에 없다.

제1단계: 중국 현대 인문학 연구의 서막

중국 인문학자의 하버드 수학(修學)에서 두 단계를 특히 주목할 만하다. 첫 번째 단계는 1915년에서 1925년까지의 10년간이다. 제2단계는 30년대 말기부터 40년대 중기까지의 약 10년이다. 이 두 단계에는 공통점이 하나 있으니, 중국 제1류의 인문학 재사(才士) 중에서 적잖은 사람이 하버드에서 공부하여 최종적으로 극도로 높은 수준의 학문적 성취를 거두었다는 점이다. 그중에서도 제1단계가 더욱 중요한 까닭은, 그 시기에 하버드에서 공부했던 사람들이 민국(民國)의 학문과 사상을 위해 참신한 시대를 열었으며 그 영향도 깊고 광범위하기 때문이다. 제1단계의 몇몇 학자 이름만 열거해도 전체 상황이 한꺼번에 확연해진다. 내가 읽은 명단에 따르면 가장 먼저 하버드에 갔던 사람은 메이광디[梅光迪]와 자오위안런[趙元任][2] 두 분으로 모두 1915년에 하버드에 갔다. 메이광디는 배비트(Irving Babbit, 1865~1933)에게서 문학 이론을 배웠고, 자오위안런은 호킹(William E. Hocking)과 쉐퍼(Henry M. Scheffer) 두 명의 대가 아래에서 박사학위를 취득했다(1918년). 이뿐만 아니라 자오 선생님은 언어학에 특별한 흥미가 있어 1921년에서 1923년까지 하버드의 초빙을 받고 1년 반 동안 중국어를 가르쳤으며, 아울러 귀국할 때 메이광디를 추천하여 자신의 직을 잇도록 했다. 그래서 메이 선생님은 두 차례에 걸쳐 하버드에 가서 몇 년간 가르쳤다.

우미[吳宓]는 1918년 6월에 하버드 학사과정 3학년에 들어갔고 1922년 7월에 귀국했으니 꼬박 3년 동안 있었다. 그이는 이 3년간의 일기에서 당시 하버드 인문 계열 학과의 동료에 관해 그리고 상호 간의 다양한 활동을 상세히 기록했

---

2 [역자 주] 자오위안런[趙元任, 1892~1982]. 장쑤성 양후[陽湖] 사람이나 톈진[天津]에서 태어났다. 중국의 언어학자로서 북방어와 오(吳) 지방의 방언 전문가였다. 중국 방언 33종을 구사할 수 있었다고 하며 "중국어 어학[漢語言學]의 아버지"로 칭해진다. 한편, 리팡구이[李方桂]는 "비중국어 어학의 아버지"로 칭해져서 서로 어깨를 나란히 한다. 1954년 미국 국적을 취득했다. 이후 코넬대학에서 수사학 전공 교수로 근무했다.

다.[3] 그래서 이 일기는 가장 신뢰할 만한 자료라 할 수 있다. 우미 선생님이 기록한 인문 계열 학과의 동료를 그 출현 순서에 따라 열거하면, 메이광디, 천인줴[陳寅恪], 웨이팅성[衛挺生; 초기에는 경제학을 공부했으나 만년에는 사학으로 기울었다][4], 탕웨[唐鉞; 심리학][5], 탕융퉁[湯用彤][6], 위다웨이[兪大維; 철학][7], 구타이라이

3 『우미일기[吳宓日記]』 제2책(北京: 三聯書店, 1998)의 1917~1924년 부분을 참조할 것.

4 [역자 주] 웨이팅성[衛挺生, 1890~1977]. 후베이성 자오양현[棗陽縣] 출신이다. 중화민국의 경제학자이자 역사학자이다. 1911년 관비 유학생으로 미국의 미시간 주립대학의 문과대학과 경영대학에서 공부했고, 이후 하버드대학 문과대학과 경영대학에서 정치, 경제, 재정, 금융 등을 공부했다. 1920년 귀국 후 여러 대학에서 교편을 잡았고 동시에 국민당 정부에 참여하여 재정 · 세무 정책에 깊이 관여했다. 1948년 홍콩으로 이주한 후 잠시나마 신아서원에서 학생을 가르쳤고, 이후 타이완과 필리핀을 거쳐 미국 하버드대학 식물표본관으로 가서 약용식물 자료를 번역했다.

5 [역자 주] 탕웨[唐鉞, 1891~1987]. 중국에서 현대 심리학의 초석을 놓은 인물이다. 1914년 칭화대학을 졸업하고 미국 코넬대학에 유학하여 심리학과 철학을 공부했다. 이후 하버드대학 심리학과에서 박사학위를 취득했다. 귀국 후 베이징대학 철학과, 칭화대학 심리학과 교수를 역임하고, 상무인서관 철학 · 교육부 편집책임자, 국립중앙연구원 심리연구소 초대 소장이 되었다. 중화인민공화국 성립 후 칭화대학, 베이징대학 심리학과 교수를 차례로 역임했다.

6 [역자 주] 탕융퉁[湯用彤, 1893~1964]. 중앙연구원 제1대 원사(院士)이다. 1916년 칭화대학을 졸업했고 1919년 하버드대학으로 유학을 가서 석사학위를 취득했다. 1931년 베이징대학 철학과 교수가 되었다. 중일 전쟁 기간에는 쿤밍의 국립 시난연합대학[西南聯合大學]에 합류하여 1941년~1945년 철학과 · 심리학과 학과장을 맡았다. 중화인민공화국 성립 이후 마르크스-레닌주의로 전향한 뒤 동 대학 철학과 평교수, 과학원 역사고고학 위원 등을 겸하였다. 『이학, 현학, 불학(理學, 玄學, 佛學)』, 『위진현학논고(魏晉玄學論考)』, 『한위양진남북조불교사(漢魏兩晉南北朝佛敎史)』, 『수당불교사고(隋唐佛敎史考)』 등의 저작이 있다.

7 [역자 주] 위다웨이[兪大維]. 하버드대학에서 철학박사를 취득했다. 귀국 후 국립중산[中山]대학, 중앙연구원 역사언어연구소에서 연구원으로 근무했다. 1928년, 국민당 정부 군정부 참모부 주임 비서로 기용되어, 주독일 대사관에서 근무하면서 무기와 군수물자 구매 업무를 담당했으며 중일 전쟁 기간에도 군수물자 조달 임무를 수행했다. 1946년에 육군 중장으로 승진했고, 그해 5월 교통부장으로 기용되었다. 국공 내전 말기에 미국으로 피했다. 이후 타이완에서 국방부장으로 임명되었다.

[顧泰來: 역사와 정치], 홍선[洪深: 연극][8], 장신하이[張鑫海][9], 러우광라이[樓光來: 영국문학][10], 린위탕[林玉堂][11], 리지[李濟: 고고인류학][12]가 그들이다. 이렇게 열거한 열두 명은 우미와 가장 친밀하게 교류한 친구들이고, 이름만 보이는 나머지 사람들도 적지 않았다. 이들이 귀국한 후 각 학문 영역에서 지도자의 위치를 점했던 것은 우리가 익히 알고 있는 상식이다. 구체적 사례를 들어 문제를 설명할 필요가 있다. 1925년, 칭화대학교는 국학연구원을 설립하고 "4대 지도교수[四代導師]"를 초빙했는데 량치차오, 왕궈웨이 말고도 바로 자오위안런과 천인췌

---

8 [역자 주] 홍선[洪深, 1894~1955]. 중국 근대 연극·영화계의 저명한 예술가이다. 1912년 칭화 학당에 입학했고, 1916년 국비유학생으로 선발되어 미국 하버드대학에서 연극을 공부했다. 미국에 머물던 시기 전문 극단에서 연출을 맡기도 했다. 항일전쟁 시기에는 항일 선전 활동을 벌였고, 항일전쟁 승리 후 원이둬[聞一多]가 국민당에 의해 피살되자 격렬하게 항의했다. 중화인민공화국 성립 후 공산당 중앙선전부 대외문화연락국 국장을 역임했다.

9 [편집자 주] 이후에 "張歆海"로 개명. [역자 주] 장신하이[張歆海, 1898~1972]. 1916년 칭화[淸華] 학당에 입학했고 졸업 후 미국 하버드대학에서 유학했다. 1921년 워싱턴 회의에 중국 대표단 수행원으로 참석했으며, 1922년 영국문학으로 박사학위를 취득했다. 1932년 외교부 구미사(歐美司) 사장(司長)이 되었다. 1933년 5월에는 주포르투갈 공사가 되었으며, 이후 주폴란드 공사, 주체코 공사 등을 역임했다. 1941년 미국으로 이민했다.

10 [역자 주] 러우광라이[樓光來, 1985~1960]. 칭화대학 졸업 후 하버드대학으로 유학 가서 1911년 석사학위를 취득했다. 귀국 후 중앙대학 문과대학 학장 등을 역임하는 한편 번역과 셰익스피어 연구에 매진했다.

11 나중에 "林語堂"으로 개명했다.

12 [역자 주] 리지[李濟, 1896~1979]. 중국 고고학의 아버지이다. 1918년 칭화대학을 졸업하고 미국 하버드대학에서 박사학위를 취득했다. 귀국 후 고고학 발굴에 종사하여 허난[河南] 신정[新鄭]에서 청동기를 발굴했다. 특히 1926년, 산시[山西] 샤현[夏縣]의 시인촌[西陰村]에서 한 발굴 작업은 처음으로 중국학자의 주도하에 이루어진 것이었다. 아울러 그의 은허(殷墟)의 발굴은 중국 고고학을 전세계적 수준으로 끌어올렸다.

가 있었다. 그뿐 아니라, "4대 지도교수" 외에 "강사"를 한 명 초빙하였으니 그이가 바로 리지였다. 그리고 연구원 업무를 주관한 사람은 우미였다. 하버드 수학(修學) 제1단계가 중국 현대 인문학 연구를 위해 밑받침 역할을 했다는 것을 여기서 알 수 있다.

이들 열 몇 명의 인문학 동료들이 함께 학문을 갈고닦았던 것은 제1단계 하버드 수학 세대의 특색이다. 우미는 1920년 8월 17일 일기에서 이렇게 기록했다.

> 천인췌, 탕융퉁이 뉴욕에서 돌아왔고 장신하이 역시 먼저 돌아왔다. 그래서 별 일곱 개, 곧 플레이아데스["The Pleiades"]가 모여 다시 시끌벅적해졌다. 대부분 우리 집에서 모였으며 책과 학문을 이야기하고 틈틈이 농담도 했다. 이런 즐거움은 외부인이 알 수 없는 것이었다. 나는 미처 철학을 익히지 못했으므로 위다웨이에게 철학사의 요점을 강의해 달라고 부탁했다. 15일부터 24일까지 매일 한 시간씩 강의하여 열흘 만에 끝났다. 그다음은 탕융퉁에게 부탁하여 불학(佛學)과 인도철학의 핵심을 강의해 달라고 했다. 적절한 책을 택해서 핵심을 뽑아 읽었다.[13]

---

13 『우미일기[吳宓日記]』 제2책, pp.179-180.

이들이 평소 교류한 기본 방식을 위 기록은 생동감 있게 묘사한다.

이들이 모여서 "학문을 이야기했다."라고 했는데 이 표현은 매우 근사하다. 일례로 1919년 12월 14일에 천인췌가 중국과 서양의 문화를 비교해 논의하면서 아래와 같이 말했다고 한다.

중국의 철학과 미술은 그리스에 한참 미치지 못한다. 과학이 서양에 미치지 못하는 것은 물론이다. 하지만 고대 중국인이 정치와 실천윤리학에 뛰어났던 것은 로마인과 매우 비슷하다. 도덕에 대한 이들의 언설을 보면 오로지 실용을 중시하면서 공허한 이치를 궁구하지 않는다. 중국의 장단점이 여기에 있다. 장점은 수신(修身), 제가(齊家), 치국(治國), 평천하(平天下)의 취지에 있다. 단점은, 사실의 이해(利害)와 득실을 살피는 데 너무 지나친 나머지 정신의 원대한 사유라는 면이 부족하다는 데 있다. 그래서 옛날에는 사(士)들이 팔고문(八股文)만 익혀 공명과 부귀를 얻으려 했다. 반면 덕을 익히는 사는 극소수에 불과했다. 최근 유학생이 모두 공학과 실업(實業)을 배우면서 부귀를 얻으려 하되, 학문에 힘쓰려는 뜻을 인정하지 않고 있어 옛날 사들의 경향과 똑같다. 그리하여 실업의 근본이 과학이라는 것을 모른다. 근본을 헤아릴 줄 모르고 말단만 공부하니, 극단에 이르면 다만 하등의 기술자만 될 뿐이다. 과학의 원리에 조금만 변화가 생겨도 그에 기반한 기술이 더는 사용될 수 없다. 그러므로 요새 가장 실용성 있다고 지칭되는 것은 사실 가장 실용성이 없는 것이다. 천리(天理)와 인간사(人事)의 학문에서 가장 핵심적이고 깊이 있으며 보편적이고 심오한 것은, 아무리 세월이 지나도 변하지 않으며 어느 곳에 있든지 그 내용이 바뀌지 않는다. 그래서 모든 시간과 모든 곳에 다 적용될 수 있다. 그리고 나라를 구원하고 세상을 경영하려 할 때 더욱이 정신의 학문(형이상학이라고 한다)을 바탕으로 삼아야 한다. 우리나라 유학생이 그런 학문을 연구하지도 않거니와 오히려 경시하면서 자신의 어리석음을 안타까워하지 않는 까닭은, 실용에 편중된 오랜 누습이 아직 고쳐지지 않았기 때문이다. 앞으로 중국의 실업이 발달하고 살림살이가 좋아지며 재원이 늘어난다면, 중국인의 상업 경영이라는 장기가 쓰일 수 있게 되어 중국인은 세계의 거상이 될 수 있을 것이다. 그러나 중국인이 학문과 미술에 대한 깊은 조예로 타인보다 뛰어나기를 기대하는 것은 결단코 매우 어려울 것이다.[14]

종래로 천인췌 선생님은 중국의 전통문화를 옹호한 보수파로 여겨졌다. 그러나 위 구절을 읽어보면 알 수 있다시피, 이

---

14 『우미일기(吳宓日記)』 제2책, pp.100-101.

분은 중국 문화(사상, 예술 등)의 장단점을 분명히 인식하고 있었다. 그런 인식은 중국과 서양 문화를 비교해서 연구해 보아야 비로소 얻을 수 있지, 결코 주관적 공상에서 나온 것이 아니다. 예를 들어, "고대 중국인이 정치와 실천윤리학에 뛰어났던 것은 로마인과 매우 비슷하다."라는 천인췌 선생님의 발언은, 헤겔의 『철학사 강연록』에 있는 중국철학 관련 평가로부터 영향받아 그것을 더욱 깊이 있게 발전시킨 것이 분명하다.[15] 지면이 제한되어 있어 여기서 멈추어야 하지만 내가 여기서 특별히 지적하고 싶은 점은, 천인췌 선생님의 위 발언 중 마지막 몇 구절은 현대의 상황과 너무나 잘 맞는 놀라운 예이었다는 사실이다. 중국인에게 "정신의 원대한 사유"가 결여되었고 "정신의 학문"을 중시하지 않으며 반대로 "실용에 편중되어 있다."라고 했는데, 그런 경향은 100년 전에 비해 오늘날에 훨씬 더 뚜렷해졌다. 여러 가지 변화에 따라 "중국 실업의 발달"이 이미 실현되었고, "상업 경영이라는 중국인의 장기"도 최고도로 발휘되고 있다. 그래서 오늘날 "세계의 거부"가 된 중국인은 매우 많다. 하지만 그것과 비교하여 "학문과 미술에 관한 조예"의 측면에서 말하자면, 1919년 천인췌 선생

---

15 Gerog W. F. Hegel, *Lectures on the History of Philosophy*, translated by E. S. Halane, the Bison Book edition, Lincoln & London: University of Nebraska Press, 1995, vol. I, pp.120-121

님이 위의 논의를 하던 때보다도 오늘날이 더 나아지지 않은 것은 물론이요, 오히려 더 낙후되었다. 중국인이 외국의 과학 학술지에 투고하였다가 표절이 발견된 사례가 종종 귀에 들어온다. 이것만 보더라도, "학문을 위한 학문"의 정신이 중국의 대지에서 아직 널리 받아들여지지 않았다는 것을 알 수 있다.

제2단계 : "옛 학문을 논하면서 새 지식으로 함양하다."

이상은 중국 인문학자의 하버드 수학 제1단계를 간략히 요약한 것인데 그 특별한 중요성은 더 말하지 않아도 충분히 알 수 있을 터이다. 이어서 제2단계의 상황을 간략히 소개하고자 한다.

후스는 1943년 10월 10일 일기에서 이렇게 말했다.

저녁에 저우이량[周一良]의 집에서 식사했다. 함께 식사한 양롄성, 우바오안[吳保安], 런화[任華]는 모두 이 무렵 중국의 문학과 역사를 아주 깊이 공부한 사람들이다. 저우이량의 부인 역시 학문을 한 사람이었다.… 뉴욕에서 문자를 고증하다 보니 함께 토론할 사람이 없어서 나는 글을 쓸 때마다 왕중민[王重民]에게 보내주어 먼저 읽어달라고 했다. 최근에는 사람이 아주 많

아서, 중국의 문학과 사학을 함께 실컷 얘기할 수 있는 젊은이
가 상당히 많다.[16]

후스는 1942년 9월 주미대사로 임명된 후 오랫동안 뉴욕
에 머물렀으나, 늘 하버드의 요청을 받고 그곳에 가서 가르
치거나 정식으로 수업을 담당했다. 그래서 1943년과 45년
사이에 후스가 하버드에 보냈던 시간이 대략 1년 정도였으
며, 하버드에서 열심히 공부하는 인문학 분야 후배들과 긴밀
히 교류했다. 위 일기는 후스가 1943년 10월에 초청에 응하
여 하버드에서 "중국의 역사적 문화"("The Historical Culture of
China")를 강연하던 기간의 기록이다. 그이는 모두 여섯 차례
강연했고 하버드에서 2주 동안 머물렀다. 일기의 분위기로
봐서 후스는 저우이량, 양롄성, 우바오안, 런화 네 사람과 일
찍부터 잘 알고 지냈다는 것을 알 수 있다. 1944년 6월 17일
의 「양롄성이 후스에게 보낸 편지」[楊聯陞致胡適]는 이들 사이
의 학술적 관계를 아주 잘 보여준다.

6월 16일 편지와 전조망(全祖望), 조일청(趙一淸), 대진(戴震)에 관

---

16 차오보옌[曹伯言] 정리, 『후스일기전집[胡適日記全集]』 제8책, 타이베이[台北]: 롄징출판사
업 주식유한공사[聯經出版事業股份有限公司], 2004, p.181.

한 글은 잘 받아 보았습니다. 이 노트[17]는 어려운 주제를 쉽게 처리하는 절묘함이 뛰어나서, 읽어보면 마치 간결 명쾌한 마술을 보는 듯하여 매우 상쾌합니다. (중략) 오늘 저녁 우바오안과 런화가 같이 저우이량 부부를 초청했는데(저우이량의 박사학위 취득을 축하하기 위함이었는데, 그이는 목요일 즉 14일에 과정을 끝냈습니다.), 리바오첸[李保謙: 接風], 장룽옌[張隆延][18]도 우리와 자리를 같이하여 선생님의 글을 갖고 가서 회람할 준비를 했습니다. 대략 3~5일 후에는 돌려드릴 수 있을 것입니다. (중략) 우리 모두 선생님의 두 편 대문장(大文章)을 삼가 읽기를 기다리고 있습니다. 원래 9월에 오신다고 들었는데 나중에 11월로 바뀌었다고 하더군요. 정말로 기다리다 죽을 지경입니다.[19]

이 편지는 후스와 하버드 후배들이 늘 "중국의 문학과 사

---

17 후스가 썼던 "A Note on Ch'üan Tsu-wang, Chao I-ch'ing and Tai chên"을 가리킨다. 이 글은 Arthur W. Hummel, ed., *Eminent Chinese of the Ch'ing Period, 1644~1912*, 1994의 부록으로 수록되었다.

18 [역자 주] 장룽옌[張隆延, 1909~2009]. 저명한 서예가이다. 1928년 진링[金陵]대학 정치학과에 입학했다가 국문학과로 전과했다. 그 후 황칸[黃侃]의 입실 제자가 되었다. 진링대학 졸업 후 프랑스 낭시(Nancy)대학에서 법학박사 학위를 취득했다. 학위 취득 후 베를린대학, 옥스퍼드대학, 하버드대학에서 연구했다. 주독일대사관, 국제연합에서 근무했다. 타이완으로 건너가서 타이완 예술전과학교(藝術專科學校) 교장이 되었다.

19 후스기념회[胡適紀念會] 편, 『학문을 논하고 시를 얘기한 지 20년-후스와 양롄성의 왕복서찰[論學談詩二十年-胡適楊聯陞往來書札]』, 타이베이[台北]: 옌징출판사업 주식유한공사[燕京出版事業股份有限公司], 1998, p.35.

학을 함께 실컷 얘기했음"을 증명할 뿐만 아니라, 저우이 량·양롄성·우바오안·런화 네 사람은 후스로부터 크게 인 정받았던 사람들이라는 것을 잘 나타낸다. 편지의 가장 마지 막 부분에서 양롄성은 자신들이 후스의 하버드 방문을 학수 고대한다고 따로 말하고 있는데, 그것은 후스가 그다음 학년 도에 하버드의 요청에 따라 "방문 강사(訪問講師)"로 오는 일 을 가리킨다. 후스는 1944년 10월 22일에 케임브리지에 와 서 가르치기 시작해서 이듬해 6월 17일에 뉴욕으로 돌아갔 다.[20] 이 8개월 동안 후스와 하버드 후배들 사이의 사상적 교 류가 더욱 친밀해졌던 것은 두말할 나위도 없다.

사실, 저우이량·양롄성·우바오안·런화 네 사람은 확실 히 당시 군계일학의 신예였다. 저우이량은 만년에(2001년 7월) 「하버드대학 중국 유학생의 '삼걸'[哈佛中國留學生的「三傑」]」을 써서 이들의 상황을 매우 상세하게 소개했다. 당시 20년대 의 천인췌, 우미, 그리고 탕용퉁을 "하버드 삼걸"이라고 찬 양하는 사람들이 있었는데, 저우 선생은 자신이 하버드에 있 던 정황을 회상하면서 40년대의 "하버드 삼걸"을 제안했다.

---

20 차오보옌[曹伯言] 정리, 『후스일기전집[胡適日記全集]』 제8책, 타이베이[台北]: 롄징출판사 업 주식유한공사[聯經出版事業股份有限公司], 2004, p.198. 자오신나[趙新那]·황페이윈[黃培雲] 편, 『자오위안런 연보[趙元任年譜]』, 베이징[北京]: 상무인서관(商務印書館), 1998, p278.

당시 문과 계열 유학생 중에는 한편으로 학문을 추구하면서 동시에 박사학위를 취득하려는 세 명이 있었다. 나는 이 세 사람을 개인적으로 "삼걸"이라고 불렀다. "삼걸"은 양롄성, 우바오안(字는 于廑이며 귀국 후에는 吳于廑으로 불렸다), 그리고 런화였다.[21]

양 선생님에 관해서는 여기서 더 덧붙일 필요가 없고, 우바오안(1913~1993)은 안후이 슈닝[休寧] 사람이었다. 1939년에서 1941년까지 쿤밍[昆明]의 난카이[南開] 대학 경제연구소 대학원생이었으며 졸업논문은 「사와 고대 봉건제도의 해체[士與古代封建制度之解體]」이다. 졸업 후 칭화대학 국비 장학생 시험에 합격하여 하버드에 가서 역사와 정치를 연구했고, 박사학위 논문은 「중세 동서 정치제도의 비교[中世紀東西方政治制度的比較]」였다. 1947년 귀국 후 우한[武漢] 대학교 사학과에서 줄곧 교수로 재직했다. 런화(1911~1998)는 구이주[貴州]의 명문 출신이었는데, 부친 런커청[任可澄]은 청나라 말기의 거인(擧人)으로서 중화민국의 창설과 위안스카이의 황제 제도 타도에 참여했고 이후 윈난성장과 교육총장을 역임했다. 런화는 1931년 칭화대학교 철학과에 입학했고 진웨린[金岳霖]이 "아

---

21 저우이량[周一良], 『교수폭언[教叟曝言]』, 베이징[北京]: 신세계출판사(新世界出版社), 2001, p.17.

끼는 문하생[得意門生]"이 되었다. 런화는 하버드에서 실용주의 철학의 대가 루이스(Clarence Irving Lewis) 교수의 지도 아래에서 박사학위논문을 완성했다. 논문 제목은『현대 철학에서 현상주의의 세 가지 형태(Three Types of Phenomenalism in Contemporary Philosophy)』였다. 우바오안과 런화의 전공은 비록 서양의 사학과 철학에 치우쳐 있었으나, 이들은 중국의 문·사·철 각 분야에도 조예가 매우 깊어서, 두 사람 다 뛰어난 한시를 쓸 줄 알았다.

저우이량 선생님은 겸손했기 때문에 당신을 "삼걸" 안에 넣지 않았다. 하지만 이분이 인용한 어떤 친구의 말은 이랬다.[22]

'당신의 이전 연구도 뛰어난데 어째서 "삼걸"에 들어가서 "네 명의 엘리트[四靈]"로 바꾸지 않는가?'라고 내게 말하는 사람이 있었다.[23]

"삼걸"은 사실 "사걸" 또는 "네 명의 엘리트"가 되어야 했다는 것을 여기서 알 수 있다. 하물며 저우이량은 「나와 위진남북조사[我和魏晉南北朝史]」에서 아래와 같은 내용을 밝힌 바 있다.

---

22 「하버드대학 중국 유학생의 '삼걸'[哈佛中國留學生的「三傑」]」

23 저우이량[周一良], 『교수폭언[郊叟曝言]』, 베이징[北京]: 신세계출판사(新世界出版社), 2001, p.46.

하버드에 있을 때, 오랜 친구 양롄성이 나를 격려하면서 말하기를 내가 장차 천인췌 선생님의 의발을 계승하리라고 했다.[24]

후일, 나는 이 말을 양 선생님에게 직접 들었다. 40년대 하버드의 문과 계열에는 적어도 "사걸"이 있었다는 것은 부인할 수 없는 사실이다.

저우이량의 통계에 따르면 40년대에 하버드의 유학생은 약 오십 명이었는데, 문과 계열은 20명 전후였으며 특히 문학·사학 분야 유학생들의 관계는 극히 친밀했다. 내 생각에 이런 현상은 당시의 세 가지 특수한 요소와 불가분의 관계에 있다.

첫째, 자오위안런이 1941년 예일대학에서 하버드-옌칭학사로 옮겨 와 중국어 사전을 편찬하였고, 나중에는 하버드의 "육군 특수훈련반(Army Special Training Program)"에서 중국어 교육을 주관했다. 자오 선생님과 그 부인은 늘 손님 접대를 좋아하였고, 언어를 가르치려면 "시범 조교"("informants")가 되어 줄 중국인이 필요하였다. 그래서 이들 부부는 학생들과 빈번하게 접촉했다. 케임브리지에 있는 자오 선생님 댁은 거의 처음부터 중국인의 활동 중심이어서 몇십 명이 그곳

---

24 上同, p.81.

에 모여 명절을 쇠거나 신년 맞이를 하는 일이 다반사였다.[25]

둘째, 1943~45년에 후스는 여러 차례 하버드에서 강연하거나 학생을 가르쳤는데 이 일은 중국 학생, 특히 문과 계열 학생에게 큰 영향을 끼쳐서 이들이 중국의 역사·문학·사상 분야에 흥미를 갖게끔 했다. 나는 앞서 후스와 "사걸"의 관계를 얘기하면서 이미 그이의 영향력을 드러냈다. 하지만 후스는 "사걸"과 학문을 논하는 데서 그치지 않고 늘 일반 유학생과 소통했다. 그이는 하버드에 있을 때 종종 유학생에게 자신이 현재 연구하는 문학·사학 분야의 문제를 얘기해 주었고, 게다가 "통속적이고 쉬운 말로 설명해 주어 유학생들이 넋을 잃게 했다."[26] 사료가 부족해서 그 당시 후스가 하버드 유학생 몇 명과 접촉했는지 단정할 방법이 없다. 다만 사례를 하나 들기로 한다. 『후스일기전집』 1944년 12월 17일 조목은 이렇게 적혀 있다.

위안런 부부가 내 생일을 아는 노소(老少)의 벗들을 자신의 집에 초대하여 함께 점심 식사했는데 왔던 사람이 모두 마흔네

---

25 『자오위안런 연보[趙元任年譜]』, 1941~1946년 기록, pp.258-293.

26 저우이량[周一良], 「후스 선생을 추억하며[追憶胡適之先生]」, 『교수폭언(郊叟曝言)』, p.2.

명이었다.[27]

  "노소의 벗" 중에는 틀림없이 적잖은 문과 계열 대학원생
이 있었을 것이나 그들의 이름 대부분은 이제 고증할 수 없
다. 그러나 내가 본 1차 사료에 따르면 적어도 다음 다섯 사
람이 그 안에 포함되어 있었다. 곧, 장룽옌[張隆延], 천관성[陳觀
勝][28], 왕민위안[王岷源], 류광징[劉廣京][29], 그리고 왕이통[王伊同][30]
이다. 종합하자면 후스는 많은 유학생의 스승이었다. 비록
"사걸", 특히 양롄성, 저우이량을 중시하기는 하였으나, 평생
교류 범위가 매우 넓어서 결코 그 몇 사람에 국한되지 않았다.
이 점을 분명히 말하여 오해를 피하고자 한다.

  셋째, 일본이 진주만을 공습한 이후(1941년 12월 7일) 미국
과 중국은 정식으로 동맹국이 되었다. 1942년부터 47년까

---

27 제8책, p.206.

28 [역자 주] 천관성[陳觀勝, Kenneth K.S. Chen, 1907~]. 중국계 미국인 불교학자이다.
   1907년 하와이에서 태어났다. 하와이대학을 졸업하고 옌징대학에서 석사학위를 취득했으
   며, 하버드대학에서 박사학위를 취득했다. 불교학과 인도철학을 전공했다. 하와이대, 옌징
   대, 캘리포니아대, 하버드대, 프린스턴대 등에서 가르쳤다. *Buddhism in China*가 그의 대
   표작이다. 이 책은 박해당에 의해 『중국불교』로 국역되었다.(민족사, 1991)

29 [역자 주] 류광징[劉廣京, 1921~2006]. 청나라 말기를 연구한 역사학자이다. 1943년 미
   국 하버드대학으로 유학 갔고 캘리포니아대학 데이비스 분교에서 30년간 근무했다. 중앙
   연구원 원사이기도 하다.

30 [역자 주] 왕이통[王伊同, 1914~]. 1944년 하버드대학 동양어문학과에서 유학하여 철학박
   사학위를 취득했다. 시카고대, 위스콘신대, 하버드대, 컬럼비아대, 피츠버그대에서 가르쳤
   다. 『오조문제(五朝門第)』, 『남조사(南朝史)』 등의 저작이 있다.

지 미국 정부는 매년 중국인 학자를 초빙하였는데, 특히 인문·사회과학 영역의 학자들은 미국 각 대학을 방문하여 짧게는 몇 달 길게는 1년 남짓 체류했다. 당연히 하버드는 가장 주목받던 방문지였다. 하버드의 특수한 지위로 인해, 다른 대학의 방문학자들도 종종 하버드로 옮겨 오고자 했다. 1943년부터 47년까지의 자료를 보면, 하버드를 방문한 장년 학자로 진웨린[金岳霖], 펑유란[馮友蘭], 저우겅성[週鯁生][31], 뤄창페이[羅常培][32], 둥쭤빈[董作賓][33], 량쓰청[梁思成][34], 리팡구이[李方桂][35], 첸돤성[錢端升][36] 등이 있었고, 중년·청년 학자로 장치

---

31 [역자 주] 저우겅성[週鯁生, 1889~1971]. 중화민국 및 중화인민공화국 국제법학자이다. 에든버러대학과 파리대학에서 각각 법학박사학위를 취득했다. 베이징대학, 둥난대학, 우한대학에서 교편을 잡았다. 1939년 미국으로 가서 연구한 이후 귀국하여 우한대학 총장을 역임했고, 중앙연구원 원사가 되었다. 중화인민공화국 성립 후 외교업무에 종사했고, 1956년 중국공산당에 가입했다.

32 [역자 주] 뤄창페이[羅常培, 1899~1958]. 언어학자로서 소수민족의 언어, 방언, 음운학을 연구했다. 자오위안런, 리팡구이와 더불어 중국 언어학의 "3대 거두"로 칭해진다.

33 [역자 주] 둥쭤빈[董作賓, 1895~1963]. 갑골학자이자 역사가이다. 1928년에서 1946년까지 중앙연구원 역사언어연구소에서 근무했다. 1948년 중앙연구원 원사로 선발되었다. 1947년 미국 시카고대학 객원교수가 되었고, 1949년 이후 타이완대학 교수를 겸임했다. 1956~58년 홍콩대학, 신아서원 등에서 연구하고 교육했다.

34 [역자 주] 량쓰청[梁思成, 1901~1972]. 량치차오의 아들로 중국 고대 건축 연구와 보호에 일평생 매진했다. 중국 근대 건축의 아버지로 칭해진다. 린후이인[林徽因]의 남편이었으나 그녀 사망 후 1962년 린주[林洙]와 재혼했다.

35 [역자 주] 리팡구이[李方桂, 1902~1987]. 미국인디언어, 중국어, 티벳어 등을 전공한 언어학자이다. 이밖에도 고대 독일어, 프랑스어, 고대 라틴어, 희랍어, 산스크리트어, 고대 페르시아어, 고대 영어 등도 연구하였다. "비중국어 언어학의 대부"로 칭해진다. 1987년 미국 캘리포니아에서 세상을 떠났다.

36 [역자 주] 첸돤성[錢端升, 1900~1990]. 중국의 저명한 법학자이자 정치학자이다. 17세에

원[張其昀][37], 량팡중[梁方仲][38], 왕신중[王信忠], 취안한성[全漢昇][39], 딩성수[丁聲樹][40] 등이 있었다. 이 명단은 결코 완전한 것이 아니지만 꽤 참고는 될 것이다. 이들이 방문 기간에 가장 많이 접촉한 이들은 당연히 문과 계열 유학생이었으며, 이들 유학생의 시야를 넓혀 주는 데에 틀림없이 매우 큰 역할을 했을 것이다.

인문계열 학과의 인재를 놓고 말하자면, 40년대 하버드의 중국 유학생은 20년대에 절대 손색이 없었으며 인원수는 더 많았다. 그렇지만 학업을 마친 후 귀국하여 중국 본토에 끼친 학문적 공헌의 측면에서 말하자면 제2단계는 제1단

칭화학교에 입학했고 19세에 관비유학생으로 선발되어 미국으로 유학갔다. 24세에 하버드 대학에서 박사학위를 취득했다. 귀국 후, 칭화대학, 베이징대학, 중앙대학, 시난연합대학 등에서 교편을 잡았다. 중화인민공화국 성립 후 베이징대학 법과대학 학장을 역임했다. 1954년 『중화인민공화국헌법』의 기초 작업에 참여했다.

37 [역자 주] 장치윈[張其昀, 1900~1985]. 중국의 지리학자이자 역사학자이다. 장치윈은 난징고등사범학교를 졸업한 후 상무인서관, 중앙대학 지리학과 등에서 일했고, 하버드대학에서도 연수했다. 1943년에는 미국 국무부의 초청으로 다시 하버드대학에서 공부했다. 1949년 이후 타이완으로 가서 국민당 정부를 위해 일했다.

38 [역자 주] 량팡중[梁方仲, 1908~1970]. 중국의 경제사학자이자 명·청사 학자로서 특히 명대 재정사에서 탁월한 성과를 거두었다.

39 [역자 주] 취안한성[全漢昇, 1912~2001]. 저명한 중국경제사연구자이다. 중앙연구원 총간사를 역임했고 타이완대학 경제학과 교수 겸 학과장으로 근무했다. 또한, 홍콩의 신아서원 원장을 맡기도 했다. 저서 가운데에 『한국전쟁과 극동의 경제[韓國戰爭與遠東經濟]』라는 책도 있다.

40 [역자 주] 딩성수[丁声树, 1909~1989]. 언어학자이자 사전편집자이다. 중국과학원 철학사회과학부 위원, 중국사회과학원 언어연구소 연구원을 역임했다. 『현대중국어사전[现代汉语词典]』, 『창려방언지(昌黎方言志)』 등의 저서가 있다.

계를 따라가지 못했다. 실로 저우이량이 다음과 같이 말했던 대로이다.

20년대의 "삼걸"이 귀국 이후 문화·학술계에서 큰 역할을 했다는 것은 주지의 사실이다. 40년대의 "삼걸"은, 어떤 이는 귀국하고 어떤 이는 해외에 있다. 귀국한 사람은, 시대가 변했기에 그들이 발휘한 영향이 다 같지 않았다. 전체적으로 말하자면, 20년대의 "삼걸"에 비해 한참 모자랐다. 아직 귀국하지 않은 사람은 "홀로 다른 나라에 이방인으로 있었으나" 오히려 재능을 펼쳐서 공헌했다.[41]

앞에서 이미 지적했지만, 저우 선생님이 말하는 "삼걸"은 "사걸"(혹은 "四靈")로 이해되어야 하며 "사걸"에는 당신도 포함된다. "사걸" 중 저우이량, 우바오안, 런화 세 사람은 귀국했고 오직 양롄성만이 홀로 미국에 남아 학생을 가르쳤다. 저우 선생님이 임종을 얼마 남기지 않고 이렇게 한탄했다고 하니 한없는 동정이 일지 않을 수 없다. 그렇다 해도 제2단계는 "옛 학문을 논의할 때는 정밀하게 하고, 새로운 학문으로 함양할 때는 더욱 깊이 있게 한다."라는 주희의 정신을 체

---

[41] 저우이량[周一良], 『교수폭언(敎叟曝言)』, 베이징[北京]: 신세계출판사(新世界出版社), 2001, p.17.

현했으므로 쉬이 잊히면 안 될 것이다.

마지막으로 하나만 보충하기로 하자. 양 선생님은 처음에는 귀국하기로 했다. 다만 집안이 너무 가난하여 돈을 좀 더 벌고 돌아가서 좀 보태려고 했다. 그래서 1946년 9월 국제연합 언어부서에 가서 1년 동안 일할 것을 결정했다. 양 선생님은 이미 베이징대학의 초빙을 받은 상태였으므로 국제연합 동료에게 "후스 선생님이 내게 언제 중국으로 돌아가라고 하면 나는 곧바로 돌아갈 것이다."라고 분명히 말했다.[42] 이어서 하버드 대학교 극동학과가 양 선생님을 5년 임기의 조교수로 초빙했는데, 양 선생님은 계속해서 같은 태도를 보이면서 후스에게 결정해 주기를 부탁했다. 후스가 1947년 3월 5일 그이에게 전보를 보내 하버드의 요청을 받아들이라고 해서("Advice accepting Harvard") 비로소 미국에 남았다. 그렇지만 그때에도 양 선생님은 가능한 한 2년, 아무리 많아도 3년만 가르치기로 하버드의 동의를 얻어냈으니, 귀국하려는 생각을 버리지 않았다는 것을 알 수 있다.[43]

---

42 『학문을 논하고 시를 얘기한 지 20년[論學談詩二十年]』, p.71.

43 위의 책, p.75-80.

제3단계 : 전혀 새로운 방향

제1~2단계의 배경을 설명해야만, 전혀 새로운 50년대의 단계에 있는 역사적 의미를 설명할 수 있다. 앞서 말했다시피, 1955년 내가 처음으로 하버드를 방문했을 때 인문 영역에서 나와 나이가 비슷한 중국인 대학원생은 겨우 두 명밖에 없었고 모두 타이완 출신이었다. 한 사람은 가오유공[高友工, 1929~2016]으로 그이는 1954년에 극동언어학과(Department of Far Eastern Language)[44] 대학원생이 되었다. 다른 한 사람은 장광즈[張光直, 1931~2001]로 리지[李濟] 선생의 추천을 거쳐 1955년에 인류학과 박사과정생이 되었다. 너무나 불행하게도 이 두 사람은 다 불귀의 객이 되었으므로 여기서는 회고담에서 시작할 수밖에 없다. 그런데 또 아주 공교롭게도 이 두 사람은 각각 전형적 특색을 갖고 있어, 이들의 학위 취득 과정을 보면 내가 앞서 말했던 '전혀 새로운 단계'의 주요 특징을 아주 잘 보여준다.

---

44 몇년 후에 과 이름을 "동아시아 언어·문명학과(East Asian Languages and Civilizations)"로 바꾸었다.

가오유공의 "위기"(爲己)의 학문

먼저 가오유공을 말해 보자. 1947년 베이징대학 법과대학에 입학하였으나 1년 후 내전이 일어나자 온 집안이 타이완으로 이주했고, 그이는 타이완 대학 국문학과로 전학하여 중국 언어학과 문학을 전공했다. 가오유공은 원래 중국 문학에 매우 흥미를 느껴서 베이징대학에 있을 때 이미 저우주모[周祖謨][45]의 수업을 들었다. 타이완 대학에 전학한 다음 특히 둥퉁허[董同龢] 선생님의 중국 언어학을 좋아하여 둥 선생님이 가장 아끼는 제자가 되었다. 이 점은 누구나 공인하는 사실이다. 그밖에 중국 문학 분야에서 그이는 왕수민[王叔岷][46]과 정첸[鄭騫][47] 두 선생님에게서 가르침을 받았다. 한 번은 내게 알려주기를, 타이완에 있을 때 사범학원에서 머우쭝산 선생님의 『장자』 강의를 청강했는데 비록 머우 선생님의 이론 전체를 받아들일 수는 없었으나 강의 내용 중의 여

---

45 [역자 주] 저우주모[周祖謨, 1914~1995]. 중국 문자, 음운, 훈고, 문헌 전문가이다. 1932년 베이징대학 중어중문학과[中國語言文學系]에 입학했다. 졸업 후, 난징의 중앙연구원 역사언어연구소 연구원이 되었다. 이후 베이징대학 교수가 되었다.

46 [역자 주] 왕수민[王叔岷, 1914~2008]. 역사언어학자이다. 『고적허자강의(古籍虛字廣義)』, 『장자교전(莊子校詮)』, 『장학관규(莊學管窺)』, 『선진도법사상강고(先秦道法思想講稿)』 등의 저술이 있다.

47 [역자 주] 정첸[鄭騫, 1906~1991]. 중국의 고전 시사(詩詞) 연구자이다. 베이징대학을 졸업했다. 이후 타이완대학에서 가르쳤으며, 홍콩과 미국에서도 연구하고 교육했다.

러 독창적 견해는 무척 마음에 들었다고 말했다. 그이가 대학생 시절에 벌써 중국의 문학, 사학, 그리고 철학의 경계를 넘어섰고, 세 영역을 외적으로 결합하는 단계에서 그것들을 사상적으로 일이관지(一以貫之)하는 길을 걸어갔다는 것을 여기서 알 수 있다.

그이는 하버드에 온 이후에도 같은 방식으로 서양의 정신세계를 탐색했다. 그는 서양 문학 이론, 문학 비평, 분석철학 분야를 청강했을 뿐만 아니라 그리스사와 고전 희랍어를 정식으로 수강하여 서양 문화의 기원을 확실하게 공부했다. 박사과정 중 그이의 부전공 중 하나가 로마사였으니 서양 고전 문명에 대한 진지한 태도를 여기서도 엿볼 수 있다.

당시 내가 약간 의외로 느꼈던 점은 그이의 박사 주전공이 결국 문학이 아니라 중국 역사가 되었으며, 논문 제목인 "방랍의 반란[方臘之叛亂: The Rebellion of Fang La]"도 양 선생님이 골라서 그에게 주었다는 사실이다. 그렇지만 이 논문의 수준은 매우 높아서 나중에 『하버드 아시아 학보(Harvard Journal of Asiatic Studies)』에 발표되었으며, 미국에서 중국사의 민중반란[人民造反]를 연구하는 새로운 분위기를 창출했다. 가오유 공은 재미있는 얘기를 하나 해 준 적이 있다. 꽤 시간이 흐른 후, 중국 농민반란을 연구하는 어떤 전문가가 「방랍의 반란」의 어떤 논점을 함께 토론하고 싶다는 의사를 표명해 왔으나, 자신이 아주 완곡하게 하지만 완강하게 그 제안을 거절했다고 했다. 그이는 웃으면서 "나는 방랍에 관한 일은 깨끗이 잊어버렸거든."이라고 말했다. 가오유공은 비록 역사 연구의 재능이 있었으나 사실 그의 지향은 역사에 있지 않았다는 것을 그 일화는 충분히 보여주는 것이다. 그이의 이후 연구는 중국 문학 쪽으로 완전히 집중되었다.

문학 영역에 대한 가오유공의 조예는 최고 수준에 도달했다. 그이는 저술을 좋아하는 사람이 아니라서 평생 두꺼운 책 한 권 쓰지 않았다. 확실하게 알고 또 기회가 적합해야 비로소 붓을 들었고, 그런 후 논문으로 중국이나 영미권 학술지에 발표했다. 그래서 그이가 출간한 저작은 많지 않았으나, 글이 하나 나올 때마다 동료들로부터 큰 주목을 받았다. 아름다운 문학 작품과 서정적 전통에 관한 그이의 중국어 논문이 이미 후배들에 의해 편집·간행되어 큰 영향을 끼쳤으므로 내가 소개할 필요까지는 없을 것이다. 나는 다만 개인적 느낌만 말하고자 한다. 가오유공이 중국과 서양의 문학 및 예술(음악, 희곡, 무용을 포괄한다.)을 광범위하게 연구한 주요 동기 중 하나는 양자의 비교를 통해 중국 문화의 특색을 발굴하려는 것이었다고 나는 생각한다. 그래서 그이가 중국 문학의 서정적 전통을 강조했던 것이 나는 특히 마음에 든다. 1991년 가오유공은 「중국의 서정 미학[中國抒情美

學: "Chinese Lyric Aesthetics"]」을 발표하여 중국의 "서정 미학"과 서양의 "서사 미학(narrative aesthetics)"을 대조하면서, 전자는 사람의 내적 심리와 감정 상태를 표현하는 것이 목적이고 후자는 외적 세계를 묘사하는 것이 목적이라고 주장했다. 그이의 관찰에 따르면 중국의 문학과 예술은 "서정"에 치우쳤고 서양의 그것은 "서사"에 치우쳤다는 것이다.[48] 나중에 가오유공은 중국어 논저에서 이 논점을 더욱 자세하게 밝혔다. 그 논점은 가오유공이 최초로 제기한 것은 아니었으나[49] 그이의 손에 의해서 비로소 충분히 정립되었다. 나는 이전부터 중국 문화가 "내적 초월[內向超越]"에 치우쳤고 서양은 "외적 초월[外向超越]"에 치우쳤다고 인식해 왔으므로[50], 친구 가오유공의 논점은 바로 문학과 예술의 영역에서 나의 견해를 강화해 줄 수 있다.

공자 이래 중국인은 학문상에서 "위기(爲己)"와 "위인(爲人)"

---

48 Yu-kung Kao, "Chinese Lyric Aesthetics", in Alfreda Murck and Wen C. Fong, ed., *Words and Images: Chinese Poetry, Callitraphy, and Painting*, The Metropolitan Museum of Art and Princeton University Press, 1991, pp.47-90.

49 천시샹[陳世驤]이 그이보다 앞서 제기했다.

50 『가치체계로 본 중국 문화의 현대적 의미[從價值體系看中國文化的現代意義]』, 타이베이[台北]: 시보문화출판기업 주식유한공사[時報文化出版企業股份有限公司], 1984. 『하늘과 사람의 관계-중국 고대사상의 기원에 관한 시험적 탐색[論天人之際-中國古代思想起源試探]』, 타이베이[台北]: 렌징출판사업공사[聯經出版事業公司], 2014.

의 구별을 계속해서 중시해 왔다.[51] 주희는 『논어집주(論語集註)』에서 정자(程子)의 말을 인용한다. 정자에 따르면, "'위기'는 스스로 깨닫기를 바라는 것이요, '위인'은 남이 알아주기를 바라는 것"[52]이다. 후대 학자들은 대체로 이런 해설을 받아들였다. 내가 만났던 하버드의 중국학자 가운데에서 가오유공은 "위기지학(爲己之學)"을 최고한도로 발휘한 사람이었다고 할 수 있다. 그이의 학문은 "스스로 깨닫기"를 주요 목적으로 삼았고 "남이 알아주기를 바라지" 않았다. 나는 그이와 하버드에서 6년 동안 동학(同學)으로 지냈고, 프린스턴으로 옮긴 다음에는 12년 간 동료로 함께 하다가 그이의 퇴임까지 지켜보았다. 어떤 명예나 자리가 그이의 관심이었던 일을 나는 한 번도 보지 못했다. 그렇지만 가오유공은 그런 일을 하찮다고 하면서 은근히 자신을 추어올리려 했던 것이 아니라, 정말로 아무 일도 없는 것처럼 한결같이 자연스럽게 살아갔다. 그래서 1998년 12월 18일 그이가 최후로 강의를 하던 날 나는 아래와 같은 칠언시를 지어서 바쳤다.

십 년 만에 다시 프린스턴에서 만나,

---

51 『論語』, 「憲問」, "古之學者爲己, 今之學者爲人."

52 "爲己, 欲得之於己也, 爲人, 欲見知於人也."

케임브리지 얘기할 때마다 솟는 온갖 감상.

오늘 그대 노래 끝나니 들리는 우아한 곡조,

훌륭한 선비가 여전히 사랑하는 맑은 샘.[53]

 이 시구 하나하나는 내 마음에서 우러나온 것이지 절대 형식적으로 지어낸 것이 아니다.

 가오유공이 세상을 떠났을 때 중국과 미국의 여러 벗과 학생들이 추도문을 지어 그를 추도했는데, 프린스턴대학에서 거행된 추도회에서 그것이 낭독될 때마다 감동의 표정을 짓지 않는 청중이 없었다. 그런 추도문에는 공통되는 내용이 하나 있었다. 곧, 추도문을 낭독하는 사람 대부분이 일생에서 가장 어려웠던 시기에 가오유공의 열정적 도움으로 어떻게 그 위기에서 벗어났는지를 얘기했다. 그런 추도문을 듣고 나는 두 가지 사건을 회상하지 않을 수 없었다. 첫째, 내가 처음에 하버드에 왔을 때 아는 사람이 한 명도 없었는데, 가오유공이 나와 인사한 지 얼마 지나지 않아 내가 사는 곳을 방문한 일이 있다. 그때 우리는 다 케임브리지의 셰파드(Shepard Street)에 살았다. 가오유공은 둥퉁허, 장광즈와 한 집에서 같이 자취하고 있었다. 그이가 나를 보러 왔던 것은 사

---

53 "十年重聚普林城, 每話康橋百感生. 今日曲終聞雅奏, 依然高士愛泉清."

교섭이 좋아서 사귀러 온 것이 아니라 내 외로움을 동정하였기 때문이다. 그이가 속 얘기를 하는 것을 들어보고 곧바로 그 점을 느낄 수 있어 실로 깊이 감동했다. 둘째, 1962년 나는 미시간 대학(University of Michigan)의 초빙을 받아 교수가 되었는데 학교 측은 내게 영주권을 신청하라고 요구했다. 나는 이런 일을 전혀 몰라서 가오유공에게 편지를 보내 알려 달라고 부탁했다. 그이도 얼마 전 스탠퍼드 대학(Stanford University)에서 바로 그 절차를 밟았기 때문이다. 그런데 전혀 생각지도 못하게, 가오유공은 빽빽하게 쓴 무려 다섯 장의 편지를 보내서 신청 과정의 세부 조목 하나하나를 다 알려주었고, 아울러 내가 어느 과정에 특히 주의를 기울여야 하는지 일깨워 주었다. 가오유공은 친구를 도울 수 있을 때는 온 힘을 다 쏟는다는 것을 그 일을 통해 알 수 있었다. 이 편지를 끝까지 읽으면서 나도 모르게 눈물이 고였다.

나와 가오유공은 수없이 얘기를 나누었는데 때로는 다른 친구도 참여할 때도 있었지만, 대부분은 두 사람만 얘기하는 경우가 많았고 특히 프린스턴대학에서 동료로 있을 때는 더욱 빈번했다. 하지만, 어쩌다가 학문과 사상 분야에서 의견을 나누는 경우 말고, 우리 모임은 늘 재미있는 이야기를 마음껏 즐겼다. 안타깝게도 이런 환담은 그이가 퇴직하자(1999년) 중단되었다. 가오유공이 뉴욕으로 이사 가서 늘 만날 기회를 잃어버렸기 때문이다. 다음은 우리 최후의 환담 장면인데 따로 언급할 만하다.

작년(2016년) 10월 26일 오후, 아내인 천수핑[陳淑平]이 어떤 사소한 일로 가오유공과 통화했다. 근 2년 동안 그이의 건강 상태가 그다지 좋지 않아, 우리는 귀찮게 하지 않으려고 어쩌다가 통화를 하더라도 두세 마디만 하고 곧 끊었다. 그때는 수핑이 전화를 끊기 전 "잉스하고 몇 마디 할래요?"라고 물었다. 가오유공은 아주 기뻐하면서 그러겠다고 대답했다. 그래서 나는 전화기를 받았다. 뜻밖에도 그이는 얘기를 한번 시작하자 그칠 줄을 몰랐다. 과거에 얘기하던 때의 상태로 완전히 돌아왔다. 게다가 폐활량도 충분하여 발음도 분명했다. 원래 나는 그이를 피곤하게 할까 걱정했으나 몇 마디 하자마자 흥이 올라서 그만두고 싶어도 그럴 수 없었다. 끝내 감정을 억제하지 못하지 못해 웃음소리가 저쪽과 이쪽에서 번갈아 크게 울렸다. 우리는 꼬박 20분이나 얘기했는데 옆에서 듣던 수핑이 눈치를 주어, 얘기가 잠시 중단된 틈을 찾아 통화를 그만두었다.

전화를 끊고 가오유공의 건강이 좋아지리라는 믿음이 강해졌다. 겨우 3일 후(10월 29일)에 그이의 부고를 들을 줄은 정말 몰랐다. 그때의 전화 통화는 하늘이 우리를 위해 마련해 준 작별 기회였던 것 같다. 세상을 떠나기 전 가오유공의 정신 상태는 예부터 전해지던 "회광반조(回光返照)"였을까? 우리가 쉼 없이 얘기했던 것은 이제 영원히 이별하리라는 잠재의식 속의 예감 때문이었을까? 이제 이 질문에 영원히 대답할 수 없다. 하지만 그 사건이 내 인생 중 정말 잊기 어려운 일대사인연(一大事因緣) 중 하나라는 것만은 인정할 수 있을 것이다.

장광즈: 그와의 우정과 학문 담론에 대한 회고

다음은 장광즈를 얘기하겠다. 2001년 장광즈가 세상을 떠나자 베이징의 산롄서점[三聯書店]이 기념 문집 『세계는 한 집안-고고학자 장광즈를 추도하며[四海爲家-追念考古學家張光直]』(2002년 5월 출판)를 펴냈다. 나도 요청을 받고 「폭발하지 않은 화산-친구 장광즈를 추도하며[一座沒有爆發的火山-悼亡友張光直]」(pp.199-205)라는 추도문을 써서 그이에 대한 나의 대체적 인식을 서술했다. 여기서는 중복을 피하고자 우리의 우정 관계에 집중하여 회고하고 아울러 학문 연구와 관련된 약간의 사실을 보완하기로 한다. 모두 추도문에서 자세히 얘기하지 않았던 얘기이다.

나는 장광즈를 만나기 전에 이미 그이가 타이완 대학교 고고인류학과에서 가장 뛰어난 졸업생이자 리지 선생이 아끼던 제자라는 얘기를 들었다. 나중에는 안양(安陽)의 은허(殷墟) 발굴에 참여한 둥쭤빈, 스장루[石璋如][54], 가오취쉰[高去尋] 선생[55] 등의 대가들이 모두 타이완 대학에서 강좌를 열었다는 사실을 알게 되었다. 장광즈는 이런 여러 선생님으로부터 배웠으므로 현대 중국 고고학의 진정한 진수를 모조리 획득했다고 할 수 있다. 그뿐만 아니라, 그이는 링춘성[凌純聲] 선생님[56]의 조교였던 적이 있어 그 경험을 살려 인류학적 관점에서 고고학적 사실을 다루는 방법을 발전시켰다. 장광즈의 사례가 가장 분명히 나타내는 바는 이렇다. 중앙연구원 역사언어연구소가 타이완으로 옮겨간 후 학문 연구 분야에서 중대한 임무를 수행하여 그토록 짧은 기간에 장광즈 같은 인재를 배출해냈다는 것이다. 사실 가오유공의 사례도 그와 같다고 할 수 있다. 앞에서 가오유공이 둥통허와 왕수민에게서 전수받았

---

54 [역자 주] 스장루[石璋如, 1905~]. 허난[河南]대학 사학과를 졸업했다. 중앙연구원 역사언어연구소 연구원을 역임했다. 1931년 은허(殷墟) 제4차 발굴에 참여했고, 13~15차 발굴을 주도했다. 1949년 타이완으로 가서 국립타이완대학교 고고학과 교수가 되었다.

55 [역자 주] 가오취쉰[高去尋, 1909~1991]. 중국의 고고학자이자 중앙연구원 역사언어연구소 소장을 역임했다. 베이징대학 사학과를 졸업했다.

56 [역자 주] 링춘성[凌純聲, 1902~1981]. 중국의 민속학자, 인류학자, 음악가이다. 중앙대학에 입학했다가 프랑스 파리대학으로 유학을 떠나 인류학자 모스로부터 인류학과 민속학을 배우고 박사학위를 취득했다. 귀국 후 중앙연구원 역사언어연구소 연구원의 민속학 파트를 담당했다. 중화인민공화국이 성립하기 전 타이완으로 가서 타이완대학 교수가 되었다.

다고 했는데, 이 두 사람은 중앙연구원 역사언어연구소의 제
2세대 엘리트들이었다. 역사언어연구소가 타이완대학을 통
해 배출해 낸 문학·사학 분야 인재가 매우 많으나 여기서 옆
길로 샐 수 없으므로 여기까지만 얘기하겠다.

장광즈는 하버드대 인류학과에서도 군계일학의 연구생이
어서, 학문적 기초가 두터웠거니와 성실한 노력은 보통 사람
이 상상할 수 없는 것이었다. 1학년 때 나는 늘 둥퉁허 선생
님과 가오유공을 보러 갔는데 장광즈는 그들과 함께 살고 있
었다. 내가 가면 장광즈는 나와서 인사를 하고 2~3분 정도
있다가 곧바로 공부하러 들어가서 방문을 닫았다. 1학년 내
내 그이의 성적은 모든 과목이 최우등이었다. 1960년 천보
쫭[陳伯莊] 선생님이 번역 계획을 위해 하버드를 방문했다. 원
서의 저자와 먼저 토론을 해 보려는 것이 목적이었다. 그래
서 사회관계학과의 파슨스(Talcott Parsons), 경제학과의 레온
티예프(Wassil Leontief), 인류학과의 클럭혼(Clyde Kluckhon) 교
수가 인터뷰 대상이었고, 나는 천보쫭 선생님을 위해 전화
몇 통을 돌려 약속 시각을 잡았다. 천보쫭 선생님은 나중에
내게 알려주기를, 클럭혼이 장광즈를 더할 나위 없이 칭찬하
면서 몇 년 만에 한 번 볼까 말까 한 특별한 인재라고 서슴
없이 말했다고 했다. 이들이 장광즈 얘기를 꺼낸 까닭은 바

로 클럭혼의 신서(新書)[57]를 중국어로 번역하는 문제 때문이었다. 클럭혼은 장광즈야말로 가장 이상적인 번역자라고 여겼다. 장광즈도 마지막에는 번역의 임무를 받아들였으나, 불행하게도 천보쫭 선생님이 홍콩으로 돌아간 지 얼마 지나지 않아 병으로 세상을 떠나서 그 일은 없었던 일이 되었다. 나는 지금까지도 너무나 유감으로 생각하고 있다. 내가 이 일을 추억하는 것은 장광즈가 이미 학생 시절부터 그 눈부신 학문적 전도(前途)를 남김 없이 보여주었다는 점을 설명하기 위해서이다.

1958년 박사 구술시험에 통과한 이후에야 장광즈는 동학들과 교류할 시간이 있었고, 내가 그이와 친해진 것도 그때부터였다. 나는 상고 시대 고고학에는 완전 문외한이었으나, 내 전공이 중국 학술 사상사여서 선진(先秦) 시대의 경전·사학 관련 문헌 연구 동향은 언제 어디서나 주시하는 중이었는데, 고고학적 발굴은 종종 전혀 예상 못 한 새로운 자료를 출토해 내곤 했다. 그래서 당시 하버드 교정에서 우리가 공유한 용어는 다른 동학들과 공유한 그것에 비해서 훨씬 많았다. 왕궈웨이[王國維]의 『은주제도론(殷周制度論)』, 푸쓰녠[傅斯

---

57 *Mirror for Man: The relation of the Anthropology to Modern Life*, 1959.

年]의 「이하동서설(夷夏東西說)」, 쉬쉬성[徐旭生][58]의 『중국 옛 역사의 전설 시대[中國古史的傳說時代]』는 우리가 늘 토론하던 글들이었다.

우리 사이에 교류가 가장 빈번했던 시기는 1960~61년 사이였다. 이 해에 그이는 인류학과 전임강사였고 그 집 세 식구가 우리 집(Harvard Street) 바로 앞에 살았다. 그때 나는 부모님과 함께 살아서 꽤 큰 거실이 있었는데, 광즈는 부인 리후이[李卉], 아들 보경[伯賡]과 함께 거의 매 주말 우리 집에 와서 두세 시간씩 놀았으니 거의 한 가족 같았다. 적지 않은 동학들이 늘 그이에게 찾아와서 이런저런 얘기를 하자, 광즈는 좌담회를 만들어서 2주에 한 번씩 개최하자고 제안했다. 당시 하버드의 문학·사학 계열 동학과 방문학자(타이베이와 홍콩에서 왔다)가 대략 열 몇 명이었는데 매번 한 사람이 주제를 택해 강연하고 뒤이어 토론하거나 심지어 논쟁했다. 이런 방식을 취한 집회는 이후로도 계속 진행되어 사상 교류의 측면에서 긍정적 역할을 했다.

광즈는 나와 친하게 된 후 협동 작업을 하자고 계속해서 제안했다. 이미 하버드에 있었을 때 그이는 공동으로 "중추절"

---

58 [역자 주] 쉬쉬성[徐旭生, 1888~1976]. 중국의 저명한 역사학자이자 정치활동가이다. 프랑스 파리대학에서 서양철학을 공부한 후 귀국하여 베이징대 철학과 교수가 되었다. 1937년 중국 사학연구소 소장이 되었고, 항일전쟁 승리 후에는 중국 고고연구소 연구원이 되었다.

의 형성과 변화를 연구하자고 건의한 바 있다. 광즈는 문화인류학의 각도에서 착안하고 나는 역사 부분을 책임지는 것이었다. 그렇지만 그때 내가 다른 프로젝트로 바빠서 진전된 논의를 하지 못했다. 1973년 봄, 예일대학에 있던 광즈가 내게 전화 걸어, 중국사에서 "식"(食)의 변화와 문화적 의미라는 주제를 꺼내면서 다시 공동 작업을 할 수 있는지 물어보았다. 그이가 이런 주제를 생각해 낸 것은 두 가지 동기에서 기인했을 것이다. 첫째, 고대의 기물(器物)을 연구하던 중 그이는 음식과 관련된 무수한 도구와 접하게 되어서 한층 더 깊이 들어가 음식 그 자체를 연구하고자 한 것이다. 둘째, 당시 적잖은 서양 인류학자들이 "식"의 문화적 의미에 큰 관심을 지녀서 관련 논저가 계속 나오는 중이었다. 광즈도 그런 영향을 받지 않을 수 없었다. 나는 전화로 그이와 오랜 시간 논의를 하였고, 더는 실망하게 하지 않으려고 광즈가 기획한 책의 한대편(漢代篇)을 저술했다.[59]

바로 뒤이어 우리는 두 차례에 걸쳐 공동으로 작업했다. 제1차는 1976년 예일대의 청대 이전 중국사 전임교수에 결원이 생겨 광즈가 전력을 다해 나를 그리로 이직시키려 했다.

---

59 K. C. Chang, ed, *Food in Chinese Culture: Anthropological and Historical Perspectives*, New Haven: Yale University Press, 1977.

그이는 내게 아주 강력한 명분을 제시했다. 곧, 이번이야말로 우리가 장기간의 공동 연구를 할 좋은 기회라고 말이다. 나는 그이의 애정 어린 말에 감명하여 예일 대학 사학과의 요청을 고려해 보겠다는 의사를 표시했다. 그런데 전혀 예상 못 하게도 하버드 대학교 인류학과가 바로 그때 광즈를 전임교수로 데려가는 것에 성공하였다. 광즈도 미리 그에 관해 아무 정보도 내게 주지 않았다. 결국, 일이 틀어져서 나는 예일대로 옮기고 광즈는 반대로 하버드로 옮기게 되었다. (자세한 얘기는 뒤에서 하겠다) 내가 예일대로 갔던 것은 장광즈와 공동 연구를 하려고 기존의 내 계획을 완전히 바꿨던 것이었으므로 이 일은 후일 내게 큰 영향을 끼쳤다.

두 번째 공동 연구는 1978년의 일이었다. 이해 늦봄, 워싱턴의 "미중 학술교류 위원회(Committee on Scholarly Communication with the People's Republic of China)"가 갑자기 사람(Alexander P. DeAngelis)을 파견하여 예일대에 있던 나를 찾아와서, 이 위원회가 이미 "한대 연구 대표단(The Han Dynasty Studies Delegation)"을 조직했고 이 대표단이 중국 대륙의 한 대 고고학 및 연구의 중심지로 가서 한 달 정도 시찰을 진행하기로 했다고 알려주었다. 위원회는 벌써 단원 10명을 인선했는데 나도 그 가운데 한 명이었다. 그런데 그 파견자는 내게 단장 ("President")의 임무를 맡아 줄 것을 특별히 제안했다. 이런 일은 전혀 예상하지 못한 것이었다. 그때 나는 중국 대륙을 방문하려는 어떤 생각도 없었고, 게다가 "미중 학술교류 위원회"가 어떤 조직인지도 전혀 몰랐다. 어쨌든 그런 임무가 내게 짊어져서는 안 되는 것이었다. 하지만 나는 곧바로 장광즈의 전화를 받았다. 그는 자신도 단원 중 한 명이라고 말하면서 단장직을 거절하지 말 것을 부탁했다. 그제야 장광즈가 배후에서 이 모든 일을 마련해 놓았다는 것을 깨달았다. 그이는 내가 공산주의에 반대하고 그것을 비판하는 노선 위에서 있다는 것을 이전부터 잘 알고 있어서, 이번 방문의 기회를 통해 내 생각을 좀 바꾸려고 생각했을 수도 있다. 그렇지만, 장광즈의 이런 동기는 "통일전선 전술[統戰]"과 무관하며, 그이는 단지 우리의 공동 연구를 위해서 모든 장애물을 제거하려고 마음먹어서 그렇게 계획 짰던 것이라고 나는 믿었다. 한대 연구 대표단 일과 관련하여, 이후에도 그이와 나 사이의 일화가 있으나 여기서는 이만 얘기하기로 한다.

마지막으로 해야 할 이야기가 있는데, 나와 장광즈의 정치 사상적 차이가 우리의 학문과 우정에 영향을 끼치지 않을 수 없었다는 점이다. 우리는 일찍부터 두 사람 사이에 정치적 견해 차이가 있다는 것을 알았으나 한 번도 논쟁한 일은 없었다. 그것은 우리 두 사람 다 실제 정치 활동에 말려들지 않았기 때문이다. 광즈가 어떻게 나와 논쟁하는 일을 피했는지

나는 그 방법을 알지 못한다. 내 쪽에서 말하자면, 나는 개인의 사상과 신앙의 자유를 줄곧 존중했으므로 논쟁을 통해 다른 사람을 설득하려고 해 본 적이 없다. 하물며 "선은 쉽게 밝혀지지 않고 이치는 쉽게 드러나지 않으므로[善未易明, 理未易察]", 나 자신의 신념과 사상 역시 부단히 수정되어야 하는 가치 체계이지 모든 사람이 받아들여야 하는 절대적 진리는 아니라고 생각했다. 하지만 이런 가치 성향으로 인해 나는 중국공산당의 일당독재를 인정할 수 없었다.

장광즈의 가치 성향은 나와 뚜렷이 달랐다. 『고구마 인간의 이야기[蕃薯人的故事]』를 읽어보면, 그이가 십몇 살 때부터 공산주의 사상에 기울었다는 것을 알 수 있다. 장광즈는 '당'에 가입하지도 않았고 '당'의 의식 형태도 받아들이지 않았으며, 내가 아는 한 중국공산당의 우파 반대[反右], 문화혁명, 그리고 천안문 진압이 다 잘못이라고 여겼다. 그렇지만 그이는 이런 것을 이유로 초년 시절 사상을 포기하지 않았다. 사람이 행한 모든 착오는 개선될 수 있다고 장광즈는 믿었던 것 같다. "길은 굽이굽이 나 있어도 앞길은 빛이 있을 것이다.[道路是曲折的, 前途是光明的]"라는 말을 인용하여 장광즈의 기본 심리를 묘사한다면 아마 꼭 맞지는 않더라도 얼추 들어맞을 것이다. 여기서 한 마디 보완할 점이 있다. 장광즈의 사회적 이상은 그이의 "애국" 정서와 긴밀하게 얽혀 있다는 사실이다. 중국 대륙의 어떤 고고학자가 그이의 일생을 "조국과 근면을 마음으로 지향했던 일생"이라고 요약했는데 참으로 잘 들어맞는 말이다.[60]

우리 두 사람은 오랜 세월 각각 자기 생각을 지키면서도 서로 논쟁하지 않았으므로 내내 다투지 않고 사이좋게 지냈다. 그렇지만 1994~96년에 장광즈가 중앙연구원 부원장직을 맡으면서 문제가 생겼다. 기억하건대, 그 당시 리위안저[李遠哲] 원장[61]이 미국에 있던 내게 전화해서, 광즈를 부원장으로 초빙하여 인문 분야의 업무 전체를 책임지게 하려 준비하고 있다는데 내 의견이 어떤지 물었다. "그것은 최고의 인선이니 나는 100퍼센트 찬성합니다."라고 곧바로 대답했다. 이것은 인사치레가 아니라 진심이 담긴 말이었다. 2년의 부원장 임기 동안 장광즈는 온 힘을 쏟아 인문사회과학의 통합 연구와 국제화를 추진하였다. 이 목적을 달성하기 위해 그이는 모든 인문 연구소를 대상으로 하는 철저한 개혁 및 조정 방안을 제시했다. 하지만 이런 대규모 개혁에는 여러 가지 저항이 있기 마련이다. 그래서 장광즈는 2년 동안 일하면서 너

---

60 안즈민[安志敏]의 말, 『사해위가(四海爲家)』, p.66.

61 [역자 주] 리위안저[李遠哲, 1936~]. 중화민국의 화학자이다. 캘리포니아 대학교 버클리에서 박사학위를 취득했다. 1986년에 화학 반응의 소과정에 대한 연구로 중화민국 출신자로서는 최초로 노벨 화학상을 수상했다. 1994년부터 2006년까지 중앙연구원 소장을 역임했다.

무 고생했으나 기대한 성과는 거둘 수 없었다. 그이를 가장 실망케 한 것은, 역사언어연구소로부터 고고학팀을 떼어 내어 독립적 고고학연구소로 만드는 일에 실패했던 일이었다.

그 2년 동안 나는 원칙적으로 광즈의 개혁 방안을 시종일관 지지했으나 몸이 미국에 있는 데다 저술로 바빠서 그 일에 직접 참여하지 못했다. 그이가 겪은 여러 가지 좌절은 그 후에야 알게 되었다. 그런데 내가 직접 받아 본 보도문에서, 광즈가 임기 동안 나를 개혁의 장애물로 간주했다는 것을 발견하였다. 나는 극도로 경악했을 뿐만 아니라 감정상으로도 정말 받아들이기 어려웠다.

광즈가 사임하고 1~2년이 지났을 때 문학·철학 연구소 준비위원회 위원장(즉 정식으로 성립되기 이전의 원장)인 다이롄장[戴璉璋] 선생[62]이 미국에 와서 우리 집을 방문했다. 그이는 나를 만나자마자 이번 방문이 "죄를 고하기" 위한 것이라고 말하여 나를 어리둥절하게 만들었다. 알고 보니, 광즈는 문학·철학 연구소를 다시 조직하기 위해 중국 대륙 통일전선부가 지지하는 타이완 학자를 초빙하여 그이를 향후 연구소의 책임자로 삼으려고 결정했다. 그렇지만 중앙연구원에 임용되려

---

62 [역자 주] 다이롄장[戴璉璋, 1932~2022]. 중화민국의 중앙연구원 연구원이자 중국철학 연구자이다. 위진현학(魏晉玄學)과 유학(儒學)의 전문가이다.

면 지원자가 두 가지 조건을 만족해야 했다. 하나는 전문가의 심사였고 다른 하나는 연구소 자문위원회에 통과되는 것이었다. 나는 문학·철학 연구소 자문 위원이었고 지원자의 전공은 내 분야와 가까웠다. 광즈는 나의 정치적 관점이 그 사안을 처리하는 데 불리하게 작용할 것이라고 인식하여, 다이롄장 선생에게 부탁하여 내가 거기에 영향을 미치지 못하도록 했다. 이 사안은 결국 전문가 심사의 관문을 넘지 못하였다. 그런데 나는 그 일이 벌어지는 내내 아무것도 모르고 있었다. 다이롄장 선생은 내게 미안한 마음이 있어서 그 일이 다 지난 후 내게 전체 사안의 시말을 솔직하게 알려주기로 마음먹은 것이다. 그이는 말로 진술한 것 말고도 사안과 관련된 전체 문건을 복사해 와서 내게 하나하나 읽어보게 했다.

내가 갑자기 이 사안을 들었을 때 감정상으로 동요하지 않을 수 없었다. 광즈와 나는 일찍이 상호 신뢰의 경지에 도달했으므로, 설사 정치 사상적 차이가 있다 하더라도 그 자리에서 말끔하게 해결할 수 있다고 항상 생각했다. 광즈가 개혁을 위해서 암암리에 나를 피했다는 것을 이제 알게 되니, 십몇 년에 걸친 우정이 하루아침에 훼손되는 느낌이 들었다. 그러나 오래지 않아 내 반응이 너무 과했다는 점을 깨달았다. 광즈의 전체 구상에는 처음부터 중요한 계획이 하나 있었으니, 곧 대륙 인문사회과학의 경향과 연계하여 최후로는 융합과 관통의 효과를 거두는 것이었다. 그 가장 분명한 사례는 그이가 계획한 고고학연구소였는데 연구 인원 숫자가 백여 명에 달했다. 그때 광즈는 중국 국가문물국(國家文物局)의 비준을 막 얻어 베이징의 고고학연구소와 공동으로 허난[河南]의 상추[商丘]에서 발굴을 진행하기로 한 참이었다. 의문의 여지 없이, 광즈가 구상한 고고학연구소는 필시 대륙에 가서 발굴하는 것을 주요 임무로 삼았을 것이다. 왜냐하면, 타이완은 어쨌든 그렇게 대규모의 고고학 전문가를 받아들일 수 없었기 때문이다. 사실, 나중에 중앙연구원 역사·언어 연구소[史語所] 책임자도 바로 그 이유를 들어 고고학연구소 설립안에 부정적 태도를 보였다. 한대 연구 대표단 일을 통해서, 중국공산당에 대한 내 견해가 바뀌기 힘들다는 것을 광즈가 알았기 때문에 내가 그 일에 참여하는 것을 막았을 것이다. 비록 우정의 측면에서는 유감이 있으나 이해할 만한 일이었다. 그렇지만 그이는 결국 나에 대한 인식이 부족했다. 내가 인정하지 못하는 것은 독재 정치이지 대륙의 학술계가 아니었으며, 특히 개별 학자는 더더욱 아니었다. 그래서 몇몇 대륙 고고학자는 나와 장광즈 공통의 친구였고, 또한 상추의 발굴을 지원하는 상당한 경비를 마련하는 데 나도 큰 힘을 보탠 바 있다.[63] 광즈는 나에 대해 하나만 알고 둘은 몰랐다. 그렇지만 중국 고고학을 위한 그 필생의 공헌, 특히 만년에 극히 나쁜 건강 상태에 처했으면서도 쉼 없이 고군분투했던 것을 생각하면, 위에서 말한 문학·철학 연구소 사건은 실로 말할 가치도 없으므로, 처음에 내게 일어났던 정서적 동요도 이내 평안히 가라앉았다.

여기까지 분석해 보니 우리 사이에 벌어진 틈은 그이의 "조국을 향한 마음[心向祖國]"에서 기원한다. 이것은 장광즈의 고고학 연구에 나타나는 일대 특색이지만 그이의 학문 인생사에서는 매우 유감스러운 일이다. 이 문제를 분명히 설명할 필요가 있겠으나 여기서는 대략 얼개만 얘기하기로 한다.

먼저 그이의 "조국을 향한 마음"이 구체적으로 어떻게 표현되는지 살펴보자. 스싱방[石興邦][64]은 「음력 9월 비바람 속, 광즈에게 제사 지내며[三秋風雨祭光直]」에서 이렇게 묘사했다.

고국에 대한 광즈의 감정은 매우 짙고 뜨거웠다. …대륙으로 돌아와 고고학을 하고 싶다고 샤나이[夏鼐] 선생에게 의사 표

---

63 위웨이차오[兪偉超], 「지난 일을 추억하며[往事追記]」, 『사해위가(四海爲家)』, p.24.

64 [역자 주] 스싱방[石興邦, 1923~]. 현대 중국의 고고학자이다. 1949년 난징대학을 졸업하고 저장대학 인류학과 대학원에 진학했다. 1950~1963년 중국과학원 고고연구소에서 근무했다. 그 이후, 줄곧 고고학 연구에 종사하였고, 산시성[陝西省] 사회과학원 부원장을 역임했다.

시했다는 얘기를 들은 적이 있는데, 내 생각으로 그이는 진심이었을 것이다. …그이가 대륙의 젊은 학자들과 함께 있으면서 아주 잘 어울리고 또 너무나 자연스럽게 행동하는 것을 보니, 이렇듯 왕성하게 자라나는 학문 집단에 융화되려는 소망이 그에게도 있었을 것이다. 한 번은 베이징 고고학연구소 회의실에서 학문적 문제를 토론했는데, [중국의 관례상] 회의장에 있던 사람 모두가 서로를 "동지"라고 칭하면서 '어떤어떤 동지가 이러저러했다.'라고 말했다. 그러자 광즈도 "황잔웨[黃展岳][65] 동지의 의견에 찬성합니다!"라고 말했다. …실제로 그것은 감정의 자연스러운 발로였다. 광즈는 자신도 모르는 사이에 이미 저 학문 집단에 스스로 융화되었기 때문이다.[66]

나는 이 일화가 매우 실감 나게 상황을 묘사했으며 장광즈의 "고국에 대한 감정"을 생생하게 드러냈다고 생각한다. 내가 알기로는, 광즈가 대륙 고고학계와 처음 접촉할 때 이미 그런 심리 상태를 드러냈다.

1973년 11월 27일, 광즈는 정갈한 해서체 글씨로 궈모뤄

---

65 [역자 주] 황잔웨[黃展岳, 1926~2019]. 중국의 고고학자이다. 1954년 베이징대학 사학과 고고학 전공 과정을 졸업하고 중국과학원 고고연구소에 들어가 근무했다. 중국사회과학원 명예학부위원이며, 샤먼[廈門]대학 사학과 겸직 교수이다.

66 『사해위가(四海爲家)』, p.37.

[郭沫若]에게 편지를 보내서 "아주 가까운 시일 안에 중국으로 돌아가서 중국 내 고고학 동료들에게 배울 기회가 있기를 간절히 바랍니다."라고 말했다. 그이는 아울러 "한 달 전 미국 과학원이 내게, 지금 중국에서 참관 중인 고고미술대표단(考古美術代表團)에 참가하라고 요청했습니다만, 내가 거기에 참가하지 않은 까닭은 개인적 신분으로 중국에 가고 싶기 때문입니다."라고 편지에 썼다.[67] 그이가 미국 대표단에 참가하기를 거절한 까닭은 "개인 신분으로 중국에 가고자 했기" 때문이었다. 이것은 자신을 '나라 밖에 머무는 한 집안사람'으로 받아줄 것을 장광즈가 바랐다는 것을 분명히 보여준다. 그이는 동시에 궈모뤄에게 보낸 편지 사본과 개인적 편지 한 통을 샤나이[夏鼐][68]에게 보냈다. 그렇지만 샤나이에게 보낸 편지 두 통은 바다에 빠진 돌멩이처럼 아무런 효과를 거두지 못하여, 광즈는 끝내 미국 고인류학 대표단에 참가하여 1975년 5월이 되어서야 처음으로 중국 대륙에 갈 수 있었다. 그런데 그이는 대표단을 따라 베이징에 도착한 후 곧바로 샤나

---

67 이 편지는 『사해위가』에 수록되어 있다.

68 [역자 주] 샤나이[夏鼐, 1910~1985]. 고고학자로서 원래 이집트학을 전공했다. 중화인민공화국 성립 후 고고학계의 주요 지도자이자 조직자였다. 현대 중국 고고학의 기반을 닦은 인물이다. 칭화대학 사학과를 졸업하고 1939년 영국 런던대학에서 이집트학을 전공하여 고고학 박사학위를 취득했다. 1941년 귀국하여 중앙박물원 준비위원회, 중앙연구원 역사언어연구소에서 근무했고, 1950~82년 중국과학원 고고학연구소 부소장과 소장을 역임했다.

이에게 단독 대담을 요청했다. 『샤나이 일기[夏鼐日記]』 1975
년 5월 23일을 보면, 장광즈의 고고학 보고가 5시에 끝났으
나, "나는 그이의 요구에 따라 남아서 개인적으로 얘기를 나
누었으며 6시에 작별 인사하고 숙소로 돌아왔다."라고 한다.
광즈가 단독 대담을 요청한 까닭은, 자신이 궈모뤄에게 보낸
편지에서 표명했던 의사를 샤나이의 면전에서 분명하게 얘
기하기 위해서였을 것이다. 그 후에도 광즈가 중국 대륙에
갈 때마다 샤나이와 개별 대담을 나눌 기회를 찾았다는 것은
『샤나이 일기』를 보면 곧 알 수 있으므로 여기서 다 인용할
필요는 없겠다. 광즈는 나중에 공개리에 "내가 샤나이 선생
에게 고고학연구소 작업 얘기를 꺼낸 적이 있으나 샤나이 선
생은 가부를 분명히 말하지 않았다."라고 말했다.[69] 이런 요
구는 필시 개별 대담에서 나왔을 것이다.

장광즈가 미국을 떠나 베이징 고고학연구소로 가서 장기
간 근무하려 했던 주요 이유는 일생 최대의 꿈을 실현하기
위해서였다. 그 꿈이란 직접 중국에서 고고학 발굴을 진행하
는 것이었다. "가부를 분명히 말하지 않았던" 샤나이는 사실
광즈의 신청을 받아들이지 않았다. 고고학과 인류학 분야에
서 광즈가 거둔 성과에 대해 샤나이는 다른 중국 고고학자들

---

69 리수이청[李水城], 「장광즈 선생과 베이징 대학[張光直先生與北大]」, 『사해위가』, p.100.

보다 훨씬 더 잘 알고 있었다. 일찍이 1963년 8~9월, 샤나이는 무려 열흘이나 투자하여 그때 막 출판된 장광즈의 『고대 중국의 고고학(The Archaeology of Ancient China)』를 꼼꼼하게 읽고 "이 책은 문화인류학의 관점으로 중국 고고학을 소개했는데 해방 이후의 수확이자 일가를 이루었으나, 그 가운데 몇몇 입론은 논리적 비약이 있다."[70]라고 평가했다. 『샤나이 일기』가 기록했다시피, 그 이후에도 샤나이는 광즈의 주요 영문·중문 저서를 계속해서 읽었다. 정상적 학술 환경이라면 샤나이는 고고학연구소 소장으로서 장광즈와 같은 초일류 인재를 서둘러 받아들였을 것이다. 그렇지만 샤나이는 광즈의 "고국을 향한 마음"에 의해 조금도 동요되지 않았고 고고학 연구소의 문도 그이에게 절대 개방되지 않았다.

광즈는 한 걸음 물러서서 그다음 기회를 노렸다. 그이는 중국과 미국의 고고학 협력 사업에 희망을 걸었다. 그래서 1979년 1월 1일 중국공산당과 미국이 정식으로 수료를 맺자, 그이는 즉각 합동 작업 계획을 내놓았다. 그해 1월 22일 『샤나이 일기』에 "장광즈 교수가 보낸 고고학 합동 작업 건의에 대해"가 적혀 있고, 그 이튿날은 "아침에 사회과학원 본부(院部)의 외사국(外事局)에 가서 장광즈가 제출한 고고학 합

---

70 『샤나이 일기[夏鼐日記]』1963년 9월 12일 조목.

동 작업에 관해 탕카이[唐愷][71] 국장과 상의했다…."라고 기록되어 있다. 중국사회과학원 지도부는 장장 한 달 동안 이 안건을 토론하였는데, 2월 22일 일기에서 샤나이는 극히 중요한 말을 한다.

사회과학원 본부에 가서 류차오자오[劉仰嶠][72], 바오정구[鮑正鵠][73] 두 동지와 중-미 고고학 합동 작업 건을 얘기했는데 나는 완곡하게 거절해야 한다고 주장했다.

광즈의 합동 작업 계획은 샤나이에 의해 실패로 돌아갔음을 알 수 있다. 광즈를 가장 상심케 했던 것은 쓰촨 대학교와 하기로 했던 합동 작업 건이었다. 광즈는 베이징 고고학연구소에게 완전히 절망한 후에도 포기하지 않고 각지의 대학에 합동 작업의 가능성을 타진했다. 1980년 초, 마침내 그이는

---

71 [역자 주] 탕카이[唐愷, 1949~]. 현재 중국사회과학원 대학원 고고학과 교수이자 중국서화연구원 연구원이다.

72 [역자 주] 류차오자오[劉仰嶠]. 1930년 반제대동맹(反帝大同盟)에 참가했다. 1933년 베이핑대학 예술대학 연극과를 졸업했고, 1936년 중국공산당에 가입했다. 중화인민공화국 성립 후, 국가문물관리국 임시 당위원회 서기, 중국사회과학원 비서장, 교육부 부부장을 역임했다.

73 [역자 주] 바오정구[鮑正鵠, 1917~2004]. 1941년 이래 푸단[復旦]대학 조교, 강사, 부교수를 역임했다. 이후 카이로대학 동방학부 문학과 교수, 레닌그라드대학 동방학부 문학과 교수가 되었다. 1959년 귀국 후 현대문학연구에 종사했다.

쓰촨 대학의 지원을 얻어 이 대학교수 퉁언정[童恩正][74]과 합동으로 창강[長江] 상류에서 고고학 조사를 하기로 했다. 쌍방이 이 협약에 서명했을 뿐만 아니라 교육부도 정식으로 비준했다. 대학은 교육부에 속해 있어 사회과학원의 통제를 받지 않는다. 그렇지만 샤나이가 이 소식을 들은 후 곧바로 교육부장에게 직접 전화하고, 또한 자신이 장악한 각종 세력을 동원해서 그 협약을 뒤집어 버렸다.[75]

샤나이는 대륙 고고학계에서 가장 대표성이 있는 인물이었으므로 그이가 택한 입장은 그 개인의 것이 아니라 단체의 것이었다. 다시 말해 중국공산당의 의지가 그이를 통해서 표명된 것이다. '한 집안사람'의 신분으로서 중국으로 돌아가 고고 발굴에 종사하려 했던 광즈의 애절한 심정을 보노라면, "내 마음 밝은 달을 향하는데 밝은 달은 어째서 도랑을 비추는가?[我本有心向明月, 奈何明月照溝渠]"라는 명·청대 소설에 늘 나오는 구절을 떠올리지 않을 수 없다. 시대와 형세가 변해 갔으나 광즈는 여전히 꿈을 버리지 않아, 마침내 1994년 중국의 고고학연구소와 상추[商丘]를 공동으로 발굴할 기회를 쟁

---

74 [역자 주] 퉁언정[童恩正, 1935~1997]. 고고학자이자 SF소설 작가이다. 어메이영화제작소[峨眉電影製片廠]. 쓰촨대학, 미국 피츠버그대학에서 근무한 바 있다.

75 『샤나이 일기[夏鼐日記]』 제9권 및 장광즈[張光直], 「퉁언정 선생을 애도하며[哭童恩正先生]」(『考古人類學隨筆』 증정본, 北京: 三聯書店, 1999, pp.176-180)을 참조할 것.

취했다. 하지만 시간은 그이를 기다려 주지 않았으니, 그이의 건강은 현지 작업을 진행할 기회를 주지 않았다.

이것은 틀림없이 광즈의 일생에서 최대의 유감이었으리라!

새로운 단계의 특징

앞서 서술한 가오유공과 장광즈 두 사람의 경력은 겨우 간략한 요약에 불과하나, 새로운 단계의 특색이 그 가운데에서 은연중 드러나고 있다. 지면의 제한으로 여기서는 몇 가지만 요약해서 말하겠다.

먼저 주목할 점은 이렇다. 1494년 이후 중국 현대의 인문 전통은 중국 본토에서 더는 존재할 수 없었고 그것은 타이완으로 옮겨 갔다. 옮겨 갔던 것은 작은 부분이었으나 고도의 성공을 거두었다. 그것은 4~5년 만에 타이완 대학이 가오유공이나 장광즈 같은 학생을 길러냈기 때문이다. 이들은 하버드 대학원에 들어가자마자 탁월한 모습을 보여주었다.

하버드 중국 인문계열의 새로운 세대 유학생이 이전 사람들과 가장 달랐던 지점은, 학위를 취득한 후 절대다수가 미국에 머물러 연구를 계속했다는 사실이다. 이것은 졸업 후 곧바로 귀국했던 이전 유학생들과 선명히 대조를 이루었다.

그런데 이런 변화는 주로 객관적 형세에 의해서 이루어진 것이므로 유학생의 주관적 선택에 그 이유를 물으면 안 된다. 객관적 형세란 중국과 미국 두 쪽에서 얘기할 수 있다. 중국 쪽에서 말하자면, 전체 대륙이 이미 폐쇄된 세계로 변하여, 타이완, 홍콩, 그리고 동남아 화교 출신 학생만이 미국에 유학 갔다. 그리고 후자가 미국에서 유학했던 까닭은 당시 그 지역에 고등 교육·연구 기관이 너무 적었기 때문이다. 7~80년대 이후에야 경제가 비약적으로 발달하여 변화가 일어나기 시작했다. 그래서 5~60년대에 학위과정을 마치고 돌아온 사람들은 직업을 찾는 것은 문제 되지 않았으나, 학문 연구 분야에서 시대적 조류와 발맞추어 나아가기는 매우 어려웠다. 이런 것과 비교하면 미국의 상황은 정반대였다. 냉전, 특히 한국전쟁으로 인해 미국의 조야(朝野)는 1950년대부터 중국을 인식하려는 강렬한 열망이 들끓었다. 그리고 이런 열망은 교육과 학문에 반영되어 각 대학의 중국학 대학원생 숫자가 증가하였다. 하버드대학은 그 가운데에서도 선도자의 지위에 있었다. 이런 새로운 추세 위에서 중국 역사와 문화적 발전(고대, 중세, 근세, 현대를 포함)은 특히 중시되어, 중국학 인문학자들도 미국에서 미증유의 작업 공간을 확보하게 되었다.

하버드에서 새로운 단계가 시작되던 시기에 중국 인문계열 유학생들은 타이완에서 왔건 아니면 홍콩에서 왔건, 학위

과정을 마친 후 미국에서 장기간 머물려는 의식이 없었다. 사실, 당시 그들은 미국의 상황을 전혀 몰라서 미국에서 자신의 전공 분야(예를 들어 중국 문학·사학의 연구)를 발전시킬 수 있으리라고 상상하기 어려웠다. 내 개인 경험을 말하자면, 양롄성 교수조차 하버드에서 근대 이전의 중국사를 가르치고 있다는 사정을 전혀 몰랐으니, 다른 사정은 말할 것도 없다. 그때 내게는 하버드에서 공부한 다음 곧바로 신아서원으로 돌아가서 학생을 가르치겠다는 생각밖에 없었다. 장광즈도 마찬가지였다. 그이와 리지[李濟] 사이에 오고 간 편지로 알 수 있다시피, 1957년까지도 그이는 "학위를 마친 다음 타이완으로 돌아가겠다고 결정했다."[76] 내 기억이 틀리지 않는다면, 그로부터 3~4년 후에야 미국에 체류하면서 연구와 교육에 종사하는 것의 가능성을 생각해 볼 수 있게 되었다.

새로운 단계의 인문계열 유학생이 결국 미국에서 취업하는 쪽으로 기울었던 까닭은 연구 조건과 관계가 깊다. 미국은 충분한 사상적 자유와 표현의 자유를 옹호했고, 게다가 최고한도의 연구 자원을 제공할 수 있었다. 당시 중국공산당은 마르크스-레닌주의적 의식 형태를 중국사의 대서사 위에 체계적으로 들씌우는 한편으로, 과거에서 현재에 이르는

---

76 리광무[李光謨], 「광즈를 추도하며[悼念光直]」, 『사해위가(四海爲家)』, p.160.

다양한 자료를 대규모로 영인하여 중국공산당의 관점에 부합하게끔 하고 있었다. 대륙 밖에서 중국의 문학·사학·철학을 연구하는 학자들은 그런 작업에 관심을 기울이지 않을 수 없었다. 그렇지만 그런 자료는 타이완에서 입수할 수 없었다. 연구자들은 자료를 읽을 기회도 없었고, 설사 그것을 읽었다 하더라도 공개리에 논의할 수 없었다.[77] 이와 반대로 미국의 각 대학 동아시아 도서관은 처음부터 전력을 다해 대륙의 출판물을 수소문하고 구입하여 소장물이 기본적으로 완비되어 있었다. 동시에 미국의 강의실, 학술회의, 전공 서적, 그리고 학술지는 수시로 대륙의 자료와 논점에 관해 비평하고 토론하여, 연구자가 전공 분야의 전체 상태를 파악할 수 있게끔 했다. 1960년대 이래 2~30년 동안, 수많은 중국의 인문계열 학자들이 미국에 남기로 선택한 데에는 바로 그런 이유가 있었다. 여기서 장광즈의 사례를 들기만 해도 그 상황을 충분히 설명할 수 있다. 장광즈의 전공은 중국 고고학이었는데 연구 자료 대부분은 1949년 이후 대륙의 고고학 발굴에서 온 것이었다. 만약 그이가 최초 구상대로 학위를 취득하고 곧바로 타이완에 돌아왔다면, 그이의 전체 학문

---

[77] 내가 아는 한, 신아서원 도서관이 대륙 자료를 체계 있게 수집하게 된 것은 신아서원이 중원[中文]대학에 소속되어 경비 문제가 해결된 이후 이루어진 일이었다.

생명은 철저하게 바뀌었을 것이다.

　인문계열 유학생들이 미국에 남아서 일하는 사례가 부단히 증가한 것으로 인해, 새로운 단계에서 이들이 쌓은 학문적 공헌은 이전의 두 단계에 비해 성격상 매우 달랐다. 이들이 중국의 학술계에서 직접 영향력을 발휘할 기회는 없었으나, 학위를 마친 후 미국(그리고 서구)의 '중국 연구(Chinese Studies)' 또는 '중국학(漢學; sinology)'에는 중요한 공헌을 했다. 강의와 영문 저술이라는 쌍두마차를 통해, 더 많은 서양인이 더 깊이 중국을 이해하게 했다. 새로운 단계 이전에는 극소수의 중국 인문학자가 미국에서 '중국 연구' 또는 '중국학'의 발전에 참여했을 뿐이다. 그러나 1960년대 이후 중국의 참여자가 시간이 갈수록 많아졌고 또 각 영역으로 퍼졌다. 이런 참여 덕분에 미국의 '중국 연구' 역시 부지불식 중에 면모를 일신했다. 왜냐하면, 이들은 대량의 1차 자료를 잘 해독했을 뿐만 아니라 자신의 독창적 아이디어와 다양한 시각을 갖고 그것들을 재해석했기 때문이다. 가오유공과 장광즈의 성과가 바로 그 예증이다. 가오유공은 한편으로 중국의 문학적 전통에 내재한 특색을 깊이 파고들어서 밝혔고, 다른 한편으로는 프린스턴에서 걸출한 문하생을 많이 길러냈다. 이들은 미국의 중요 대학인 미시간, 예일, 하버드대학 등에서 중국 문학을 가르치고 있다. 장광즈는 특히 예외적인 사례로서, 그이로 인해 미국 대학에 중국 고고학이 개설되기 시작했고, 그이가 배출한 중국 고고학 전문가는 세계 각지에 퍼져 있다.[78]

위에서 서술한 새로운 단계의 중국 학자들이 미국에서 이룩한 성과는 마침내 중국 각지에서 인문 연구의 새로운 동향을 불러일으켰다. 그것은 이들이 택한 연구 방법과 저술 방식이 점차 모범적 역할을 했기 때문이다. 1970~80년대 이래 타이완과 홍콩 등지의 문학·사학·철학 학술지와 연구 논저를 보면 그 점이 확실히 증명된다. 중국 대륙은 대외개방을 한 후 각 인문학 분야 학자들이 서둘러 서양의 인문·사회과학계와 소통할 길을 찾았는데, 미국에서 교육·연구에 종사하던 중국 학자들과 저술이 그 매개적 역할을 순조롭게 해냈다. 새로운 단계의 재미 중국학자들이 중국 본토에 끼친 영향은 매우 복잡한 문제이므로 전문적 연구가 있어야 비로소 전모를 밝힐 수 있을 것이다. 여기서 그 논의는 생략하기로 한다.

마지막으로 지적해야 할 점이 하나 있다. 재미 중국 인문학자들의 새로운 단계를 회고하면서 나는 하버드대학을 중심

---

78 상세한 내용은 Lothar von Falkenhausen, 「장광즈를 추억하며[追憶張光直]」, 『사해위가』, pp.258-9를 볼 것.

으로 얘기했다. 그것은 내가 직접 보고 들은 과거의 일을 쓰려 했기 때문이지, 하버드대학을 추켜세우려는 의도는 전혀 없었다. 사실, 이 새로운 단계는 미국의 동부와 서부, 그리고 중부의 모든 일류 대학에서 일어나던 공통적 경향이었다. 그런 거대한 추세 속에서 하버드대학은 그저 하나의 구체적 사례일 뿐이다. 하버드 이외 대학 출신의 재미 중국 인문학자가 '중국 연구' 또는 '중국학'을 위해 탁월하게 공헌한 사례도 일일이 헤아리기 어렵다. 다만 나 한 사람의 기억만으로 그 모든 것을 기록할 수 없을 뿐이다. 여기서 그 점을 특별히 해명하여 독자의 오해를 피하고자 한다.

역자 후기

재작년인 2021년 8월 1일 영면에 든 위잉스는 현대 중국 본토의 정치적 상황에 그다지 호의를 보이지 않았음에도, 대륙의 학계가 "후스[胡適] 이래 가장 걸출한 중국학자", 심지어 "후스를 뛰어넘는다"라는 극찬을 할 정도로 중국 고대의 경제사, 사회사, 그리고 사상사 분야에서 각각 일가를 이루었던 중국학의 거인이었다. 국내에는 『중국근세 종교윤리와 상인정신』(정인재 역, 대한교과서주식회사, 1993), 『동양적 가치의 재발견』(김병환 역, 동아시아, 2007), 『주희의 역사세계』(이원석 역, 글항아리, 2015)가 번역되어 소개되었고, 근년에 민경욱, 정종모, 이영섭 등이 위잉스의 학술 및 사상에 관한 연구를 선보였다.

요즘 중국의 학자들과 얘기해 보면, 자신의 수준이 아직도 민국 시대(1911~1948) 시대 학자들을 넘어서지 못했다는 한탄을 하곤 한다. 본서에서 언급되기도 한 왕궈웨이[王國維],

량치차오[梁啓超], 천인췌[陳寅恪], 후스, 그리고 펑유란[馮友蘭] 등이 그 시대에 불후의 업적을 남길 수 있었던 까닭은 이들이 유년에서 청소년기에 걸쳐 한학 교육을 충실히 이수했을 뿐 아니라 청년기에는 서구 근대 교육의 최일선에서 그 연구 방법론을 익혔고, 게다가 과학, 민주, 자유의 이념적 세례를 받았기 때문이다.

말하자면 이들은 한학과 근대 학문 양자의 정수를 제 한몸에서 융합해 내는 학문적 전통을 세웠는데, 위잉스는 그 전통의 마지막 자리에 올라탔기 때문에 '중국학의 거인'이 되었다고 할 수 있다. 신아서원에서 그를 지도한 첸무[錢穆]는 20세기 중국의 "4대 사학자" 중 한 명으로 꼽히는 이른바 "국학대사(國學大師)"였고, 하버드대학 시절 위잉스의 지도교수는 중국경제사 및 사회사의 최고 권위자이자 그 엄밀한 학술 비평으로 인해 "중국학의 경찰"로 불렸던 양롄성[楊聯陞]이었다. 본서 『위잉스 회고록』은 저자가 이 두 사람으로부터 지도받는 과정과 인격적 교제 양상이 소상히 기록되어 있어, 중국학 인재 양성의 모범이 어떻게 형성되었는지 이해하는 데 대단히 유익하며, 오늘날 한국의 대학에서 후진을 양성하는 방법에 대해 중대한 시사점을 제시한다.

최근 위잉스의 송대 도학론이 국내 학계의 일각에서 조용하나마 반향을 일으키고 있는 것으로 보인다. 도학의 정치사상과 정치문화에 감춰진 반(反)전제적 · 입헌군주제적 특성을 부각한 그의 문제작『주희의 역사세계』로 인해, 송대 도학을 적극적으로 수용한 조선 유학자들의 정치사상을 입헌군주제적 견지에서 재해석할 수 있다는 견해가 제기되는 한편, 입헌군주제가 서구의 역사적 맥락과 분리될 수 없는 것이므로 과연 그런 요소를 도학의 정치사상으로부터 도출할 수 있는지 의문을 제기하는 연구자들도 있어, 학계는 위잉스의 테제를 두고 바야흐로 논전을 형성할 조짐을 보이는 것이다.

『위잉스 회고록』은 그러한 논전을 진일보시켜 생산적 결과를 낳게 할 중요한 정보를 담는다고 역자는 판단한다. 그 정보는 위잉스 청년 시절의 정치적 견해와 거기에 영향을 끼친 주요 서적 및 인물에서 찾아볼 수 있다. 위잉스는 젊은 시절 홍콩에 거점을 둔 "제3세력"에 가담하여 정치적 · 문화적 활동을 활발히 벌였다. 그는 소극적 동의자에 머물지 않고 "제3세력"의 신진 이론가로서『자유와 평등의 사이』와『문명논형(文明論衡)』등을 출간하였고, "유렌출판사"라는 사상적 진지 한가운데에서 중추적 역할을 담당한 인물이었다.

이렇게 말하면, 위잉스 역시 장졔스[蔣介石]파의 반공주의를 추종한 데 불과한 것 아니냐는 물음이 뒤따를 수 있겠는데, 그가 가담했던 "제3세력"은 자유중국의 국민당과도 대립했던 정치적 실체였다. 이로부터 알 수 있다시피 "제3세력"은 공산당과 국민당 양자를 비판하면서 새로운 길을 모색하고 있었으며, 주로 영국의 페이비언식 사회주의와 미국의 잭슨식 민주주의가 이들의 사상적 기반을 형성했다고 위잉스는 증언한다. 특히 주목할 점은, 중국철학 연구로 일가를 이루었던 장쥔마이[張君勱]가 "제3세력"의 이론적 지도자였으며, 당연하게도 첸무와 탕쥔이[唐君毅]도 이들에게 동조했다는 사실이다.

이러한 위잉스의 정치적 견해는 청년 시절 이후 그다지 변하지 않았고 그것은 은연중 그의 사상사 연구에도 스며들었던 것으로 보인다. 따라서 우리는 위잉스의 테제를 그대로 받아들이거나 거부하기에 앞서 어째서 그것이 형성되었는지 역사적으로 이해한 후 한층 더 깊은 층위에서 평가해야 한다. 『위잉스 회고록』의 이점은 그 문제를 풀기 위한 열쇠까지 친절히 제시해 준다는 데 있다. 그 열쇠란 어빙 배비트(Irving Babbit)의 『민주와 리더십(*Democracy and Leadership*)』과, 배비트의 사상을 추종했던 메이광디[梅光迪], 우미[吳宓]의 『학형』이라는 잡지, 아울러 량스추[梁實秋]의 『배비트의 인문주의[白璧德的人文主義]』이다. 위잉스에 따르면, 배비트는 공자의 정신수양과 그리스 이래 서양의 법치·민주를 결합했다고 한다. 2012년 국내에서 번역·소개된 『비통한 자들을 위한 정치학』(파커 J. 파머 저/김찬호 역)도 배비트와 유사한 관점을 담는다고 역자는 판단하는데, 도학의 정치사상에 대한 현대의 논의는 위잉스의 본서를 매개로 하여 민주주의의 미래로 나아가게 하는 하나의 도정이 될 가능성도 있다.

이제까지 연구자의 처지에서 『위잉스 회고록』의 의미를 언급하였는데, 이 책은 일반 시민에게도 매우 유익하고 또 흥미롭게 다가갈 것이다. 학자의 일생만큼 심심한 것이 또 없을 터이나, 위잉스는 그야말로 역사적 대변동기의 중국과 홍콩에서 청년 시절을 보냈기에 독자가 손에 땀을 쥘 정도의 에피소드를 생생하게 서술한다. 더구나 중화인민공화국이 들어선 1948년부터 1950년 극초반에 걸쳐 중국 사회와 교육계가 어떤 변화를 거쳤는지 상대적으로 우리에게 잘 알려지지 않은 만큼, 이 책은 하나의 르포르타주로서, 아니 사료로서도 풍부한 가치가 있다. 또한 그 시대에 활약한 기라성 같은 인물들을 위잉스의 눈을 통해 바라보는 것 역시 즐거운 일이다. 독자들이 풍부한 인물 정보를 얻을 수 있도록 따로 주석을 붙여 놓았음을 밝힌다.

2023년 2월 5일
이원석

위잉스 회고록

1판 1쇄 찍음 2023년 2월 28일

지은이   위잉스
번역   이원석
편집   김효진
교정   황진규
디자인   최주호
펴낸곳   마르코폴로
등록   등록번호 제2021-000005호
주소   세종시 다솜1로 9, 30115(우편번호)
이메일   laissez@gmail.com
페이스북 www.facebook.com/marco.polo.livre

ISBN   979-11-92667-01-0   03910